Kohlhammer
Urban-
Taschenbücher

Band 341

Vom selben Autor erschienen:

Psychotherapeutische Verfahren

Band I: Tiefenpsychologische Therapie

Band III: Humanistische Therapien

Band IV: Gruppen-, Paar- und Familientherapie

Dirk Revenstorf

Psycho-therapeutische Verfahren

Band II:
Verhaltenstherapie

Dritte, überarbeitete und erweiterte Auflage

Verlag W. Kohlhammer
Stuttgart Berlin Köln

Johannes C. Brengelmann
gewidmet, der nicht nur Pluralismus
für sich in Anspruch nimmt, sondern seine
Mitmenschen unterstützt, sich so zu
entwickeln, daß sie ihn verwirklichen.

Die Deutsche Bibliothek – CIP-Einheitsaufnahme

Psychotherapeutische Verfahren / Dirk Revenstorf. – Stuttgart ;
Berlin ; Köln : Kohlhammer.
Bd. 2. Verhaltenstherapie. – 3., überarb. und erw. Aufl. – 1996
(Urban-Taschenbücher ; Bd. 341)
ISBN 3-17-013292-X
NE: GT

3., überarbeitete und erweiterte Auflage 1996

Stuttgart Berlin Köln
Verlagsort: Stuttgart
Gesamtherstellung:
W. Kohlhammer Druckerei GmbH + Co. Stuttgart
Printed in Germany

Inhalt

Vorbemerkung

Verhaltenstherapie wird in diesem Band in drei Bereiche unterteilt, die sich zunächst getrennt entwickelt haben. Bei der Kompensation von Defiziten und beim Abbau von Verhaltensexzessen wurden *Prinzipien des operanten Lernens* herangezogen, bei der Behandlung von Angst die *Prinzipien der klassischen Konditionierung* und zur Überwindung von Sinnkrisen wie in der Depression *kognitive Methoden*. Tatsächlich lassen sich alle drei Behandlungsansätze auf fast jede Störung anwenden. Depressive leiden nicht nur an irrationalen Gedanken und Einstellungen, sondern häufig auch an einem generellen Verstärkerverlust. Ängstliche haben nicht nur konditionierte physiologische Reaktionen, sondern extreme Erwartungen, und hyperaktiven Kindern zum Beispiel fehlt es nicht nur an planvollem Arbeitsverhalten, sondern auch an unterstützenden Selbstverbalisierungen für eine effektive Problemlösung. In der aktuellen Therapie werden daher stets Verfahren aus allen drei Bereichen zur Geltung kommen. Am Training sozialer Kompetenz mag dies beispielhaft skizziert werden:

Durch die Prinzipien der sozialen Verstärkung (durch Rückmeldung) und der langsamen Annäherung an das Zielverhalten des selbstsicheren Auftretens (Verhaltensausformung) werden den Klienten positive Lernerfahrungen vermittelt, die im wesentlichen auf dem Belohnungsprinzip und einer Differenzierung des Repertoirs beruhen. Mit den Techniken der Entspannung wird die Toleranz vergrößert, sich sozial zu exponieren, das entspricht einer Desensibilisierung gegenüber den angstauslösenden Reizen (klassische Konditionierung). Und mit geeigneten Selbstverbalisierungen wird dem Klienten die Möglichkeit gegeben, die Situation umzubewerten und die Wirkung des eigenen Verhaltens so einzuschätzen, daß die Handlungsfähigkeit nicht beeinträchtigt wird.

Wie an dem Beispiel deutlich wird, kann die Störung auf der motorischen, der physiologischen und der verbal-kognitiven Ebene angegangen werden, und günstigerweise berücksichtigt man alle drei Aspekte. Die Diskussion der Einheit des verhaltenstherapeutischen Vorgehens wird in der Schlußbemerkung fortgesetzt.

Dirk Revenstorf — Puebla, im Sommer 1996

6. Operante Verfahren

6.1 Lerntheoretische Grundlagen der Verhaltenstherapie

Historisches

Der Mensch ist vermutlich die lernfähigste Tierart. Lerntheoretiker, wie Pawlow, Thorndike und Skinner vertraten die These, daß alles Lernen als mehr oder weniger einheitlicher Prozeß anzusehen ist, der sich bei Tierarten wie Fischen, Vögeln oder Ratten und bei Menschen gleichermaßen findet. Dagegen ist von Hobhouse (1926) zuerst die Auffassung geäußert worden, daß sich im Laufe der Evolution unterschiedliche Lernmechanismen herausgebildet haben. Diese sind nach Razran (1971) in drei Hauptstufen einzuteilen, nämlich:

- Habituation und Sensitivierung;
- Assoziatives Lernen (aversive, klassische und operante Konditionierung);
- Symbolisches Lernen (Konfigurationslernen und Symbolisierung).

Ähnlich wie Thorpe (1956) nimmt Razran an, daß entsprechend der phylogenetischen Entwicklung eine **Hierarchie von Lernmechanismen** vorliegt. Für diese Hierarchie gilt, daß die niederen Formen bei allen Tierarten auftreten, während dies für die höheren nur beim Primaten bzw. nur beim Menschen der Fall ist. Höhere Formen des Lernens ergeben neue Phänomene (z. B. Sprache) und sie *integrieren* niedere Formen des Lernens, die jedoch als Subsysteme weiterbestehen können. Sie sind *effektiver* als niedere Formen des Lernens; diese Formen des Lernens sind dafür stabiler und *universeller*. Höhere Formen des Lernens dominieren die niederen Formen,- aber unter bestimmten Bedingungen können sich *niedere Formen* durchsetzen (z. B. Panik gegenüber der Vernunft). Höhere und niedere Formen können sich *ergänzen* oder aber *behindern*.. Im einzelnen unterscheidet Razran (1971) die folgenden sieben Formen des Lernens:

VORHER:	CS: Glockenton (zu konditionierender Reiz)		(keine Reaktion)
REFLEXLERNEN:	UCS: Futter (unkonditionierter Reiz) CS: Glockenton (zu konditionierender Reiz)	→	UCR: Speichelfluß (unkonditionierte Reaktion/Reflex)
NACHHER:	CS: Glockenton (konditionierter Reiz)	→	CR: Speichelfluß (konditionierte Reaktion)

Abb. 6.1: Klassisches Konditionieren.

1) **Habituation:**
die Gewöhnung an eine Stimulation und damit verbunden die Abnahme der Reaktionstendenz bei wiederholter vorausgehender Stimulation. Zum Beispiel die Gewöhnung an Lärm oder Geruchsbelästigung.
2) **Sensitivierung:**
die Erhöhung der Reaktionswahrscheinlichkeit durch wiederholte vorausgehende Stimulation mit schädlichen (Vermeidung) oder attraktiven Reizen (Annäherung). Zum Beispiel die erniedrigte Schwelle für visuelle, akustische oder olfaktorische Stimuli der Nahrungsaufnahme oder Sexualität.
3) **Aversive Konditionierung:**
Je nach Stärke der Bestrafung wird eine vorher geäußerte Reaktion mehr oder weniger unterdrückt. Zum Beispiel scheint aggressives oder auch assertives Verhalten bei manchen Menschen von der Kindheit an fast vollständig ausgelöscht zu sein.
4) **Klassische Konditionierung:**
Die Sequenz eines neutralen Reizes (CS) und eines Reizes (UCS), der eine biologisch angelegte Reaktion auslöst (R) führt dazu, daß nach assoziativer Verknüpfung die gleiche Reaktion später durch den konditionierten Reiz (CS) allein ausgelöst wird. Zum Beispiel werden phobische Reaktionen gegenüber neutralen Stimuli, wie Fahrstühlen oder geschlossenen Räumen aufgrund von traumatischen Erfahrungen in solchen Räumen reflexartig ausgelöst.
5) **Operante Konditionierung:**
Die assoziative Verknüpfung einer bestimmten Reaktion mit nachfolgender Belohnung erhöht die Reaktionswahrscheinlichkeit für diese (zufällig ausgewählte) Verhaltensweise. Hinzu kommt, daß solche Assoziationen für bestimmte Situationen erlernt werden: z. B. durch störendes Verhalten Aufmerksamkeit der Mitschüler zu erregen, klappt nur in der Schulklasse. Dies nennt man *Diskriminationslernen* und ist eine Sonderform der operanten Konditionierung: Eine bestimmte Situation (Stimulus) signalisiert Belohnung in Verbindung mit der ausgewählten Verhaltensweise. Lorenz (1981) bezeichnet dies im Gegensatz zum Reaktionslernen als Situationslernen.

6) **Konfiguratives Lernen:**
Hierunter fällt das, was Tolman (1932) »sign-significate learning« genannt hat: beispielsweise die sensorische *Präkonditionierung* (die bei Vögeln und Säugern nachgewiesen ist). Dabei können zwei Stimuli zusammen wiederholt exponiert werden. Wenn der eine später im Sinne des operanten Konditionierens eine Reaktion auslöst, tut dies der andere auch. Hierunter ist vermutlich auch *latentes Lernen* einzuordnen (Tolman, 1932). Wenn z. B. eine nichthungrige Ratte durch einen Käfig getragen wird, so kann sie sich später im hungrigen Zustand bessser orientieren und findet die Stelle des Futters schneller – so als hätte sie sich, ohne sich zu bewegen, (latent) den Weg gemerkt. Vögel lernen auch, sich umzuorientieren, wenn das Futter an einer anderen Stelle serviert wird (*reversal learning*), Fische dagegen können das nicht (Bittermann, 1975). Ähnlich stellen Säugetiere und Vögel ihre Reaktionen um, wenn die Häufigkeit der Belohnung abnimmt (*probality learning*), was Fische ebenfalls nicht machen. Zum konfigurativen Lernen gehört es auch, wenn auf die Kombination von bestimmten Signalen, also auf das Muster, (nicht auf die Signale einzeln), bestimmte Reaktionen gelernt werden (*Mustererkennung*).
7) **Symbolisierung:**
Hierunter fällt zunächst das Phänomen der Begriffsbildung: daß das Tier oder der Mensch z. B. auf eine bestimmte Farbe hin reagieren, unabhängig davon, in welcher Form sie erscheint. Dieses *Konzeptlernen* ist erst bei Primaten ausgeprägt (Pribram 1981). Es gibt eine Reihe von Autoren, die mit Schimpansen und Rhesusaffen Versuche gemacht haben, aufgrund solcher invarianten Zeichen eine Verständigung zwischen Mensch und Tier herzustellen. Die Schimpansin Sarah z. B. lernte eine Sprache aus verschiedenen geometrischen Symbolen, mit deren Hilfe sie sich mit den Experimentatoren unterhielt (Premack 1970). Das Ehepaar Gardner (Gardner & Gardner 1969) brachte ihrer Schimpansin Washoe die Taubstummensprache bei und konnten sich ebenfalls mit ihr unterhalten. In beiden Fällen veränderten die Sprachelemente ihre Bedeutung je nach Kontext der umgebenden Zeichen, d. h. es handelt sich um Symbole. Somit sind Primaten der Symbolisierung fähig. Dagegen ist allerdings argumentiert worden, daß die Affen jeweils keine neuen Sätze aus den einzelnen Formen mit Hilfe einer Grammatik bilden könnten, so wie es Menschen tun (Terrence, Petitto, Sanders & Bever 1979). Es fehlt hier offenbar die wesentliche Funktion der kreativen Symbolisierung, die nur dem Menschen vorbehalten zu sein scheint. Während diese Symbolisierung dem Menschen Problemlösungen in Form von verschiedenen Sprachen (Logik, Mathematik) ermöglicht, ist jedoch nicht zu vergessen, daß Affen, wie schon Köhler (1921) gezeigt hat, zu kreativen Problemlösungen ohne kreative Symbolisierung fähig waren, indem sie Geräte umfunktionierten, wie Kisten und Stöcke, um damit eine Banane zu erreichen. Dies könnte man durchaus als Einsicht im fast menschlichen Sinne deklarieren.

Ungeachtet der Komplexität der Lernvorgänge stützt sich Verhaltenstherapie im weiteren Sinne vornehmlich auf zwei Wurzeln. Die eine ist die Behandlung neurotischer Ängste durch einen natürlichen Gegenspieler, die Entspannung. Dieses Verfahren heißt *systematische Desensibilisierung* und ist vielfach variiert worden. Sie wurde von Wolpe in den 50er Jahren in die Psychotherapie eingeführt. Die systematische Desensibilisierung geht auf die physiologischen Untersuchungen Pawlows um die Jahrhundertwende zurück. Er zeigte, daß unwillkürliche Reaktionen (wie Speichelsekretion) nicht nur von spezifischen Reizen wie Futter ausgelöst werden, sondern daß diese Auslöserwirkung auf neutrale Reize (z. B. Glockenton) übertragen, d. h. konditioniert werden kann. Bei diesem Vorgang handelt es sich um eine klassische Konditionierung (*respondentes* oder *Reflexlernen*) der Reaktionsklassen, für die es einen unbedingten Auslöser gibt, die man also mit Sicherheit provozieren kann. Dazu gehören z. B. der Lidschlagreflex bei Luftstoß, Speichelabsonderung beim Anblick von Essen, vegetative Angstsymptome bei lauten Geräuschen u. a. Der Lernvorgang in der klassischen Konditionierung bezieht sich darauf, daß man diese Reaktionen an bislang neutrale Reize koppelt, die sie in der Folge allein auslösen können. Das wird dadurch erreicht, daß man den neutralen Reiz (konditionierter Stimulus, CS) mit dem unbedingten Auslöser (unkonditionierter Stimulus, UCS) eine Zeitlang zeitgleich auftreten läßt, so daß er Signalcharakter erwirbt. Auf diese Weise kann dann der Speichelfluß durch Glockenton, die Angst durch Anblick einer Person, die sexuelle Erregung durch den Kontakt mit einem Fetisch ausgelöst werden. Die klassische Konditionierung wird auch respondente Konditionierung oder Reflexlernen genannt (siehe Abbildung 6.1). Die Therapie der Desensibilisierung wirkt dieser Koppelung entgegen: der konditionierte Stimulus wird nun an einen mit Angst unvereinbaren Zustand wie Lust oder Entspannung gekoppelt, wodurch die Angst abgebaut wird (siehe Kapitel 7).

Die andere Wurzel der Verhaltenstherapie ist die experimentelle Forschung zum operanten bzw. instrumentellen Konditionieren, in der zunächst in Tierexperimenten willkürliche Reaktionen wie das Laufen in Labyrinthen oder die Betätigung von Hebeln durch Belohnung und Bestrafung aufgebaut und geformt wurden. Die grundlegenden Arbeiten hierzu stammen von Thorndike, der wie Pawlow um die Jahrhundertwende seine ersten Experimente veröffentlichte. Diese Lernforschung wurde später u. a. von Hull (1949)

und insbesondere von Skinner (1943) systematisch ausgebaut (*Lernen am Erfolg*). Die Anwendung im Humanbereich lag zunächst in der Pädagogik und der Rehabilitation und wurde von Homme (1959), Premack (1962), Hall und anderen etwa um die gleiche Zeit eingeführt wie die Desensibilisierung durch Wolpe (1958).
Die systematische Desensibilisierung wird meistens der Verhaltenstherapie zugeordnet, obwohl manche Autoren sie als Therapie zum Abbau neurotischer Ängste der Verhaltenstherapie im eigentlichen Sinne gegenüberstellen, die sich mit dem Aufbau und der Beseitigung von Verhaltensweisen beschäftigt, die weniger stark emotional getönt sind. Andere Autoren wie z. B. Wolpe betrachten die systematische Desensibilisierung als einen, wenn nicht sogar den wichtigsten Teil der Verhaltenstherapie überhaupt. Ihre Zurückführung auf die Lernprinzipien ist jedoch nach wie vor nicht ganz unumstritten. Die Methode und ihre Variationen werden im nächsten Kapitel eingehend behandelt (Kapitel 7). Im wesentlichen zielen diese Verfahren auf eine Erhöhung der Toleranz gegenüber beunruhigenden Situationen ab. Das ist besonders sinnvoll in Fällen, in denen die Schwierigkeit nicht in der aktiven Handhabung liegt, sondern darin, etwas zu ertragen (Angst vor Höhen, spitzen Gegenständen, engen Räumen). Sind dagegen auch Fertigkeiten zur Bewältigung der Situation erforderlich, die beim Klienten unzureichend ausgebildet sind, dann sind die operanten Verfahren nützlich, die den Aufbau des Verhaltensrepertoires ermöglichen. Häufig kommen beide Komponenten, die der passiven und der aktiven Bewältigung, zusammen (beim öffentlichen Reden, bei Kontaktaufnahme u. a.).
Viele Individuen haben Störungen, die nicht primär durch Angst gekennzeichnet sind, sondern als Defizite oder Exzesse charakterisiert werden können. Es geht entweder darum, daß z. B. Fertigkeiten der Selbstorganisation wie Arbeitsverhalten mangelhaft ausgebildet sind (Hospitalisierungserscheinungen, Lernprobleme, Depression) oder daß problematische Verhaltensweisen zu häufig auftreten und dem Organismus schädlich werden (Substanz-Abusus aller Art). Hier können die operanten Lernmethoden wirkungsvoll eingesetzt werden. Ein Unterschied zwischen der systematischen Desensibilisierung und den operanten Methoden kann darin gesehen werden, daß man die Entstehungsgeschichte der Ängste einer klassischen Konditionierung zuschreibt und ebenso den Wirkmechanismus der Therapie – wenn auch nicht allein. Für die Entstehung von Verhaltensexzessen, die nicht als emotionale Reaktionen bezeichnet wer-

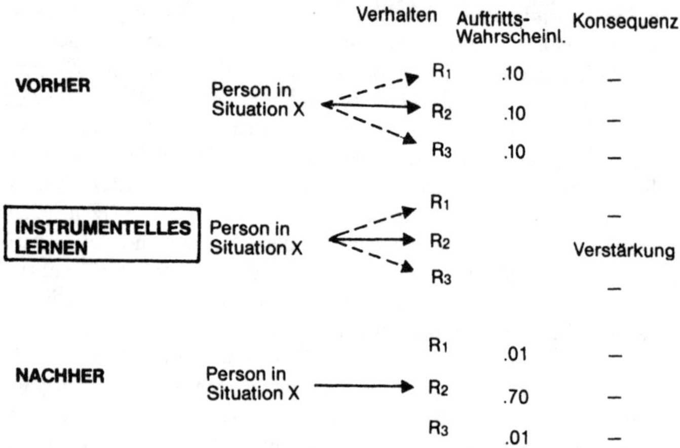

Abb. 6.2: Operantes Konditionieren.

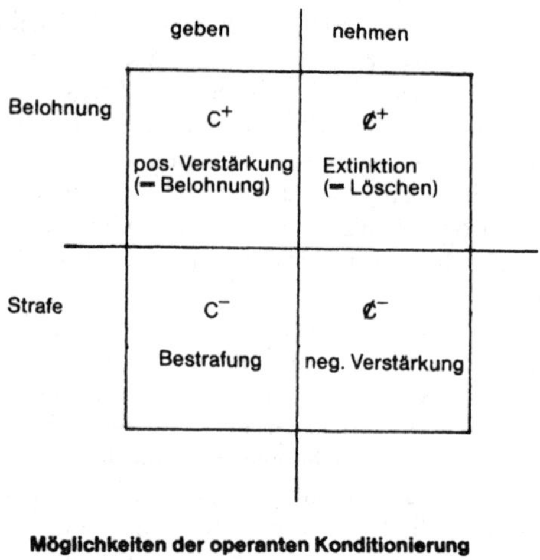

Abb. 6.3: Belohnung und Bestrafung geben und nehmen.

den können (z. B. übermäßiges Rauchen), dagegen nimmt man operante Lernmechanismen an, die man auch zur Beseitigung dieser Exzesse anwendet, ebenso wie man sie zur Behebung von Verhaltensdefiziten benutzt. Neuere Autoren sind allerdings der Ansicht, daß diese Trennung zwischen klassischer und operanter Konditionierung immer schwieriger aufrechtzuerhalten ist. Ein traditionelles Unterschiedskriterium besagt, daß es sich bei der klassischen Konditionierung um autonome Reaktionen handelt. Mittlerweile läßt sich zeigen, daß auch autonome Reaktionen operant konditioniert werden können. Außerdem läßt sich bei vielen Angstneurosen demonstrieren, daß auch operante Mechanismen an ihrer Aufrechterhaltung mitwirken und daß zu ihrer Überwindung operante Lernvorgänge hilfreich sind, soweit sie die aktive Auseinandersetzung mit der Situation beinhalten.

Belohnung und Bestrafung

Im folgenden sollen Verfahren diskutiert werden, die sich mit unterschiedlichen Techniken des operanten Konditionierens beschäftigen. Zunächst eine Zusammenfassung der allgemeinen Lernprinzipien.

Die *instrumentelle Konditionierung,* auch *operante Konditionierung* oder Lernen am Erfolg genannt, bezieht sich im allg. auf Reaktionsklassen, die nicht unbedingt provoziert werden können. Ihr Auftreten kann aber durch geeignete Konsequenzen wahrscheinlicher (siehe Abbildung 6.2: Verstärkung) oder weniger wahrscheinlich (Bestrafung) gemacht werden. Die Möglichkeiten der operanten Konditionierung beziehen sich also auf das Geben und Nehmen von Belohnung und Strafe. Man kann diese Möglichkeiten der Kontingenz von Konsequenzen auf das Verhalten eines Individuums an einem Vierfelderschema veranschaulichen (Abbildung 6.3). Das Belohnen einer Verhaltensweise ist *positive Verstärkung,* die Belohnung selbst heißt positiver Verstärker (C+). Etwas verwirrend ist die Bezeichnung *negative Verstärkung:* sie bedeutet, daß das Verhalten gestärkt wird, aber durch die Negation, d. h. durch die Beseitigung eines bestrafenden Ereignisses. Negative Verstärkung ist also eine Art Belohnung im Sinne der Erleichterung (₵-). Mit *Bestrafung* ist die Anwendung einer unangenehmen Konsequenz gemeint (C-), um ein Verhalten abzubauen oder zu reduzieren. Mit *Löschung* wird die Reduktion eines Verhaltens durch Nichtbelohnung oder Entzug von positiven Reizen bezeichnet (₵+).

Man kann also Verhalten durch positive Verstärkung (C+) oder negative Verstärkung (₵-) aufbauen. Man kann Verhalten durch Bestrafung (C-) abbauen oder indem man positive Verstärkung entzieht (Löschung, Extinktion, ₵+). Diese Möglichkeiten werden in

	Maßnahme:	Störung (z. B.):	
R erwünscht	negative Verstärkung:	Phobien	(SR $\not{C}^-$)
	positive Verstärkung:	Defizite	(SR C^+)
R unerwünscht	Bestrafung:	Süchte	(SR C^-)
	Löschung:	Störverh., Phobien	(SR $\not{C}^+$)

Abb. 6.4: Prinzipielle Möglichkeiten der operanten Verhaltensänderung.

Abbildung 6.4 dargestellt. Die vier Prinzipien des operanten Lernens sollen an einfachen Beispielen aus dem Bereich der Pädagogik erläutert werden (nach Hall 1977). Abbildung 6.5 a zeigt das Arbeitsverhalten eines Schulkindes, das zunächst beobachtet wird (Baseline) und dann durch verschiedene Arten von Belohnung in seinem Arbeitsquantum verstärkt wird: die Eltern halten zu Hause Überraschungen bereit, wenn das Kind mehr arbeitet, das Kind verdient sich in der Schule Privilegien, die der ganzen Klasse zugute kommen und wird dadurch zeitweilig zum Klassenführer. Abbildung 6.5 b zeigt, wie die Leistungen in einem Schultest bei einem Kind sich verbessern, wenn eine Bestrafung (Nachsitzen) daraufhin kontingent reduziert wird. Abbildung 6.5 c zeigt die Wirksamkeit von Bestrafung einer besonderen Art bei einem kleinen verhaltensgestörten Kind. Es ging darum, Schreien und Weinen des Kindes zu reduzieren, was dadurch bewirkt wurde, daß ihm Papierstücke weggenommen wurden, auf dem sein Name stand (diese Papierstücke erschienen ihm subjektiv offenbar besonders wichtig). Abbildung 6.5 d schließlich zeigt die Wirksamkeit von Löschung bei Störverhalten. Hier wendet ein Lehrer seine Aufmerksamkeit von dem Kind ab, sobald es anfängt zu stören und bewirkt dadurch eine Verminderung des Zielverhaltens. Das funktioniert natürlich nur, wenn nicht die Klassenkameraden das Störverhalten durch Bewunderung aufrechterhalten.
Gemäß der Lerntheorie erwirbt und verliert der Mensch Verhaltensweisen durch die Konsequenzen, die das Verhalten hat. Für die Verstärkung ist die Art, in der sie auf das Verhalten folgt, von Bedeutung. Man unterscheidet zwischen fixen und variablen Verstärkerplänen. In *den fixen* Verstärkerplänen erfolgt die Belohnung entweder in bestimmten Zeitintervallen (Intervallverstärkung),

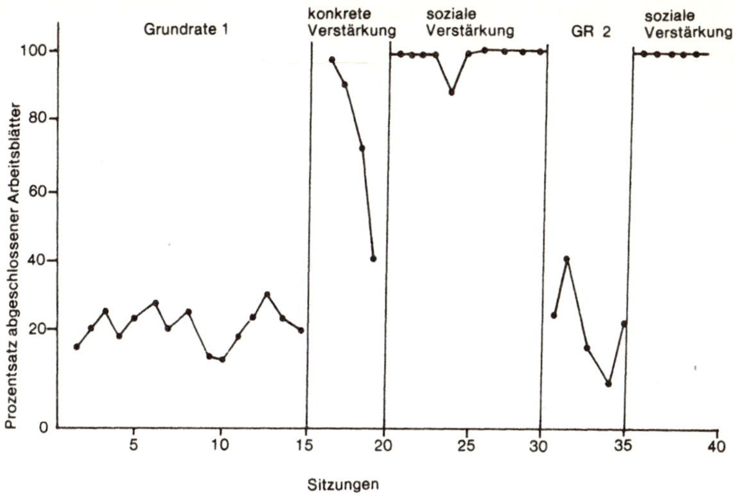

Abb. 6.5: Verhaltenstherapie im Klassenzimmer (nach Hall, 1977).
a) verschiedene Arten der positiven Verstärkung zur Verbesserung der Schularbeiten eines Drittkläßlers im Rechnen.

aber nur dann, wenn die gewünschte Reaktion aufgetreten ist. Beispielsweise erfolgt die monatliche Bezahlung von Angestellten alle 30 Tage – wenn in der Zeit überhaupt gearbeitet wurde. Hier erfolgt die Belohnung kontingent nach einem fixen Intervallplan (FI). Üblicherweise steigt die Verhaltensrate bei einem solchen Kontingenzplan am Ende des Intervalls, kurz vor der Belohnung an. Ein fixer Quotenplan (FQ) dagegen ist der Akkordlohn, bei dem für das Abliefern von z. B. 20 Arbeitseinheiten der Lohn ausgezahlt wird, unabhängig vom Zeitpunkt, wann diese Arbeit geleistet wird. Bei fixen Quotenplänen erfolgt üblicherweise lange nach der Belohnung überhaupt keine Reaktion mehr.
Um ein Verhalten zu etablieren ist es zweckmäßig, die Verstärkung zunächst mit hoher Quote (FQ 100%) erfolgen zu lassen. Später ist es günstig, die Verstärkung variabel erfolgen zu lassen, damit das Verhalten auch unter realen Umweltbedingungen stabil bleibt, wo nicht unmittelbar und immer Verstärkung erfolgt. Variable Verstärkung heißt auch intermittierend. Die stabilisierende Wirkung von intermittierender Verstärkung zeigt sich an der Neigung, an Glücksspielen, Lotterien und ähnlichem teilzunehmen.

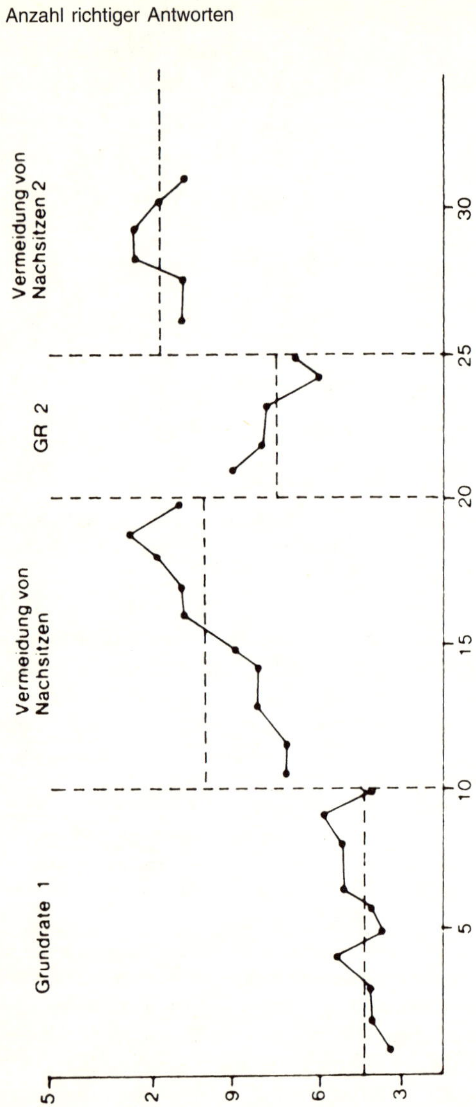

b) Negative Verstärkung (Vermeiden von Nachsitzen) zur Erhöhung der Häufigkeit richtiger Antworten im Unterricht bei einem Achtkläßler.

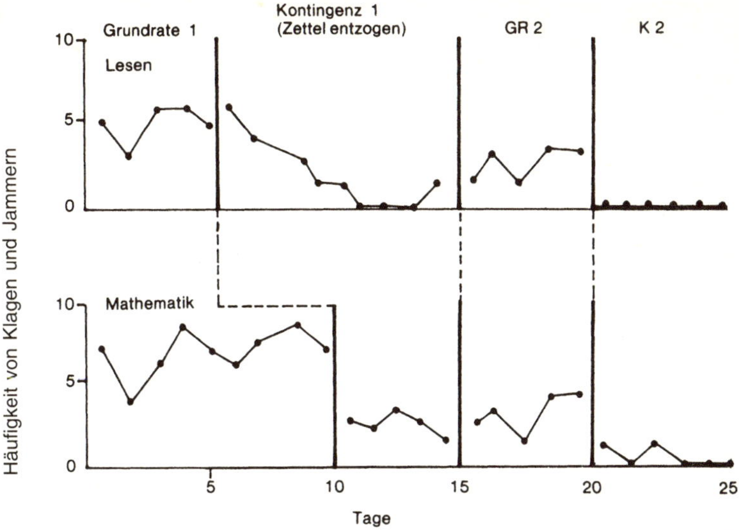

c) Bestrafung (Wegnehmen von Papierstückchen, auf denen der Name des Kindes steht) zur Reduktion von Jammern während des Rechen- und Schreibunterrichts bei einem emotional gestörten 7jährigen Jungen.

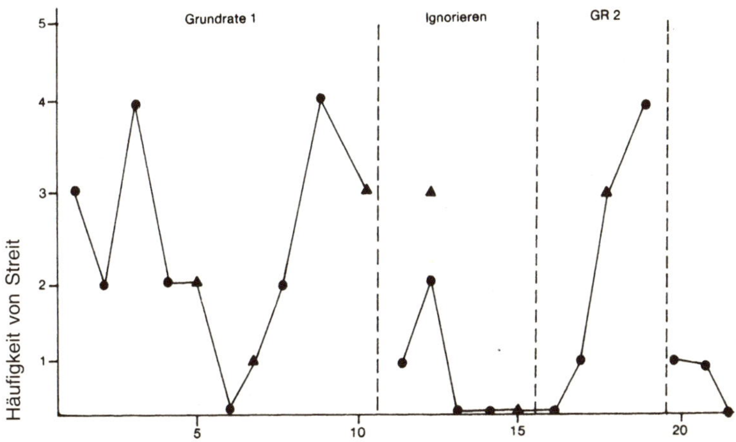

d) Löschung (Ignorieren) zur Reduktion von Streitereien während des Unterrichts bei einem Viertkläßler.

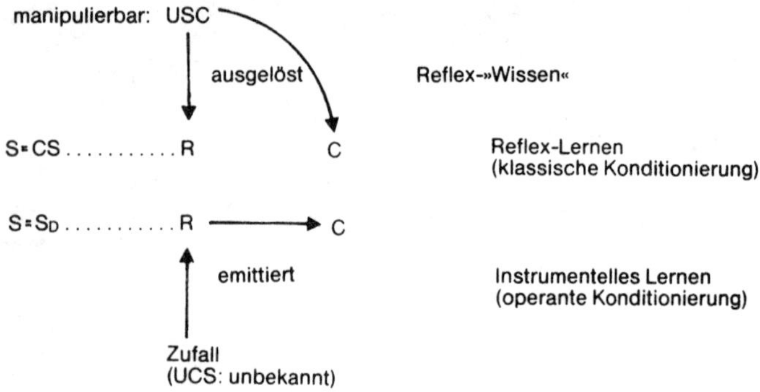

Abb. 6.6: Zum Unterschied zwischen klassischer und instrumenteller Konditionierung.

Diskriminationslernen

Die klassische Konditionierung bezieht sich also im wesentlichen auf die Steuerung des Verhaltens durch Auslöser. Die operante Konditionierung auf die Steuerung des Verhaltens durch Konsequenzen. Diese Unterscheidung wird durch zwei Tatsachen verwischt. (1) Man kann auch die Verhaltensweisen der klassischen Konditionierung, wie Lidschlag oder Speichelsekretion, Herzschlag oder Blutdruckerhöhung (alles autonome Reaktionen), durch Belohnung und Bestrafung steuern. Dies untersucht die Biofeedbackforschung. (2) Die operante Konditionierung, d. h. die Bestrafung oder Belohnung von Verhaltensweisen, spielt sich ja nicht in einem stimulusfreien Raum ab, sondern der Organismus lernt sehr schnell, unter welchen Bedingungen so ein Verhalten belohnt oder bestraft wird. Die Strafe für Schwatzen erfolgt z. B. nur im Klassenzimmer in Anwesenheit eines bestimmten Lehrers. Dabei wird der Lehrer zum Auslöser (diskriminativen Stimulus, SD) für Wohlverhalten. Das Bier wirkt so entspannend beim Fernsehkrimi, deswegen wird der Fernsehapparat zum Auslöser für Biertrinken. Das operante Lernparadigma umfaßt daher die gesamte Verhaltenskette von Auslöser-Verhalten-Konsequenz (S-R-C), während sich die klassische Konditionierung hauptsächlich mit den Vorgängen zwischen verschiedenen Auslösern und bestimmten Verhaltensweisen beschäftigt, meistens unwillkürlichen Reaktionen (Abbildung 6.6).

Ein gewisser Unterschied zwischen der Reizkontrolle im Sinne der klassischen Konditionierung (z B. Schrei – Schreck) und der des Diskriminationslernens (Lehrer – Aufmerksamkeit) besteht allerdings doch. Der UCS bzw. der CS der klassischen Konditionierung löst Änderungen in der Physiologie des Betroffenen aus, häufig autonome Reaktionen. Dabei hängt die Stärke der Reaktion von der Stärke des Reizes ab (je lauter der Schrei, desto größer der Schreck). Eine Reaktion auf einen klassisch-konditionierten Stimulus ist außerdem meistens schwer in ihrer Qualität zu verändern, weil sie häufig biologisch angelegt ist. Außerdem löst die klassische Konditionierung normalerweise nur eine Reaktion aus. Das operante Diskriminationslernen dagegen kann durch einen Reiz (SD) ganze Reaktionsketten auslösen besteht meist in motorischen und verbalen Reaktionen und ist von der Stärke des auslösenden Reizes weitgehend unabhängig. In der Praxis ist eine Trennung von SD und UCS-Komponenten in der Auslösersituation schwierig. Beides ist oft miteinander verwoben: in der Begegnung mit einer Autoritätsperson mag die emotionale Reaktion (Erregung) klassisch konditioniert sein, der Inhalt der darauf angeschlagenen Unterhaltung dagegen operant gelernt sein (etwa indem ein Thema angesprochen wird, auf das die Autoritätsperson bisher mit besonderem Interesse reagiert hat). Aus diesem Grunde unterscheidet das SORCK-Schema nicht zwischen diesen beiden Lernprozessen, sondern umfaßt beide Arten von Auslösern.

Der Organismus lernt also nicht unabhängig von der Situation, da nämlich Belohnung und Bestrafung für bestimmte Verhaltensklassen nicht immer und überall erfolgen (Abbildung 6.7). Entsprechend müßten die Lernprinzipien schematisch so vervollständigt werden, wie die folgende Aufstellung es zeigt ($\neg$ R bezeichnet die Unterlassung von R):

(1)	Belohnung = positive Verstärkung:	$S\text{-}R\text{-}S^{+}$:	Prob. (R) nimmt zu
(2)	Drohung = negative Verstärkung:	$S^{-}\text{-}R\text{-}\not{S}^{-}$:	Prob. (R) nimmt zu
(3)	Bestrafung:	$S\text{-}R\text{-}S^{-}$:	Prob. (R) nimmt ab
(4a)	Bestrafung oder Löschung:	$S^{+}\text{-}R\text{-}\not{S}^{+}$:	Prob. (R) nimmt ab
(4b)	Löschung:	$S^{0}\text{-}R\text{-}S^{0}$:	Prob. (R) nimmt ab
(5)	Interferenz (a):	$S\text{-}\not{R}\text{-}S^{+}$:	Prob. (R) nimmt ab
	Interferenz (b):	$S^{-}\text{-}\not{R}\text{-}\not{S}^{-}$:	Prob. (R) nimmt ab
	Alternative (c):	$S\text{-}R_2\text{-}S^{+}$:	Prob. (R) nimmt ab

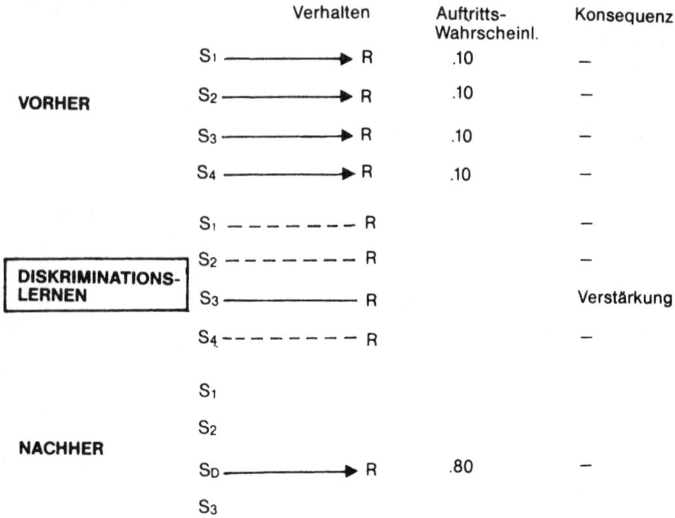

Abb. 6.7: Diskriminationslernen.

Diese Darstellung macht mehrere Dinge deutlich. Die negative Verstärkung unterscheidet sich von der positiven Verstärkung dadurch, daß vorher schon ein Reiz vorliegen muß, der dann beseitigt wird, aber zunächst Signalcharakter hat (wie etwa das Nachsitzen wie in dem Beispiel Abbildung 6.5 b). Die negative Verstärkung kann man also viel gezielter einsetzen als positive, bei der man auf die erste Reaktion warten muß, ohne daß ein diskriminativer Stimulus das erwünschte Verhalten sofort deutlich macht. Von dem diskriminativen Stimulus, S_D: der Lehrer X (bei dem Störverhalten bestraft wird), unterscheidet man den diskriminativen Stimulus, $S_Æ$: der Lehrer Y (bei dem Störverhalten nicht bestraft wird). Bei der Löschung (in der obigen Darstellung 4) ist es in der Praxis nicht immer zu entscheiden, ob eine ausbleibende – aber vielleicht erwartete – Verstärkung nicht als Bestrafung wirkt (4 a). Oder ob die Situation subjektiv neutral ist und bleibt (4b). Häufig wird das Ausbleiben einer bestimmten Reaktion belohnt (»heute hast Du nicht gekleckert, das war fein«), oder negativ verstärkt (»weil Du nicht frech warst, kriegst Du ab morgen Dein Taschengeld wieder«). Hier wird das Zielverhalten offenbar reduziert, indem ein konkurrierendes Verhalten aufgebaut wird (Interferenz 5 a, b, e).

Das Sorck-Modell

Für die Planung eines operanten Therapieprogramms ist wie bei der Angstbehandlung eine genaue Untersuchung des Problemverhaltens im Einzelfall notwendig. Es muß festgestellt werden, welche Bedingungen dem Problemverhalten vorausgehen und welche Konsequenzen ihm folgen, welche Verstärkerkontingenzen zur Aufrechterhaltung beitragen. Man sucht also gemäß dem SORCK-Schema (Kanfer & Saslow, 1970) im individuellen Fall nach Auslösern (S), nach belohnenden oder bestrafenden Momenten (C), im Verhalten (R) und nach Kontingenzplänen (K). Außerdem wird die Möglichkeit eingeräumt, daß bestimmte individuelle organische Eigenheiten (O) das Verhalten ebenfalls beeinflussen. Bei der Bestimmung der organischen Variablen handelt es sich meistens um eine medizinische Abklärung, etwa ob somatische Herzschwäche, körperliche Behinderung, Beeinträchtigung der Sinnesorgane usw. vorliegen. In diesem allgemeinen Verhaltensmodell wird nicht mehr zwischen klassischer und operanter Konditionierung unterschieden. Unter S werden sowohl SD wie CS verstanden. Das folgende Beispiel aus Reiss (1976) soll den Vorgang einer Verhaltensanalyse verdeutlichen:

Es handelt sich um einen Studenten mit Studienschwierigkeiten. Er hatte irgendwann das germanistische Studium abgebrochen, weil er Kommilitonen, Lehrstoff und Dozenten für blödsinnig und abartig hielt. Später war es ihm nicht gelungen, das Studium wieder aufzunehmen, obwohl er sonst keine sinnvolle Alternative für sich sah. Zunächst wurde sein Problemverhalten in Aspekte aufgegliedert. Es fiel ihm schwer, Bücher zu lesen, Referate zu schreiben, in Seminare zu gehen, mit mehr als 5 Teilnehmern zu diskutieren, zu arbeiten, wenn die Arbeit seinem Interesse nicht entsprach, ohne sofortige Verstärkung zu erfahren und Kritik zu ertragen. Häufig dagegen traten folgende Verhaltensweisen auf: Diskussionen über psychologische und philosophische Probleme, Herumklimpern auf Instrumenten, Zeitschriften und Zeitunglesen und Tagträumen.

Als Auslöserbedingung für produktives Arbeiten wurde Interesse am Thema, Interesse an kompetenter Beurteilung der Leistung und Leistungsdruck festgestellt. Als Belohnungen wirkten besonders: das Erreichen eines selbstgesetzten Leistungsstandards, die Anerkennung durch kompetente Beurteilung. Negativ wirkte besonders: soziale Ablehnung und Enttäuschungen.

Damit sind einige für den Klienten bedeutsame Stimuli und Konsequenzen charakterisiert. Bezüglich der Organismusvariablen konnte die ärztliche Untersuchung keinen Befund feststellen. Die Verkettung von Reak-

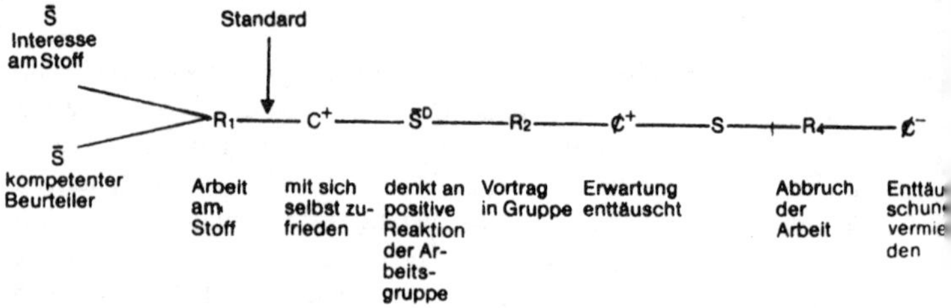

Abb. 6.8: Verhaltensanalyse eines Studenten (aus Reiss, 1976).

tionen, Auslöser und Konsequenzen mag für den Besuch eines Seminars die Abbildung 6.8. verdeutlichen.
Die prinzipielle Therapieplanung sieht einmal Aufbau eines Arbeitsverhaltens vor, das in schrittweiser Annäherung das Pensum des normalen Studiums erreicht. Dazu müssen entsprechende Auslöserreize im Alltag etabliert werden und auf das Arbeitsverhalten sollte zunächst unmittelbare Verstärkung erfolgen. Das Vermeidungsverhalten in Seminaren kann dadurch eliminiert werden, daß die Verstärkungen hierfür entfallen. Die Verstärkungen sind negativer Art, d. h. meistens Schonung und Erleichterung. Durch die mit Arbeitsverhalten neu aufgebaute Kompetenz sind die Probleme zum Teil gelöst, darüber hinaus muß fachorientiertes Diskussionsverhalten neu ausgeformt werden. Zugleich müssen aversive Verbindungen beim Auftreten in Seminaren gelöst und durch positive ersetzt werden. Die Angst vor Seminaren kann einmal durch Desensibilisierung, zum anderen durch Sozialtraining gelindert werden.

Aus solchen Überlegungen ergibt sich im Einzelfall die konkrete Therapieplanung. Der Erfolg der Maßnahmen muß überprüft werden, um bei Mißerfolg oder Schwierigkeiten den Therapieplan zu revidieren. Auf die Weiterführung der Therapie in diesem Falle wird später noch kurz eingegangen. Die Therapieplanung und -durchführung ist im Sinne eines adaptiven Prozesses zu begreifen, der sich am Vorgehen in den empirischen Wissenschaften orientiert. Entsprechend einer individuellen S-O-R-C-K-Hypothese wird eine Maßnahme zur Veränderung von S oder C geplant, damit sich die Häufigkeit von R verändert. Dies wird überprüft und falls die gewünschte Änderung in R nicht eintritt, wird die SORCK-Hypothese geändert.
Bei dieser Art von Vorgehen wird davon ausgegangen, daß die einzelnen Exzesse im Verhalten in gesonderten Lernprozessen erworben wurden und ebenso wieder verlernt werden können. Die Defi-

zite werden umgekehrt so begriffen, daß sie durch negative oder fehlende Erfahrungen in dem jeweiligen Verhaltensbereich entstanden. Die Ganzheit der Person, deren Verhalten betrachtet wird, kommt in Generalisierungsprozessen zum Ausdruck. Etwa färbt eine neu erworbene Selbstsicherheit gegenüber den Eltern auf die Selbstsicherheit gegenüber Lehrern oder Behörden ab (und umgekehrt). Im Zentrum der therapeutischen Intervention stehen dabei immer aktuelle Beeinträchtigungen, nicht die Konflikte, die biographisch gesehen dazu führten. Verhaltenstherapie gilt aus diesem Grund als symptomorientiert. Eine hierarchisch gegliederte Form der Verhaltensanalyse, die sowohl übergeordnete Motive einbezieht als auch die entwicklungsgeschichtliche Dimension häufig deutlich macht, wird im nächsten Kapitel besprochen.

6.2 Zur Exploration in der Verhaltenstherapie

Problemanalyse

Die Exploration des Klienten in der Verhaltenstherapie hat eine andere Bedeutung als in der Psychoanalyse und der Gesprächstherapie. In diesen beiden Formen der Psychotherapie wird eigentlich fortlaufend exploriert und das Ergebnis der Exploration mit Hilfe des Therapeuten vom Klienten weiterverarbeitet. So kommt der Klient näher an die Formulierung oder die Entstehung seines Problems – einem kindlichen Konflikt – heran. Verhaltenstherapie besteht zum großen Teil aus Verhaltenseinübung – die allerdings auch verbal vor sich gehen kann. Die Exploration bildet einen besonderen Abschnitt, der der Verhaltenstherapie vorausgeht. Dort sollen viele wesentliche Informationen über den Klienten gesammelt werden. Z.B. fragt Wolpe zunächst nach den gegenwärtigen Symptomen und den aufrechterhaltenen Umständen. Im gleichen Erstinterview fragt er auch nach der frühkindlichen Entwicklung, nach der Zeit der Ausbildung, nach der Partnerbeziehung, wechselnden Schwierigkeiten und allen anderen wesentlichen Lebensumständen. Im folgenden wird ein Erstinterview von ihm (Wolpe 1972, S. 45) zusammengefaßt.

Die Klientin kam wegen einer Aichmophobie (Angst vor spitzen Gegenständen). Der Therapeut erfragt in direktiver Weise u. a. die folgenden Sachverhalte:

Die Angst war zum erstenmal nach Geburt des ersten Kindes in der Klinik aufgetreten. Dort lag ein Messer herum, das der Mann zum Obstschneiden mitgebracht hatte »ich hatte plötzlich Angst, ich könnte damit mein Baby verletzen«. Daraufhin läßt sie alle Messer aus dem Hause schaffen. Das Symptom schwächt sich später ab und die Klientin kann wieder einige Messer im Haus haben. Mit der Schwangerschaft und dem Kind war die Frau zunächst nicht glücklich; sie liebte ihren Beruf und mußte ihre Arbeit unterbrechen. Außerdem hätte sie gerne ein Mädchen gehabt, das so aussieht wie sie. Anstelle dessen kam ein Junge, der aussieht wie sein Vater. Das empfand sie als ungerecht, weil sie ja schließlich das Kind auszutragen hatte.
Früher hatte sie schon häufiger mal den Wunsch, Sachen zu zerstören. Sie war eine Art Perfektionist und wenn ihre jüngeren Geschwister ihr Sachen wegnahmen, dann war sie furchtbar wütend auf sie, mochte ihnen aber nicht wehtun und hatte Schuldgefühle. Sie kann sich nicht daran erinnern, jemals jemanden geschlagen zu haben, der sie geärgert hat.
Ihre Eltern hatten offenbar ein normales Verhältnis zueinander und zu den Kindern. Frühe Ängste waren aufgetreten als ihr Haus abbrannte. Wenn sie danach Feuersirenen hörte, mußte sie jedesmal die Schulklasse verlassen, weil ihr nicht wohl war. Obwohl sie ihren Beruf liebt, hat sie auch die Hausarbeit gern und will erst wieder arbeiten, wenn die Kinder erwachsen sind. Bekanntschaften hat sie nicht viele gehabt, ihr Mann war der einzige Partner, den sie je hatte und es hat 7 Jahre gedauert, bis sie geheiratet haben. Sie hat keine sexuellen Schwierigkeiten.
Obwohl hier eine akute Symptomatik im Vordergrund steht, entscheidet sich in diesem Fall der Therapeut für ein Sozialtraining und nicht für eine Desensibilisierung der Aichmophobie. Denn für ihn ist die soziale Zurückgezogenheit und mangelnde Durchsetzungsfähigkeit, die Unfähigkeit, Ärger auszudrücken und mit Aggression umzugehen, wichtiger als die Angst vor spitzen Gegenständen. Alle Symptome sind deutlich Ausdruck gehemmter Aggressivität.

In den ersten verhaltenstherapeutischen Gesprächen wird Grundlegendes für den Therapieverlauf geklärt. Der Therapeut versucht sich etwa über folgende Fragen Aufschluß zu verschaffen (vgl. Lazarus 1971, S. 53):

1. Welche *Exzesse* und *Defizite* des Verhaltens liegen vor?
2. Sind Störungen *kognitiver* Art deutlich (z. B. Gedankenflucht, Halluzinationen, Wahn)?
3. Liegen Störungen *affektiver* Art vor (unangemessenes Weinen, depressive Niedergeschlagenheit)?
4. Liegt ein Mangel an *Selbsttwert* vor (Suizidversuch oder Absichten)?
5. Welches sind die im gegenwärtigen Leben *aufrechterhaltenen Bedingungen* für die Störungen?

6. Kann ich mir ein *umfassendes* Bild vom Klienten machen: Motorisch, Ausdruck verbal-kognitiv?
7. Welches sind die *Ziele des Klienten* selbst, welche Einstellungen stehen bei ihm im Vordergrund?
8. Wie ist die *Motivation* des Klienten?
9. Wie reagiert der Klient auf *direktives* Vorgehen?
10. Ist zwischen Klient und Therapeut eine *Arbeitsbeziehung* möglich oder ist möglicherweise eine andere Therapieform oder ein anderer Therapeut besser geeignet den Fall zu übernehmen?
11. Sollte man eine *Einzel-* oder *Gruppentherapie* vorschlagen?
12. Steht eine *Beziehungsstörung* im Vordergrund, so daß eine Paartherapie angezeigt ist?

Um eine Angst selbst näher zu erfassen, müssen einige relevante Aspekte der angstauslösenden Situationen näher exploriert werden. Z.B. bei einer Agoraphobie, d. h. der Angst auf öffentliche Plätze mit vielen Menschen zu gehen, kann Verschiedenes eine Rolle spielen:

- Die Öffentlichkeit, der Kontakt mit fremden Menschen,
- die Möglichkeit der Gewalt-Einwirkung oder -Ausübung.
- Blamage
- Die Entfernung von zu Hause (wo sich die Familie befindet).
- Der Konflikt mit einer Ordnungsmacht, Polizei... u. a.

Ein großer Teil der für die Behandlung bedeutsamen Information über den Klienten kann am Anfang der Therapie gesammelt werden. Später allerdings wird laufend Information hinzukommen bzw. revidiert werden. Der Schwerpunkt der Exploration liegt jedoch am Beginn.

Primäre und sekundäre Symptome

Die Mehrzahl neurotischer Störungen sind nach Ansicht vieler Therapeuten unterschiedlicher Schulen mit Ängsten verbunden. Nicht immer treten die Ängste als Präsentiersymptom in Erscheinung. Häufig kommt der Klient wegen anderer Störungen, z. B. Stottern, sexuelle Dysfunktionen, asthmatische Anfälle oder allgemeine Unsicherheit. Die Verhaltenstherapie nimmt an, daß in den meisten neurotischen Fällen körperliche Svmptome sekundär sind und ihnen eine Angst zugrunde liegt, und diese Angst ist häufig in Form eines unbedingten Reflexes entstanden, die dann später auf bedingte Auslöser übertragen wird (s.u.). Solche Ängste können sich sowohl

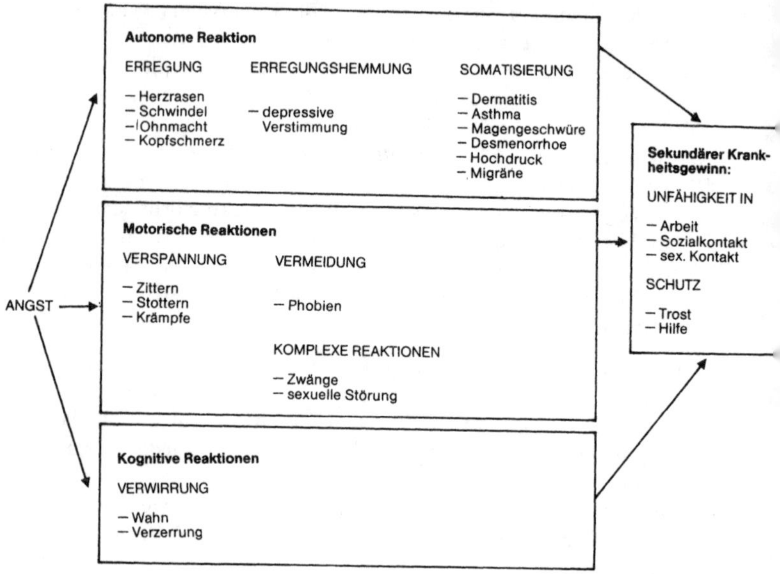

Abb. 6.9: Die primären und sekundären Äußerungsformen neurotischer Angst nach Wolpe.

im autonomen Nervensystem wie im willkürlichen Nervensystem äußern. Daraus resultieren dann körperliche Symptome, die u. U. von der Angst ablenken. Wolpe (1969) macht sich etwa folgendes Bild von den wichtigsten Reaktionen auf Angst (Abbildung 6.9). Die Angst drückt sich also motorisch, entweder in Erregung oder Schutz vor Erregung (Erregungshemmung) aus. Diese Erregungsenergie kann sich in bestimmten Organen bevorzugt manifestieren (hier kommen Organe in Frage, die aufgrund einer früheren Krankheit oder konstitutionell geschwächt sind). Damit entstehen körperliche Symptome als dauerhafte Beschwerden oder eine generellere Verlangsamung und Depression. Ebenso kann sich die Erregung in der Willkürmotorik niederschlagen und sich in Tremor und Verkrampfungen zu Ticks wie Stottern oder Augenzwinkern, aber auch sensorischen Fehlwahrnehmungen chronifizieren. Es kommt dann beispielsweise zu chronischen Rückenschmerzen. Eine andere Art der motorischen Chronifizierung ist die Vermeidung angstauslösender Situationen (Phobien) oder die Umsetzung in aktives Kon-

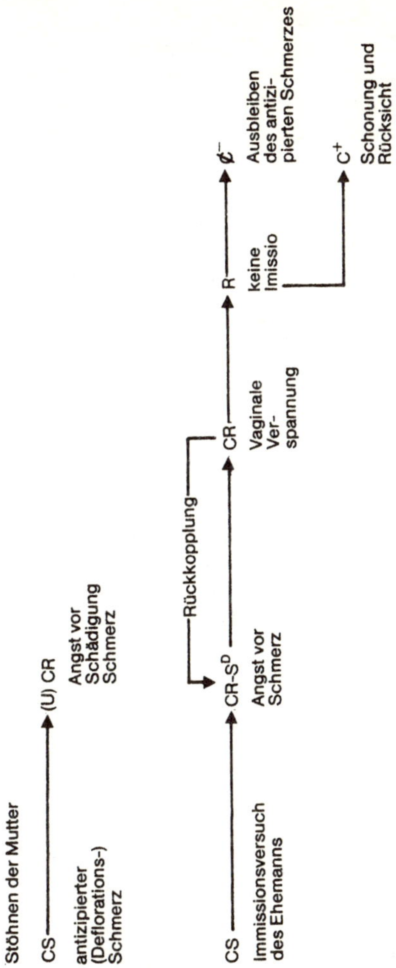

Abb. 6.10: Verhaltenstheoretisches Modell für einen Vaginismus: neben der klassisch konditionierten Angst gibt es die operanten Komponenten der negativen und positiven Verstärkung. In einer Rückkoppelungsschleife erhöhen sich Verspannung und Schmerz gegenseitig.

trollverhalten in Form von Zwangsverhalten, das angstmindernd wirkt (siehe Zwänge). Schließlich folgen dann generelle Umstellungen im Leben, die Schutzbedeutung haben, etwa Arbeitsunfähigkeit oder Unfähigkeit zum sexuellen Kontakt. Mit diesen motorischen und autonomen Reaktionen gehen oft kognitive Verzerrungen einher, etwa Amnesien oder Wahnsysteme.
Nicht immer, aber häufig gelingt es, in der Exploration die ursprüngliche Entstehung der Angst zu rekonstruieren. Es kann dann in einem Sorck-Schema die Entstehung in jedem Fall aber die Aufrechterhaltung formal dargestellt werden wie in den folgenden Beispielen:

Es handelt sich um eine Klientin mit Verkrampfungen der Vagina beim Geschlechtsverkehr (Vaginismus). Diese Störung drückt sich sowohl darin aus, daß sie mit ihrem Mann keinen Geschlechtsverkehr durchführt, als auch sich einer gynäkologischen Untersuchung widersetzt. Das folgende Schema veranschaulicht die verhaltenstheoretische Analyse des Problems.

Die ursprüngliche Kopplung von Angst mit dem Eindringen in die Vagina entsprach dem, was Freud die Urszene genannt hätte. Als Kind hat sie die Mutter beim Koitus stöhnen gehört und dies als Zeichen des Schmerzes interpretiert (Abbildung 6.10). Folglich war das Eindringen in die Vagina mit der Erwartung von Schmerz und Angst verknüpft. Die vaginale Verspannung kann einmal als Angstsymptom aber auch als Vermeidungsreaktion betrachtet werden in Ergänzung zur verbalen Verweigerung. Durch schmerzhafte Empfindungen des vaginalen Bereiches wird die Verspannung gesteigert, die ihrerseits auf den Schmerz im Sinne einer Steigerung zurückwirkt (Rückkopplung). Zur negativen Verstärkung (¢-) kommt eventuell eine positive Verstärkung hinzu, die darin besteht, daß der Partner besonders schonend und rücksichtsvoll wird. Allerdings kann es ebenso sein, daß er sich gekränkt zurückzieht oder streitet. Damit würde das Verhalten bestraft (C-). Dann ist es wahrscheinlich, daß das Paar eine Therapie aufsucht. Die Verhaltenstherapie hält keine Erklärung dafür bereit, daß die Partner eine derart unerfreuliche Beziehung etwa freiwillig aufrechterhalten, wie es tiefenpsychologische Theorien tun, die annehmen, daß hier eine Komplementarität von Masochismus und Sadismus vorliegen kann (Psychoanalyse) oder beide Partner ihre Lieblingsgefühle ausleben (Transaktionsanalyse siehe Band 1).
Ein anderes Beispiel des Sorck-Schemas ist die Analyse eines Kontrollzwanges (Abbildung 6.11). Es handelt sich um einen Klienten, der durch ständiges Nachprüfen in Leistungssituationen versagt.

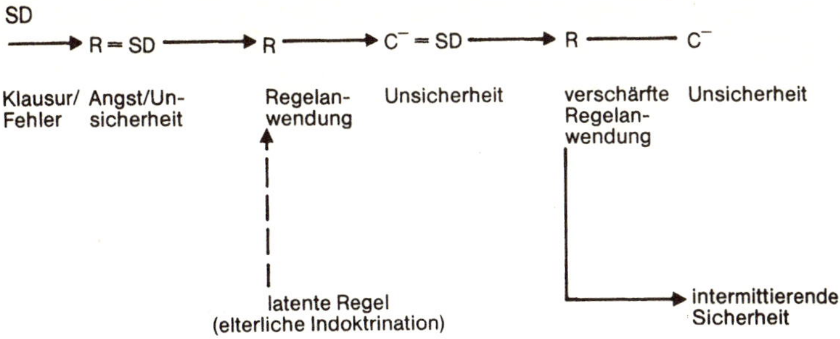

Abb. 6.11: Verhaltenstheoretisches Modell für einen Kontrollzwang: die Kontrolle wird durch Regelanwendung und dadurch intermittierend gewonnene Sicherheit verstärkt (nach Reiss et al. 1980).

Dabei liegt ähnlich wie im ersten Fall eine irrationale Annahme zugrunde, hier: »Du mußt sorgfältiger arbeiten, dann machst Du keine Fehler«. Außerdem werden Fehler aufgrund der elterlichen Indoktrination als beängstigend empfunden. Durch verschärftes Nachkontrollieren kann die Angst jedoch kurzfristig beseitigt werden. Die Annahme einer latenten (vielleicht elterlichen) Regel impliziert eine ungünstige Selbstregulation (Kapitel 8.5). Das weist darauf hin, daß hier neben der Angstbehandlung auf physiologischer Ebene kognitive Interventionen sinnvoll sind.

Hierarchische Therapieziele

Nicht nur die momentanen Umstände der Angst selbst sind von Interesse, sondern es muß auch geklärt werden, ob dahinterstehende Konflikte eine Angst oder Abhängigkeit bedingen. Z.B. kann bei einer Agoraphobie, die sich in einer Angst vor Menschenansammlungen vor dem Einkaufen usw. äußert, der Konflikt stehen, nicht zur Arbeit gehen zu wollen. Diese Arbeitsunwilligkeit wiederum kann u. U. darauf zurückgehen, daß durch die Arbeit familiäre Beziehungen vernachlässigt werden müssen (der Klient kann seiner Mutter nicht mehr den täglichen Besuch machen, bei der er ihr Zuspruch und Hilfe gewährt). In solchen Fällen wäre es nicht sinnvoll, das »Präsentiersymptom« zu behandeln. Es kann der momentane, dahinterstehende Konflikt direkt in Angriff genommen werden.

Lazarus (1971) berichtet den Fall einer Klaustrophobie (Angst vor dem Eingeschlossensein in engen Räumen), die offenbar die Enge der bestehenden Partnerbeziehung symbolisierte, wie sich nach kurzer Exploration ergab. Hier hatte die Therapie der Partnerbeziehung Erfolg – die Behandlung der umgrenzten Symptomatik wäre vermutlich weniger effizient gewesen.

Ähnlich beschreibt Lazarus einen Fall von Brückenangst, bei dem sich ergab, daß die angstauslösende Brücke auf dem Heimweg von der Arbeit lag. An dem Tag, an dem die Brückenangst in einer Verkehrsstauung zum erstenmal aufgetreten war, gab es zuvor einen ernsten Arbeitskonflikt, der in dieser beengten Situation der Verkehrsstockung sich wohl in einem Angstanfall körperlich Ausdruck verschafft hat. Hier ist die Arbeitsproblematik der aktuelle Konflikt, der behandelt werden mußte. In anderen Fällen ist es so, daß die Angstentstehung sehr weit zurückliegt und gar nicht mehr ausgemacht werden kann. Trotzdem wird die Angst aufrechterhalten weil bestimmte Umweltbedingungen (z B. Enge von Räumen oder Höhen, bevölkerte Plätze, Dunkelheit usw.), die selbst nur Begleitumstände der Angstentstehung waren, jetzt den auslösenden Charakter übernommen haben.

Es wird deutlich, daß es sinnvoll ist, eine hierarchische Anordnung der Probleme vorzunehmen, um den Stellenwert der Symptome der übergeordneten Ziele zu erfassen.

Diese Art der sogenannten vertikalen Verhaltensanalyse wurde von Grawe (1980) so benannt, taucht aber schon bei Wolpe (1969) und Lazarus (1971) auf (siehe vorangehende Beispiele) und wird von Bartling et al (1992) im Sinne verschiedener Problem-Ebenen einbezogen.

Etwa kann ein Klient akut unter Atemnot leiden, wenn er auf öffentliche Plätze kommt (5. Verhalten in Situationen). Dahinter kann die Angst stehen, sich zu weit von zu Hause zu entfernen (4. Verhaltensregel) und somit dann Mann und Kinder zu vernachlässigen (3. Verhaltensplan). Dahinter wiederum kann die irrationale Vorstellung stehen, daß mein Selbstwert davon abhängt, daß ich von allen nahestehenden Personen geliebt werde (2. Oberplan). Und dahinter kann die tradierte Vorstellung stehen, daß man sich so verhalten muß, wie es die Umwelt, speziell die Familie, von einem erwartet (1. Systemregel). Es ergibt sich folgende Hierarchie, die in einer kognitiven Struktur gipfelt und eine Verbindung zur kognitiven Therapie (Kapitel 8) und zur systemischen Betrachtungsweise (Band IV) schafft :

Hierarchische (vertikale) Verhaltensanalyse

1. **Systemregel:** Familientradition: »Du mußt das tun, was man von Dir erwartet«.
2. **Oberplan:** Selbstwert erhält man durch Anerkennung von anderen.
3. **Plan:** Angst, Mann oder Kindern nicht genügend Fürsorge zu geben.
4. **Regel:** Angst, das Haus zu verlassen: Agoraphobie.
5. **Symptom:** in der phobischen Situation: Atemnot und Herzrasen.

Die verhaltenstheoretische Exploration des Klienten hebt also sehr häufig auf das Problemverhalten ab, sucht aber die dahinterstehenden Konflikte und wenn möglich auch die Entstehung der Angst zu klären. Nach der Möglichkeit des praktischen Eingreifens entscheidet sich, an welcher Stelle einer vertikalen Verhaltensanalyse die Therapie ansetzen soll. Ferner wird entschieden, ob es sich um einen Mangel an Kompetenz (Sozialisationsdefizit) oder eine Hemmung handelt, die durch Angst verursacht ist; ob es also darum geht, fehlendes Verhalten aufzubauen oder darum, eine Hemmung abzubauen oder beides. Schließlich muß entschieden werden, welche respondenten und operanten Mechanismen neben entsprechenden kognitiven und systemischen Strukturen am sinnvollsten anzunehmen sind, die das Sucht, Angst oder Vermeidungsverhalten aufrechterhalten und damit die Symptome stützen, z. B. dadurch, daß Familienmitglieder besonders viel Zuneigung zeigen, wenn die phobische Reaktion auftritt.

6.3 Klinische Anwendung des operanten Konditionierens

Verstärkung

Wünschenswerte Verhaltensweisen können wirksam durch Belohnung aufgebaut werden, ebenso wie unerwünschte Verhaltenswei-

sen durch Belohnung von alternativem Verhalten eliminiert werden können (Interferenz). Manchmal muß man diese Belohnungen aktiv verabreichen, wie es in Münzökonomien (s.u.) geschieht. Gelegentlich erreicht man denselben Effekt durch geschicktes Arrangement der vorhandenen Gegebenheiten.
Ein Mangel an Verstärkern ist nach Auffassung von Lewinsohn (1974) für die Aufrechterhaltung einer Depression verantwortlich. Der Depressive erhält durch ungünstige Umstände eine Zeitlang wenig Verstärkung für sein soziales Verhalten und andere Aktivitäten und reduziert so seine Verhaltensäußerungen. Das führt in einem Teufelskreis zu noch weniger Verstärkung und in der Folge zu weiterer Passivität. Die Therapie kann nun in kleinen Schritten Aktivitäten des Klienten anregen und zunächst gezielt verstärken beziehungsweise die Umwelt und die Aktivitäten so arrangieren, daß ein Erfolgserlebnis wahrscheinlich ist. Auf diese Weise kann der Verhaltensumfang und die Risikobereitschaft des Klienten langsam gesteigert werden.
Ein besonders simples Arrangement der Konsequenzen wird von Ayllon (1965) berichtet, der die tägliche Mahlzeit als Verstärker benutzte, um einer Klientin zu helfen, die sich notorisch zu dick bekleidete. Zu Anfang der Behandlung trug sie durchschnittlich 11 kg Kleidung (u. a. 18 Paar Strümpfe). Es wurde mit ihr verabredet, daß das zulässige Übergewicht zunächst 10 kg betragen dürfe, damit sie am Essen teilnehmen könne. Hatte die Klientin zuviel an, so sagte die Pflegerin einfach in sachlichem Ton: »Es tut mir leid, aber Sie sind zu schwer, sie müssen weniger wiegen.« Im Laufe der nächsten Wochen wurde das zulässige Kleidungsgewicht ständig verringert. Die Patientin versäumte zwar einige Mahlzeiten, aber am Ende der Behandlung wog ihre Kleidung nur noch 1,4 kg und dabei blieb es. Der Student mit den Arbeitsschwierigkeiten (s.o.) verstärkte sich positiv, indem er eine halbe Stunde Lernen mit 10 Minuten »Spiegel«-Lesen oder Gitarrespielen belohnte. Im normalen Alltag setzen wir positive Verstärkung in sehr vielen Fällen ein, manchmal ohne es zu wissen. Wir loben Kinder für gute Zensuren – meistens aber nicht kontingent, sondern viel zu spät, wenn die eigentliche Arbeit, nämlich die Vorbereitung längst vorbei ist. Aber auch Schreien und Wutanfälle werden durch Aufmerksamkeit belohnt, ebenso wie Asthmaanfälle und andere Krankheitssymptome. Systematisch wird die positive Verstärkung in sogenannten Münzökonomien (token economies) verwendet. Zum Beispiel benutzen O'Leary und Becker (1967) Münzverstärker, die gegen Süßigkeiten oder Spielsa-

chen eingetauscht werden konnten, um angemessene Verhaltensweisen in einer Schulklasse zu unterstützen. Die Schüler behinderten sich und den Unterricht durch ihr Störverhalten sehr stark (bis zu 90% der Beobachtungen). Diese Häufigkeit ging bis auf 30%, ja z.T. bis auf 3% in Einzelfällen nach Einsatz der Münzverstärkung für angemessenes Verhalten (Sitzen, Arbeiten usw.) zurück.
Ähnliche Untersuchungen sind auch mit Zuwendung und Lob als Verstärker gemacht worden. Materielle Verstärker sind jedoch am Anfang oft wirksamer. Münzökonomien sind deswegen praktisch, weil man Münzen (Spielmarken) an jedem Ort und zu jeder Zeit austeilen kann. Sie können später eingetauscht werden, wobei die Eintauschmöglichkeiten nach Bedarf variiert werden können, so daß nicht so leicht eine »Ermüdung« eintritt.
Bei Verstärkersystemen dieser Art ist zu beachten, daß man zunächst eine funktionale Analyse vorausgehen läßt, in der Problemverhalten abgeklärt und Verstärkungsmöglichkeiten erforscht werden. Die Verstärker müssen unmittelbar auf das Zielverhalten (kontingent) gegeben werden und in der Anfangsphase zur Festigung relativ oft (fixer Quoten- oder Intervallplan). In späteren Phasen des Lernprozesses sollten sie intermittierend gegeben werden (variabler Plan), um die Löschungsresistenz zu fördern. Vielfältige Eintauschmöglichkeiten (back-ups) wirken dem Schwund der Attraktivität entgegen. Schließlich sollte man verbale Verstärkung und soziale Zuwendung mit den materiellen Verstärkern koppeln, um allmählich einen Übergang hierzu zu schaffen, um eine natürlichere Kontingenz einzurichten, so wie sie auch im sozialen Kontext normalerweise möglich ist.
Man kann durch Belohnung (positive Verstärkung) lernen, aber auch dadurch, daß aversive Reize eliminiert werden (negative Verstärkung). Peneck et al. (1971) verwendeten beispielsweise symbolisch aversive Reize. Übergewichtige Personen mußten in ihrem Eisschrank soviel Schweineschmalz unterbringen, wie sie übergewichtig waren. Entsprechend ihrer Gewichtsabnahme durften sie jeweils 1 Pfund Schweineschmalz aus dem Eisschrank entfernen. Hier wirkt die Elimination erleichternd und zugleich demonstrativ für die eigene Gewichtsabnahme. Es reicht natürlich nicht, das Abnehmen negativ zu verstärken. Es müssen andere Verhaltensweisen, wie langsam essen, weniger einkaufen, alternative Beschäftigungen usw. durch positive Verstärkung aufgebaut werden. Außerdem muß natürlich überprüft werden, ob der Stimulus tatsächlich aversiv wirkt und nicht etwa lustig.

Reaktionsausformung

Eine spezielle Technik der positiven Verstärkung kombiniert mit Diskriminationslernen ist die *Reaktionsausformung* (shaping). Immer wenn das Verhalten komplex ist und in einem Schritt nicht erlernt werden kann, muß es sukzessive approximiert werden. In dieser Weise ließ Skinner z. B. Tauben bizarre Bewegungsabläufe lernen, die wie Tänze aussahen oder auch wie Ballspiele. Verhaltensweisen wie Lesen und andere schulische Fertigkeiten können ebenfalls nur sukzessive approximiert werden. Den Aufbau einer einfachen Verhaltensweise bei retardierten Kindern beschreiben Hintgen und Trost (1968).

Die Autoren versuchten, als schizophren diagnostizierten Kindern ansatzweise Kontaktverhalten zu vermitteln. Zunächst belohnten sie einfache Laute und Lokalisierungen wie »ba«, »ta«, »ma« usw. Pusten, Kichern und andere Äußerungen dagegen wurden ignoriert. In einem zweiten Schritt wurden kooperative Aktionen verstärkt, z. B. zuwenden, näherrücken, länger andauernde Körperberührungen und Handhalten. Schließlich wurde die Kombination von Lautgebung und Annäherung der Kinder aneinander verstärkt. Solche Verhaltensweisen mögen zwar nicht dem entsprechen, was man gemeinhin unter kooperativem Spiel versteht. Es wurde auch nicht intendiert, »normales« Verhalten in vollem Umfang hervorzurufen. Vielmehr handelt es sich um den Versuch, den Hospitalisierungsschäden entgegenzuwirken, die in immer stärkerer Isolation zum Ausdruck kommen und letztlich die Diagnose einer verschlechterten Symptomatik (mehr retardiert oder schizophren) mitbestimmen.

Die Verhaltensausformung erfordert die genaue Beobachtung der Defizite und Verhaltensreste im Klienten. Es wird dann das Verhalten ausgewählt, das als erster Ansatz für das Zielverhalten gelten kann. Dabei muß man ein Kriterium setzen, das entscheidet, ob das Verhalten annäherungsweise eingetreten ist oder nicht. Dieses Kriterium darf zunächst niedrig angesetzt werden, damit überhaupt der Lernprozeß in Gang kommt. Die Situation muß weiter so gestaltet werden, daß die Wahrscheinlichkeit der Reaktionsäußerung groß ist. Gemäß dem Kriterium muß differentiell verstärkt werden, d. h. die erste grobe Annäherung, die über dem Kriterium liegt, wird belohnt, alles andere wird ignoriert. Zeigt der erste Schritt eine hohe Auftrittswahrscheinlichkeit (z. B. Lautäußerung in dem vorangehenden Beispiel), so kann das Verhalten eingegrenzt werden, etwa als Lautäußerung im Sinne von bestimmten Silben, die in

Worten vorkommen. Schließlich kann man Hinweisreize aufbauen, indem man Aufforderungen gibt wie »sag baba«. Linguisten sind allerdings der Ansicht, daß Sprache neuronal angelegt ist und nicht allein durch Verhaltensausformung erlernt werden kann. Sollten diese Strukturen bei den oben genannten Personen fehlen, dann wären einem solchen Training enge Grenzen gesetzt.

Reaktionsverkettung

In der Reaktionsausformung wurde das Verhalten allmählich komplexer und die Verhaltenskette länger. Dabei beginnt man mit der ersten Reaktion (Lautäußerung) und bewegt sich auf ein differenziertes Ziel zu (Äußerung von sinnvollen Wörtern). Das Vorgehen hat sich bewährt, wenn das Zielverhalten komplex ist. Besteht das Zielverhalten aus einer langen Reaktionssequenz, die sich aber in der Schwierigkeit auf etwa gleichem Niveau bewegt, so ist eine andere Strategie zweckmäßig, nämlich die der Reaktionsverkettung (chaining). Hier wird zunächst das Verhalten verstärkt, das am Ende der Kette liegt und dann wird die Kontingenz auf zunehmend längeren Ketten ausgeweitet. Watson (1973) beschreibt den Aufbau von Ankleideverhalten bei autistischen Kindern in dieser Weise.

Es werden zunächst 5 Komponenten einzeln geübt: das Anziehen von Unterwäsche, Hosen, Hemden, Socken und Schuhen. Jedes dieser Glieder wird im Sinne der sukzessiven Approximation durch Reaktionsausformung geübt. Während des ganzen Ankleideprozesses unterstützt der Therapeut das Kind durch führende Verhaltensweisen. Vor dem letzten Glied der Kette (Schuhe anziehen) wird der Hinweisreiz geäußert »zieh dich an« und nach dem letzten Glied wird die Verstärkung – nämlich das Frühstück eingesetzt. Zum späteren Zeitpunkt wird der Hinweisreiz »zieh Dich an« an einem früheren Glied der Kette gegeben, nämlich bevor die Socken angezogen werden. Auf diese Weise wird die Kette immer länger.

Bei der Verhaltensverkettung ist Verschiedenes zu beachten. Die Einheiten sollten nicht zu groß sein. Sie sollten nach Möglichkeit natürlicherweise vorkommende Verhaltensreste enthalten. Man muß die einzelnen Glieder zunächst getrennt ausformen. Das Ende des vorangehenden Gliedes gewinnt Hinweischarakter, der Beginn des nächsten Gliedes der Verhaltenskette sekundären Verstärkungscharakter. Auf diese Weise erhält sich die Kette und kann immer länger werden.

Bestrafung

Während positive Verstärkung zum Ausgleich von Defiziten oder zur Ausbildung von Verhaltensweisen verwendet wird, die mit Verhaltensexzessen inkompatibel sind, wird die Bestrafung zur direkten Beseitigung von Verhaltensexzessen eingesetzt. Es gibt mehrere Möglichkeiten dieser aversiven Kontrolle; die einfachste ist die direkte Bestrafung. Gelegentlich ist es nicht möglich abzuwarten, bis problematisches Verhalten durch Alternativen mit Hilfe eines positiven Verstärkerprogramms überdeckt werden kann. Bei autistischen Kindern, die sich selbst verstümmeln, ist dies der Fall. Und hier hat man versucht, die Selbstschädigung durch elektrische Schocks einzudämmen, die automatisch ausgelöst werden, wenn das Kind heftige Bewegungen ausführt wie Kopfschleudern oder abrupte Handbewegungen (Bucher und Lovaas 1968). Das selbstschädigende Verhalten konnte dadurch beseitigt und weitere Verstümmelungen der Kinder verhindert werden. Dadurch wurde die Versorgung natürlich erleichtert.

Ebenfalls als eine Form der Bestrafung läßt sich verzögerte akustische Rückmeldung bei Stotterern einsetzen. Goldiamond (1965) ließ Texte laut vorlesen. Die Stotterer hatten eine Taste zur Verfügung, auf die sie drükken konnten, wenn sie zu stottern begannen. Dadurch wurde die verzögerte Rückmeldung eingeschaltet, das den gesprochenen Text vom Tonband noch einmal verzögert über Kopfhörer an den Sprecher zurückgibt (etwa 1/4 Sekunde verspätet). Das wird als äußerst unangenehm empfunden. Der Erfolg des Verfahrens wird in Abbildung 6.9 deutlich. In dem untersuchten Fall eines chronischen Stotterers hört das Stottern fast ganz auf und die Lesegeschwindigkeit erreicht ein normales Niveau. Die Bestrafung kann dadurch ausgeschlichen werden, daß die Verzögerung der akustischen Rückmeldung immer kürzer gemacht wird, bis sie synchron erfolgt. Ein solches Vorgehen hat sich allerdings zur Therapie des Stotterns im allgemeinen nicht als ausreichend erwiesen. Kombinierte Interventionen haben sich in letzter Zeit mehr durchgesetzt. Dabei wird meist mit dem Metronom gleichmäßiges Sprechen geübt, das in einer späteren Phase ausgeblendet wird. Nach diesen Übungen wird eine graduierte Exposition angsterzeugender Realsituationen durchgeführt (Desensibilisierung in vivo). Als Hilfsmaßnahme werden die Klienten angewiesen, nur am Ende des Ausatmens zu sprechen. Außerdem scheint das Training von gestischem und mimischem Ausdruck bei Stotterern hilfreich zu sein. Durch diese Emotionsabfuhr wird der Verbalkanal entlastet, wo es andernfalls durch Erregung zu Sprechfehlern kommt, die Angst erzeugen und ihrerseits die Wahrscheinlichkeit von Sprechfehlern erhöhen (Fiedler und Standop 1978).

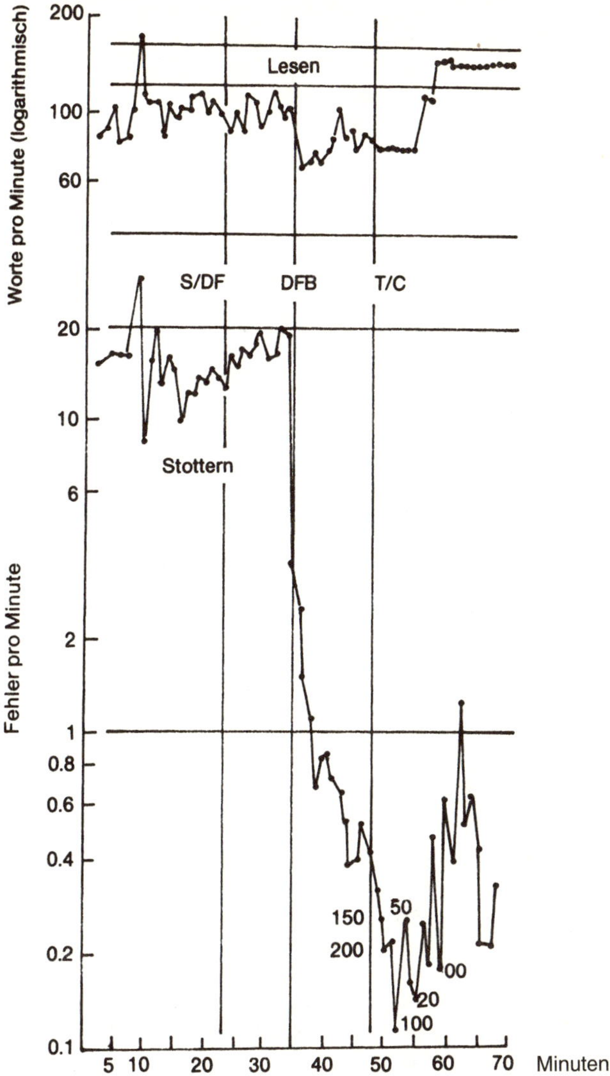

Abb. 6.12: Reduktion von Stottern und Erhöhung der Lesegeschwindigkeit durch Verwendung von verzögertem auditivem Feedback (nach Bandura, 1969).

Bestrafung wird auf Wunsch des Klienten in besonderen Fällen bei Abnormitäten und Suchtverhalten angewendet. Ein Beispiel hierfür ist die Elektroschockbehandlung von Alkoholikern. Vogler et al. (1975) verwendeten in einem umfangreichen Behandlungsprogramm u. a. ein Aversionstraining.

Die Patienten befanden sich in einer simulierten Bar, in der sie sich Getränke nach Vorliebe aussuchen und zu sich nehmen konnten. Zwischendurch wurden immer wieder Blasproben gemacht, so daß der Blutalkoholgehalt überprüft wurde. Sobald die Klienten die 0,5 Promillegrenze erreichten, wurden sie nach einem variablen Verstärkerplan (VQ 80) durch elektrische Schocks bestraft (kleiner Finger/rechte Hand, 4,5 mA). Der Schock wurde verabreicht, wenn der Klient das Glas in die Hand und das Getränk in den Mund nahm. Dabei wurde ihm die Möglichkeit gegeben, den Schock durch Absetzen des Glases und Ausspucken des Getränkes zu beenden. Tat er es nicht, so hielt der Schock während des Runterschluckens an. Auf diese Weise erhielten die Klienten zwischen 2 und 8 Schocks pro Stunde. Hier wird nicht ein bestimmtes Verhalten bestraft, sondern es wird im Sinne des klassischen Konditionierens die Aversion an bestimmte Hinweisreize geknüpft, nämlich die Barsituation, Anblick bestimmter Getränke, das subjektive Empfinden von mehr als 0,5 Promille und an den Geschmack im Mund, das Glas an den Lippen usw.

Ähnliche »Schock«-Programme sind für andere Süchte angewendet worden, beispielsweise das Rauchen (Zigarettenetui, das beim Zigarettenspenden zugleich einen elektrischen Schock verabreicht) beim Drogenmißbrauch (»russisches Roulette«: eine von 6 Spritzen enthält Heroin, alle anderen enthalten Apomorphin, ein Mittel, nach dem man sich erbricht). Aversive Gegenkonditionierung ist ebenfalls bei der Behandlung der Homosexualität angewendet worden. Feldman und McCoulloch (1971) boten männlichen Homosexuellen Dias mit nackten Männern dar. Während der Darbietung erhielten die Klienten einen elektrischen Schock, den sie aber vermeiden konnten, wenn sie durch Knopfdruck das Bild verschwinden ließen. Eine Variante bestand darin, daß auf Knopfdruck anstelle des männlichen Aktes ein weiblicher auf der Projektionswand erschien. Abgesehen von der Fragwürdigkeit einer solch oberflächlichen Betrachtungsweise der Homomsexualität sind natürlich andere Verhaltensänderungen wichtig. Neben dem Abbau von homosexuellen Auslösern und dem Aufbau von heterosexuellen Auslösern, wäre es z. B. ratsam, Selbstsicherheit beim Auftreten in der neuen männlichen Rolle zu stärken, damit ein dauerhafter Erfolg möglich ist.

Aversive Maßnahmen gelten gewissermaßen als letzter Ausweg, wenn es darum geht, kurzfristig gefährliches Verhalten sofort zu unterbinden (Selbstverstümmelung) oder langfristig gefährliches Verhalten allmählich abzubauen (Süchte). Die aversive Konsequenz muß so rasch wie möglich nach dem Fehlverhalten gegeben werden und sollte nicht sehr lange andauern. Das betroffene Individuum muß in jedem Fall mit der Prozedur einverstanden sein und man soll nach Möglichkeit sich nach annehmbaren Alternativen umsehen. Insbesondere kann zu gleicher Zeit inkompatibles Verhalten mit positiver Verstärkung aufgebaut werden. Insgesamt haben sich aversive Methoden zumindest beim Alkoholmißbrauch nicht als erfolgreich erwiesen (siehe Miller et al. 1972). Bei der Behandlung von Homosexualität wird die Erfolgsquote aversiver Methoden mit 25% angegeben (Schwitzgebel und Kolb 1974), wobei von vornherein über die Etikettierung dieses Verhaltens als veränderungsbedürftiges Symptom Zweifel bestehen.
Ein weiteres Verfahren der aversiven Kontrolle ist die Verstärkerrückgabe. Reisinger (1972) behandelte z. B. depressiv ängstliches Verhalten einer Klientin damit, daß er ihr Verstärker entweder gab oder entzog, je nachdem ob sie depressiv oder nicht depressiv reagierte. Die Patientin zeigte häufig Weinen bis zu 30 Minuten unartikulierte Laute und kaum ein Lächeln. Derartige Anzeichen traten bis zu 30mal pro Woche auf. In der Behandlung wurde dann das Lächeln durch Münzen verstärkt und depressiv ängstliche Episoden durch Münzentzug bestraft. Dadurch verminderten sich die depressiv ängstlichen Episoden auf zwei pro Woche, während Lächeln bis zu 27mal registriert wurde, was vorher nie der Fall war. Ein mechanisch anmutender Ansatz, wenn man nicht davon ausgeht, daß das Lächeln positive soziale Erfahrungen nach sich zieht, die ihrerseits das Befinden verbessern.

Löschung

Eine der effektivsten Maßnahmen der Verhaltenstherapie ist die *Löschung* von unerwünschten Verhaltensweisen, besonders wenn sie häufig und intensiv auftreten. Trotz ihrer simplen Anwendung läuft sie der Intuition zuwider. Bei aggressivem Verhalten, Wutanfällen oder Weinen neigt man spontan dazu, mit Zuwendung und Aufmerksamkeit zu reagieren – wenn auch die Zuwendung häufig in Form einer Beschwerde gegeben wird. Um erfolgreich zu löschen, muß der Therapeut sich zwingen, derartige Reaktionen bei sich zu unterbinden.

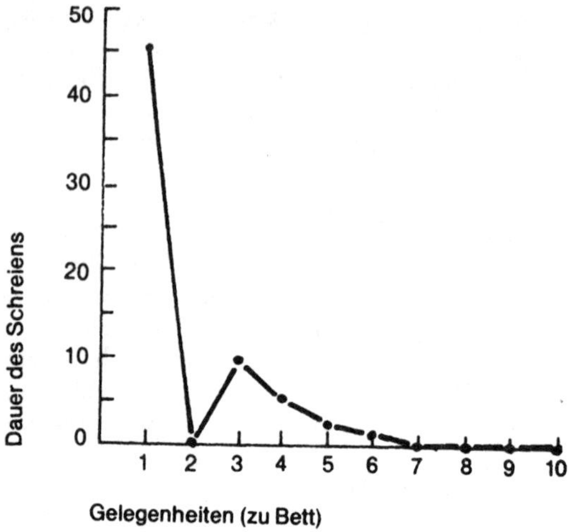

Abb. 6.13: Dauer der Wutanfälle eines Kleinkindes beim Zu-Bett-Gehen in Rinnten (nach Bandura, 1969).

Eine relativ frühe Untersuchung zur Löschung ist die von Williams (1955), der bei Kindern Jähzornsanfälle durch Nichtbeachtung zum Verschwinden brachte. Während die ersten Wutanfälle noch zum Teil fast eine Stunde dauerten, verringerte sich die Dauer bald auf wenige Minuten und verschwand dann ganz. Dieses Verfahren ist bei sehr vielen ähnlichen Verhaltensweisen im Klassenzimmer, im Kindergarten und in Krankenhäusern häufig wiederholt worden. Man muß dabei beachten, daß zunächst oft eine Verschlechterung des Symptoms eintritt, weil die betreffende Versuchsperson die Aufmerksamkeit durch verstärktes Störverhalten zu erzwingen versucht. Dies ist typisch für Verhaltensweisen, die nach einem fixen Verstärkungsplan erworben wurden. Sie brauchen jedoch nicht lange, um gelöscht zu werden (Abbildung 6.13).
Eine besondere Form der Löschung, die leicht bestrafenden Charakter hat, ist das sog. *Time-out* (»Aus-Zeit« übersetzt). Es entspricht dem, was man umgangssprachlich »in die Ecke stellen« nennt. Die betreffende Person wird bei Auftreten des unerwünschten Verhaltens von jeglichem Sozialkontakt und jeder Möglichkeit der Eigenverstärkung ausgeschlossen. Das geschieht meistens durch kurzfristiges Einsperren in einen völlig kahlen und kleinen, d. h. wenig attraktiven Raum. Taylor und Brown

(1967) wendeten das Verfahren bei delinquenten Jugendlichen an.
Es wurde vorher mit den Klienten besprochen, auf welches Verhalten hin das time-out erfolgen sollte (nämlich Schmeißen mit dem Billardstock, Streiten, Nichtbeachten von Regeln u. a.). Trat ein solches Verhalten in der Gruppe auf, so wurde die betreffende Person mit der Aufforderung »Du hast dich schlecht benommen« für 15 Minuten in einen kleinen Raum gebracht (1.30 m x 1.60 m). Die Isolierung war völlig frei von ablenkenden Dingen (manche Eltern sperren ihre Kinder in ein Zimmer voller Spielsachen). Der Raum muß sofort zu erreichen sein und eine kurze Isolierdauer ist zu bevorzugen. Falls das nicht wirkt, kann man sie verlängern. Das Personal muß geschult sein, neutral zu reagieren und sich nicht provozieren zu lassen. Andernfalls erhält der »Übeltäter« leicht die Unterstützung der anderen Gruppenteilnehmer, wodurch er zum Märtyrer wird und das time-out einen umgekehrten Effekt hat. Es ist zweckmäßig, außerdem ein Vermeidungssignal zu verabreden, bei dessen Beachtung die Person das time-out vermeiden kann. Time-out wirkt dann nicht, wenn die Situation, in der sich der Klient normalerweise befindet, überwiegend unangenehm ist.
Eine Untersuchung von Grifith et al. (1974) zeigt, welchen Einfluß das Verhältnis von normaler Umgebung und time-out-Umgebung zueinander haben kann. Hier sollte überprüft werden, wieweit man stationär untergebrachte Alkoholiker durch Verstärkerentzug vom Trinken abhalten kann. Alkohol stand in der Situation frei zur Verfügung. Bei Inanspruchnahme des Getränkeangebotes mußte sich die Person in einen Extraraum zurückziehen. Dadurch fiel Sozialkontakt, Spiele und die Benutzung des allgemeinen Tagesraumes weg. Zunächst konnte jedoch immer noch der Fernseher benutzt werden – wenn auch in sozialer Isolation. Das soziale time-out hatte so jedoch überhaupt keine Wirkung in bezug aufs Trinken (die Klienten tranken still vorm Fernseher). Erst nach Beseitigung des Fernsehgerätes hatte der Verstärkerentzug eine deutliche Wirkung (siehe Abbildung 6.14).
Wie bei den aversiven Techniken sollte man inkompatible angemessene Verhaltensweisen mit positiver Verstärkung zugleich mit dem time-out-Programm aufbauen. Zuvor muß geklärt werden, worin die Verstärkung für das unerwünschte Verhalten besteht. Beim Trinken ist es vermutlich das Trinken selbst (s.o.). Beim Störverhalten in der Klasse jedoch kann es die Aufmerksamkeit des Lehrers oder aber der Mitschüler sein. Ein Löschungspro-

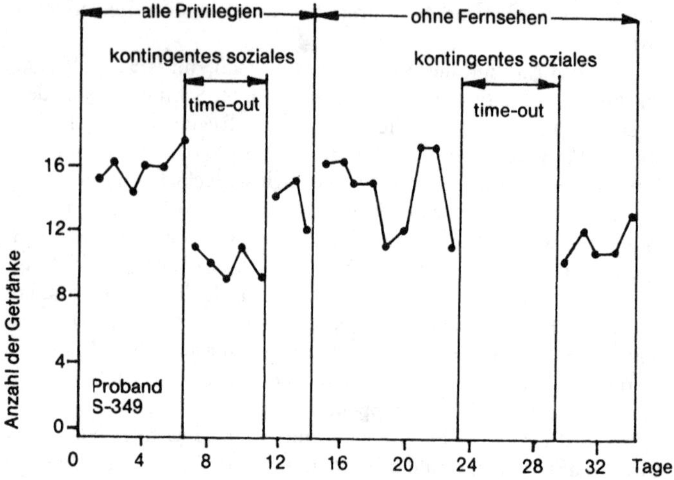

Abb. 6.14: Wirksames und unwirksames time-out zur Reduktion des Alkoholkonsums: erst durch Elimination des Fernsehens verhindert der Ausschuß aus dem Gruppenraum das Trinken (aus Vogler und Revenstorf 1976).

gramm erfordert häufig die Übereinkunft mehrerer beteiligter Personen (Klassenkameraden, Familienmitglieder, Krankenhauspersonal).

Als eine weitere Form der Löschung oder auch reaktive Hemmung (Ermüdung) kann man die *Sättigung* bezeichnen. Exzessive Verhaltensweisen verlieren oft ihre Attraktivität und werden selten, wenn man sie tatsächlich bis zum Exzeß durchführen läßt. Ein Beispiel hierfür gibt Ayllon (1963). Es handelt sich um eine Klientin, die von überall her im Krankenhaus Handtücher einsammelte und in ihrem Zimmer aufbewahrte. Auf diese Weise hatte sie stets 20 Handtücher in ihrem Raum. Während der Behandlungsphase wurden die Schwestern der Station angewiesen, ihr stündlich ein neues Handtuch aufs Zimmer zu bringen. Darauf reagierte die Klientin zunächst sehr erfreut und mit Erstaunen, später gelangweilt, als die Zahl der Handtücher im Zimmer 60 erreichte. Als sich über 620 Handtücher in ihrem Zimmer befanden, wollte die Klientin keine weiteren Handtücher haben, sammelte auch keine mehr ein und schmiß alle Handtücher aus dem Zimmer heraus. In der Folge hat sie das Hortungsverhalten gänzlich aufgegeben. Familientherapeuten bezeichnen diese Art Therapie als Symptomverschreibung. Sie gehen davon aus, daß das Symptom als Kommunikation verwendet wird, die damit unbrauchbar wird. Der Klient muß sich eine andere Ausdrucksmöglichkeit suchen.

Reizkontrolle

Durch positive Kontrolle kann man Verhalten aufbauen durch aversive Kontrolle Verhalten vermindern oder eliminieren. Man kann in bestimmten Fällen beide Vorgänge dadurch effektiver gestalten, daß man Hinweisreize für die aversiven und positiven Konsequenzen einsetzt. Die Hinweisreize erhalten Aufforderungscharakter und gewinnen Auslöserfunktion für das betrachtete Verhalten. In dieser Weise werden Aufforderungen wie »Mach Deine Schulaufgaben« oder »Jetzt erst einmal aufräumen« üblicherweise in der Erziehung eingesetzt. Ebenfalls als Reizkontrolle können Hinweise wie »Aufhören« oder »Stop« oder dgl. interpretiert werden. Reizkontrolle kann therapeutisch verwendet werden, sie wirkt aber oft auch im Sinne des unerwünschten Verhaltens, insbesondere bei Suchtverhalten. Viele Auslöser in unserer alltäglichen Umgebung erinnern uns an die Annehmlichkeiten des Essens. Die Werbung, appetitanregende Dinge im Eisschrank, Uhrzeiten, Personen usw. Übergewichtsprogramme achten daher darauf, daß solche Auslöser möglichst eliminiert oder eingeschränkt werden. Man kauft keine großen Vorräte mehr ein, läßt keine Süßigkeiten in der Wohnung herumstehen, ißt zu bestimmten Zeiten an bestimmten Plätzen. Man holt sich eine zweite Portion extra aus der Küche, damit sie nicht vor einem steht. Man räumt die Reste der Mahlzeit sofort weg. Man ißt nie mit der Zeitung oder beim Fernsehen, damit diese nicht zum Auslöser vom Essen werden usw. Derartige Einschränkungen des Essens werden in Selbstkontrollprogrammen durchgeführt. Analoge Programme sind fürs Rauchen entwickelt worden (Brengelmann 1975, s.u.).
Ebenfalls eine große Rolle spielt die Reizkontrolle beim Drogenmißbrauch (Haschischgebrauch, Fixen). Hier wird oft der Drogenkonsum durch bestimmte Scene-Requisiten ausgelöst. Dazu gehören Kleidung, Freunde, Stimmungen, Musik, Lokale usw. Drogenklienten werden daher angehalten, derartige Auslöser aus ihrem Leben zu eliminieren – was oft den Anstrich einer Anpassung ans bürgerliche Leben hat.

Hilfsmittel

Bei Verhaltensdefiziten muß das fehlende Verhalten zunächst oft vorgemacht bzw. die Klienten müssen oft unterstützt werden, die Zielverhaltensweisen durchzuführen: Therapeut nimmt die Hand des retardierten Kindes und hilft ihm beim Schuheanziehen *(Prompten)*. Eine weitere Möglichkeit, Lernprozesse zu unterstützen, ist die Verwendung von Verhaltensverträgen bei erwachsenen Klienten *(Kontingenzkontrakte)*. Es wird dabei in Schriftform festgehalten, was der Therapeut und der Klient als nächsten Therapieschritt und Aufgabe für sinnvoll erachten. Es muß genau spezifiziert werden, was das Zielverhalten ist (z. B. bei Studienschwierigkeiten: 10 Seiten Lesen pro Tag). Ferner wird normalerweise eine positive und eine negative Konsequenz an die Einhaltung bzw. Nichteinhaltung einzelner Vertragsbestandteile geknüpft (eine Woche lang täglich 10 Seiten lesen: am Wochenende Tennisspielen, andernfalls verfallen 10 DM an die Ehefrau oder ans Rote Kreuz). Auf dem Vertrag soll das Zielverhalten registriert werden können, und er soll von einer neutralen Person (Therapiehelfer oder Therapeut) kontrolliert werden. Der Vertrag wird sichtbar aufgehängt und dient zugleich als Auslöser und Erinnerungshilfe. In der nächsten Therapiestunde wird er mitgebracht, um vom Therapeuten überprüft zu werden. Untersuchungen im Bereich der Partnerschaftstherapien haben ergeben, daß Verträge auch wirksam sind, wenn keine Belohnung oder Bestrafung eingesetzt wird. Offenbar handelt es sich um einen Akt der subjektiven Verpflichtung und nicht sehr um den einer juristischen Vollstreckung (Jacobson 1978).
Eine Sonderform des Kontraktes ist das sog. »Goal Attainment Scaling« (Kiresuk 1975). Mit dem Klienten werden zunächst Verhaltensbereiche ausgesondert, die ihm und dem Therapeuten zur Zeit der Behandlung günstig und wichtig erscheinen. Die Bereiche werden mit Gewichten versehen, die sich zu 10 addieren (z. B. Lesen 2, Sozialkontakt 3 und Rauchen 5). Für jeden Bereich wird ein kurzfristiges Therapieziel bis zum nächsten Termin (im allgemeinen eine Woche) definiert, nämlich das zu erwartende Resultat. Dies ist ein kleiner Schritt in Richtung auf eine Verbesserung, der dem Klienten möglich erscheint. Außerdem werden Therapieziele definiert, die um einiges über dem erwarteten Resultat liegen und solche, die um ein Vielfaches darüber liegen. Ebenso werden solche Ziele definiert, die um einiges darunter und um sehr viel darunter liegen. Alle Therapieziele werden beobachtbar beschrieben. In der nächsten Thera-

piestunde überprüfen Klient und Therapeut zusammen, wieweit die Therapie in den einzelnen Bereichen fortgeschritten ist. Da die 5 möglichen Stufen der Zielerreichung ebenfalls gewichtet sind (0, 3, 5, 7,10) läßt sich ein Gesamttherapiefortschritt für die Woche errechnen. In dem fiktiven Beispiel (siehe Arbeitsblatt GAS) ergibt sich:

Lesen:	2 × 0 =	0
Sozialkontakt:	5 × 5 =	25
Rauchen:	3 × 3 =	9
		34

Insgesamt hat der Klient den Wert 34 erreicht. Das kurzfristige Therapieergebnis kann zwischen 0 und 100 schwanken, wobei der Erwartungswert, wenn in allen Bereichen die mittlere Stufe erreicht wird, 50 wäre. Der Klient kann an einem solchen Arbeitsblatt seine Fortschritte ablesen und die Planung der nächsten Woche daran orientieren.

In manchen Fällen ist es schwer, geeignete Verstärker zu finden. Dabei spielt die gründliche Beobachtung des Verhaltens eine Rolle. Premack (1962) hat vorgeschlagen, auch Verhaltensweisen als Verstärker in das Veränderungsprogramm einzubeziehen, die nicht unbedingt auf den ersten Anblick attraktiv erscheinen, aber mit großer Häufigkeit auftreten. Beobachtet man z. B. ein Kind und stellt fest, daß es häufig spielt, häufig bei der Mutter sitzt, häufig draußen spazierengeht und gerne die Freundin trifft usw., so kann man diese Verhaltensweisen so arrangieren, daß sie nach dem erwünschten Zielverhalten (Klavierspielen, Hausaufgaben) stattfinden. Dadurch steigert man die Frequenz des Zielverhaltens auf einfache und natürliche Weise. Nicht alle häufigen Verhaltensweisen können allerdings in diesem Sinne als Verstärker dienen. Manche Verhaltensweisen treten häufig auf, weil sie im Rahmen einer Verhaltenskette erzwungen werden, wie das Schließen der Haustüre oder das Abtreten der Schuhe.

6.4 Verhaltenstherapeutische Programme

Breitband-Therapie

Die beschriebenen verhaltenstherapeutischen Interventionsbeispiele erwecken vielleicht den Eindruck des technischen Eingreifens

Name:
Zeitraum:

Arbeitsblatt GAS

	Bereiche	1. Lesen (2)	2. Sozial-kontakt (5)	3. Rauchen (3)	4. . . .
0	Resultat sehr viel schlechter als erwartet	3 S/Wo X	Blickkontakt 10"	30/Tg	
3	Resultat etwas schlechter als erwartet	1 S/Tg	Nach der Straße fragen	20/Tg X	
5	Erwartetes Resultat	2 S/Tg	1 Mädchen ansprechen X	10/Tg	
7	Resultat etwas besser als erwartet	3 S/Tg	2 Mädchen ansprechen	5/Tg	
10	Resultat sehr viel besser als erwartet	5 S/Tg	2 Mädchen ansprechen und 1 Mädchen einladen (Café)	Null	

in einem isolierten Verhaltensausschnitt. Sie wurden gewählt, um die Wirksamkeit einzelner Lernprinzipien im klinischen Bereich zu demonstrieren – nicht um das typische Vorgehen in der Verhaltenstherapie zu charakterisieren. Das tatsächliche Vorgehen des Verhaltenstherapeuten ist ein komplexes Gemisch aus Motivierung des Klienten, Analyse der Probleme, Aufbau der Beziehung zum Therapeuten, Therapieplanung, Überprüfung des Therapiefortschritts und Revision des Therapieplanes. Wichtig ist für die Verhaltenstherapie die Annahme, daß alles Verhalten, normales und abnormes, gelernt wurde und daß ähnliche Lernprozesse zur Änderung des Verhaltens mobilisiert werden können. Auch die Psychoanalyse oder Gesprächstherapie und die Hypnose nehmen an, daß aktuelles Fehlverhalten irgendwann gelernt wurde – meist unter konflikthaften Umständen. Hierin unterscheiden sich die Therapieansätze nicht. Die psychodynamischen Therapien konzentrieren sich jedoch darauf, den auslösenden Konflikt neu zu durchleben und dadurch neu einzuordnen und anders zu bewerten. So soll der auslösende Konflikt in seiner Wirkung auf das aktuelle Leben des Klienten abgeschwächt werden. Die Verhaltenstherapie dagegen versucht direkt den Lernprozeß rückgängig zu machen bzw. kompensiert angenommene Lerndefizite, d. h. holt ihn nach, ohne daß auf die Entstehung der Störung ausführlich eingegangen wird. Eine Ausnahme bildet die Situation, in der die Quelle des Konflikts momentan noch vorhanden ist, wie z. B. bei einer gestörten Paarbeziehung oder Erziehungsproblemen. Hier können die Konflikte selbst angegangen werden, was wiederum als ein Umlernen des Verhaltens in bezug auf die beteiligten Familienmitglieder verstanden wird.

Fast immer handelt es sich beim Therapieziel um ein Bündel von Verhaltensweisen, die geändert werden sollen. Das schlägt sich darin nieder, daß meistens Therapiepakete zur Anwendung kommen, die verschiedene Maßnahmen in unterschiedlichen Lebensbereichen einsetzen. So wird bei einer übergewichtigen Hausfrau, deren Kinder sich gerade selbständig gemacht haben, nicht nur durch Reizkontrolle das Eßverhalten eingeschränkt. Vielleicht muß man sie darüber hinaus zu sozialen Fertigkeiten anleiten, die ihr neue Kontakte ermöglichen. Vielleicht muß man sie anleiten, den alten Beruf wieder aufzunehmen, und sich in dieser Hinsicht gegen den Rest der Familie durchzusetzen. Vielleicht muß man ihr mehr Selbstsicherheit in Situationen geben, in denen sie von der Rolle der Hausfrau Abschied nehmen möchte.

Wie bei den humanistischen Ansätzen wird auch hier die »ganze Person« behandelt. Allerdings geht man nicht ganzheitlich vor, indem man die Person durch eine pauschale Beeinflussung in Form ihrer Aktion mit Gruppe oder Therapeut verändern will, sondern es werden die wichtigsten Probleme ausgesondert und getrennt angezielt. Dabei kommt es jedoch häufig zu einer Generalisierung. Oder es kommt zu neuen Konflikten: Eine Person, die erfolgreich ihr Gewicht reduziert, kann dadurch sehr viel Selbstbewußtsein gewinnen, sich aber auch mit neuen Rollen konfrontiert sehen, indem das Problem der Partnerwahl auf sie zukommt und beängstigend wirkt. Die Behebung der Angst bedarf dann eines eigenen Trainings. In jedem Fall liegt der Akzent auf Neulernen und Verlernen durch Erfahrung und nicht durch Abarbeitung ursprünglicher Konfliktumstände, von denen vermutet wird, daß sie wie ein Fluch über dem Klienten hängen.
Auf der anderen Seite ist der Anspruch der Verhaltenstherapie in vielen Bereichen bescheiden. In einem der folgenden Abschnitte geht es z. B. nicht um die Heilung von Psychosen, sondern um die Erleichterung von Rehabilitation und die Vermeidung von Hospitalisierungsschäden. Häufig kann die Störung nicht vollständig durch die Lerntheorie erklärt werden, z. B. kann sich ein Partnerkonflikt aus einer ungünstigen Partnerwahl ergeben oder chronische Schmerzen können eine organische Ursache haben. Die Verhaltenstherapie untersucht jedoch, wieweit sich eine Chronifizierung der Störung dadurch ergeben hat, daß entsprechendes Verhalten (Streit, Schmerzreaktionen) durch Reaktionen der Umgebung, nämlich der Familie z. B., ausgelöst und aufrechterhalten wird.

Selbstregulation

Während der Ganzheit des Individuums in gewissem Sinne durch Generalisierung der Lernvorgänge und Breitbandansätze in der Therapie Rechnung getragen wird, ist die Autonomie des Menschen in dem Konzept der *Selbstregulation* berücksichtigt. Die künstliche Installation von Verstärkung zum Zweck der Verhaltensänderung kann ja zunächst als untherapeutisch interpretiert werden, da sie den Klienten in eine Abhängigkeit von seiner Umwelt bringt. Therapie müßte aber gerade das Gegenteil bewirken, nämlich das Individuum von seiner Umwelt unabhängiger machen, d. h. autonomer. Bandura (1977) zielt mit seiner subjektiven Kompetenz (vgl. Band 1) als zentrale Größe des Therapieeffekts genau

darauf ab – das gestärkte Individuum behält auch bei widrigen Umständen die Hoffnung auf Erfolg bei und zeigt dies in größerer Ausdauer als vor der Therapie.
Kanfer nennt subiektive Kompetenz die Fähigkeit zur Selbstregulation und hat sich wiederholt dazu geäußert, welche Prozesse dieser Fähigkeit zugrunde liegen (1975, 1979). Er postuliert einen dreistufigen kognitiven Vorgang als Internalisierung von zunächst extern gesteuerten Kontingenzen. Das Individuum lernt Fähigkeiten durch Erfahrung, ersetzt in einer späteren Lernphase jedoch Versuch und Irrtum durch gedankliches Probehandeln. Dazu werden Abschnitte der Verhaltenssequenz vom Subjekt beobachtet und einer internen Analyse unterzogen, noch bevor die Sequenz beendet ist und zu externen Konsequenzen führt. An die *Beobachtung* schließt sich nämlich eine interne *Bewertung,* die als Vergleich mit einem selbstgesetzten Standard interpretiert werden kann. Nach der Bewertung folgt die *Selbstverstärkung:* wenn die Ansätze und Extrapolationen der begonnenen Verhaltenssequenz aller Erfahrung nach zur Bewältigung der Situation führen werden, belohnt sich das Individuum selbst. Es klopft sich gewissermaßen auf die Schulter. Führt die geplante Handlung aller Voraussicht nach nicht zum Erfolg, dann kann das Individuum entweder einen erneuten Versuch unternehmen oder die Sequenz abbrechen und eine andere Art der Bewältigung suchen.
Dieses postulierte Prinzip der Selbstregulation ist, wie Kanfer selbst zugibt (1979), bislang unzureichend belegt. Jedoch würde es darauf hinauslaufen, daß Menschen nicht Reiz-Reaktions-Ketten lernen, sondern Regeln der Selbstbeurteilung und Selbstbelohnung, die sie in viel generellerer Weise handlungsfähig machen als umgrenzte Verhaltensrepertoires. Es wird hier, wie es scheint, das seines magischen Anstrichs entkleidet, was Humanisten den unfaßbaren und behüteten Gral der Autonomie des Menschen nennen. Das Konzept der Selbstregulation führt zugleich zu Interventionsstrategien, die in den kognitiven Therapien angestrebt werden (vgl. Kap. 8): nämlich die kritische Überprüfung der Selbstbeobachtung, der Selbstbewertung und der Fähigkeit zur Selbstbelohnung (Abbildung 6.15).

Rehabilitation

Im folgenden sollen einige Programme kurz beschrieben werden, in denen operante Konditionierungsverfahren bei chronisch psychisch kranken Menschen angewendet wurden. Das erste ist das von Li-

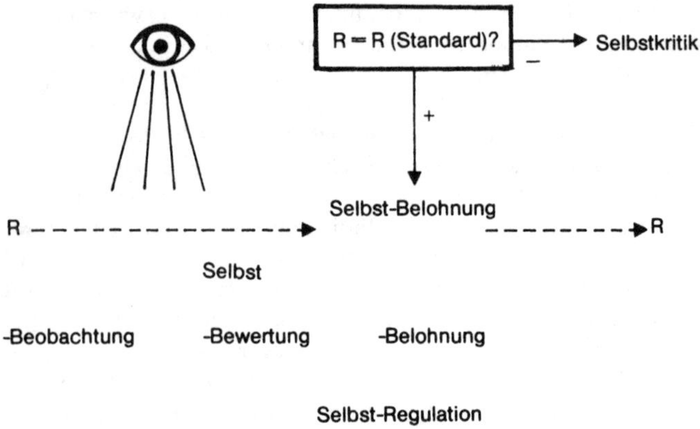

Abb. 6.15: Selbstregulierung als Internationalisierung der Kontingenzen.

berman (1974) im Camarillo-State-Hospital durchgeführte Programm. In einer speziellen Krankenstation, die für Forschungszwecke eingerichtet wurde, werden langjährig hospitalisierte Psychotiker verhaltenstherapeutisch behandelt. Der Erfolg der Behandlung wird in den meisten Fällen durch ein A/B-Design geprüft: Die Zielverhaltensweise wird zunächst unbeeinflußt beobachtet (Grundlinie, Baseline, A) und dann mit den Ergebnissen der Interventionsphase (B) verglichen. Psychotisches Verhalten, solches schizophrener Klienten z. B., wird zu diesem Zweck in verschiedene beobachtbare Komponenten zerlegt wie: desorganisiertes Denken, Apathie, soziale Zurückgezogenheit, bizarre Verbalisierungen u. a. Auf der ganzen Station ist eine Münzökonomie eingerichtet. Die Fehlverhaltensweisen werden individuell pro Klient abgeklärt. Liberman beschreibt das Vorgehen wie folgt:

1. Definiere genau die Therapieziele für jeden Klienten in Form von beobachtbaren Verhaltensweisen.
2. Miß die Häufigkeit des erwünschten Verhaltens (Grundquote und Therapiefortschritt) .
3. Sorge für kontingente positive und negative Konsequenzen für erwünschtes bzw. unerwünschtes Verhalten.
4. Verwende Instruktionen und Prompts, um das erwünschte Verhalten auftreten zu lassen.
5. Verstärke den Klienten für kleine Schritte, die in Richtung auf das Therapieziel gehen (Verhaltensausformung).

6. Verbinde Lob, Anerkennung oder andere soziale Verstärker mit den materiellen Verstärkern, die zunächst eingesetzt werden.
7. Vermindere die materiellen Verstärker allmählich, so daß nur noch die sozialen Verstärker wirksam sind.
8. Zur Stabilisierung des Verhaltens wähle eine intermittierende oder verzögerte Verstärkung nachdem das Verhalten etabliert ist.
9. Trainiere den Klienten, sich selbst zu verstärken für Verhaltensweisen, die behandelt wurden.

Die Schwestern in der Einrichtung, die angelernt wurden, verhaltenstherapeutische Maßnahmen durchzuführen und entsprechende Beobachtungen anzustellen, werden für ihre Kooperativität kontingent mit Gehaltserhöhungen belohnt. Wichtig für das Programm sind die Komponenten, die den Übergang vom stationären Aufenthalt zur Rehabilitation in der natürlichen Umgebung erleichtern:

10. Strukturiere die Hospitalumgebung möglichst so, wie die natürliche Umgebung draußen, um eine Generalisierung zu erleichtern.
11. Richte Möglichkeiten ein, damit die Klienten berufliche Fähigkeiten oder Haushaltsfertigkeiten erlernen, die ihnen draußen nützlich sind.
12. Sorge rechtzeitig dafür, daß die Klienten und nahestehende Personen in gegenseitig stützender Weise miteinander umgehen, um die Adaptation in der natürlichen Umgebung zu erleichtern.
13. Lasse den Klienten zunehmend längere Zeit in der natürlichen Umgebung verbringen.
14. Versuche, die Ressourcen in der natürlichen Umgebung so zu koordinieren, daß die Übergangsphase für die Klienten leicht wird.

Wie die Interventionen im Hospital individuell ausgerichtet sind, zeigt das folgende Beispiel eines 64jährigen Mannes, der seit 16 Jahren hospitalisiert war.

Das Therapieziel war die Reduktion von bizarren Verbalisierungen, die zum Zweck der Untersuchung in 4 Kategorien unterteilt wurden. Als Verstärker wurde aus der Verhaltensbeobachtung langes Aufbleiben verbunden mit einem »Mitternachtsimbiß« gewählt (Premack-Prinzip). Die Kontingenz wurde zunächst auf die erste Kategorie angewendet, indem der Klient früh zu Bett geschickt wurde, wenn bizarre Verbalisierungen der ersten Kategorie auftraten. Wenn das nicht der Fall war, konnte der Klient solange aufbleiben wie er wollte, seinen Mitternachtsimbiß einnehmen und bekam außerdem noch einen Scotch. Die Kontingenz wurde später auf die erste und zweite, dann auf die zweite und dritte und schließlich auf alle 4 Kategorien der bizarren Verbalisierung angewendet. Wie man aus Abbildung 6.16 entnehmen kann, wird das Problemverhalten nach etwa 57 Tagen mit Hilfe

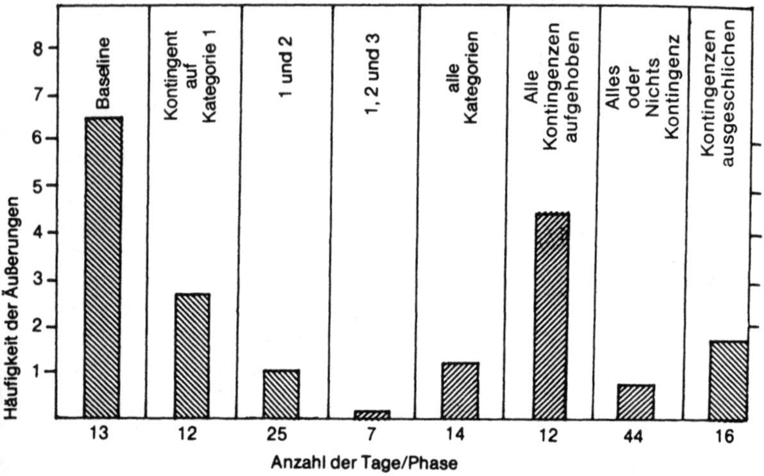

Abb. 6.16: Veränderung bizarrer Verhaltensweisen eines Schizophrenen durch kontingente Belohnung von Alternativen (nach Liberman 1974).

dieser Methode zum Verschwinden gebracht. Um zu zeigen, daß sich das Verhalten aufgrund dieser Kontingenzen und nicht aus anderen Gründen geändert hat, wurden die Kontingenzen in den nächsten 12 Tagen beseitigt und man sieht, daß die Häufigkeit der bizarren Redewendungen wieder ansteigt. Danach wird die Kontingenz wieder eingeführt (44 Tage) und allmählich ausgeblendet (16 Tage). Auf diese Weise schrumpft die Häufigkeit von 7 beobachteten bizarren Verbalisierungen auf 2 durchschnittlich innerhalb von 20 Wochen (Abbildung 6.16).

Überaktivität und Delinquenz

In den 60er Jahren existiert in Kansas ein Rehabilitationszentrum »Achievement-Place«, das mittlerweile viele Filialen in anderen Bundesländern der USA hat. Hier werden delinquente Jugendliche als Alternative zum Strafvollzug eingewiesen. Es handelt sich um familienähnliche Gruppierungen in Einfamilienhäusern (Männer und Frauen in getrennten Einrichtungen). Es werden verschiedene Resozialisierungsmaßnahmen auf verhaltenstherapeutischer Basis durchgeführt (Wolf, Phillips und Fixsen 1976), die im Zusammenhang mit einer umfassenden Münzökonomie eingesetzt werden. Die einzelnen Maßnahmen sind in vielen Untersuchungen experimentell auf ihre Wirksamkeit hin überprüft worden. Das Programm zielt darauf ab, Selbstorganisation zu verstärken (Aufräumen, Anziehen, Saubermachen, Behördengänge erledigen usw.), die Teilnahme an Schulprogrammen zu fördern, soziale Verhaltensweisen wie Unterhaltung, Kritik annehmen, nicht aggressive Kritik äußern usw. zu fördern und Arbeitsverhalten aufzubauen (Gründlichkeit, Ausdauer usw.). Das System ist in einem gewissen Sinne hierarchisch, insofern höhere Verantwortlichkeiten bei längerer Aufenthaltsdauer und entsprechender Vorleistungen erworben werden können. Die Verhaltenskonsequenzen werden zum großen Teil durch Gruppenbeschluß bestimmt. Die bisherigen Ergebnisse zeigen, daß bei zweijähriger Nachkontrolle die entlassenen Jugendlichen weniger der Polizei auffällig waren und bessere Schulnoten zeigten als Personen, die entweder ihre Haft abgesessen hatten oder auf Bewährung entlassen worden waren.

Lernprobleme und Studienschwierigkeiten

An dieser Stelle soll beispielhaft die Therapie des eingangs erwähnten Studenten mit Studienschwierigkeiten (Reiss 1976) diskutiert werden, von dem die Verhaltensanalyse schon berichtet wurde (s. S. 23). Um das Studienverhalten aufzubauen, wurde zunächst in kleinen, zeitlichen Einheiten begonnen, die mit festen Hinweisreizen verknüpft wurden und die kontingent belohnt wurden. Der Student suchte einen Text aus, den er für den Besuch eines Seminars lesen wollte. Als diskriminativen Reiz zu Beginn des Studiums schlug er selbst eine bestimmte Uhrzeit vor (morgens 9 Uhr). Der Arbeitsplatz wurde von allem ablenkenden Material (andere Bücher, Zeitschriften) befreit. Jeweils am Abend zuvor legte er schon das Buch, das er lesen wollte, auf den Schreibtisch. Pünktlich um 9 Uhr fing er an, nach einer halben Stunde Arbeit mußte er aufhören und sich sofort mit einem selbstgewählten Verstarker belohnen. Zur Wahl hatte er 10 Minuten Malen, Gitarre- oder Klavierspielen oder oder 2 »Spiegel«-Artikel lesen.

Zunächst wurde nicht die Effektivität des Lesens beachtet, sondern lediglich das Durchhalten. In der ersten Woche hatte er von 7 Tagen an 5 Tagen das Leseprogramm durchgeführt, sich aber selten an die genaue Uhrzeit gehalten. Es wurde daher als neuer diskriminativer Reiz die letzte Tasse Kaffee des Frühstücks vereinbart. Obwohl er zuweilen länger las, hat er den Plan eingehalten. In der folgenden Woche gelingt es ihm, an 6 von 7 Tagen die halbe Stunde Lesen einzuhalten; die Zeit wird auf 45 Minuten verlängert und in der darauffolgenden Woche hatte er an 7 Tagen 45 Minuten gearbeitet. Daraufhin wird eine zweite Arbeitszeit von einer halben Stunde am Abend eingeplant. Hier ist der diskriminative Reiz der Augenblick, an dem am späten Nachmittag (es war Winter) das Licht angeknipst wird. Das Training verläuft weiterhin erfolgreich, er hält sich strikt an die Arbeitszeiten, hat kaum noch Zeit zum Malen und erhöht auch am Abend nach einer Woche die Arbeitszeit auf 45 Minuten. Das Lesen macht ihm allmählich erheblichen Spaß. Schließlich wird eine dritte Arbeitszeit am Nachmittag eingeführt (diskriminativer Reiz ist hier das Ende der Radiosendung »Mittagsmagazin«). Es werden später Bücher hinzugenommen, die weniger interessant sind und wo es mehr auf Lerneffektivität ankommt. Unter anderem hat der Klient eine neue Sprache gelernt. Die Vokabeln dazu wurden in Fünferpäckchen gebündelt geübt. In der ersten und zehnten Arbeitswoche sieht das Programm so aus wie in Abbildung 6.17.

Soziale Kompetenz

Das Training sozialer Fertigkeiten ist ein gutes Beispiel für die Anwendung verschiedener operanter Prinzipien. Dabei werden im Rollenspiel soziale Situationen geübt, die für Klienten schwierig sind (Ullrich und Ullrich 1976). Die Rollenspiele stammen im allgemeinen aus Bereichen wie: Forderungen durchsetzen und ablehnen, Kritik ertragen und äußern, Lob annehmen und geben und Kontakt schließen. Abgesehen von der Konfrontation mit der eigenen Erregung (Desensibilisierung Kapitel 7), der Analyse blockirender Selbstkommentare und den Effekten der Beobachtung von Modellen (Kapitel 8) werden hier individuelle Verhaltensweisen systematisch durch soziale Verstärkung aufgebaut. Ein Klient mag über generelle Schüchternheit und Unfähigkeit, sich durchzusetzen, klagen. Das Prinzip der Verhaltensformung kommt etwa darin zum Ausdruck, daß der Klient eine Forderung erst denken, dann flüstern, dann laut aussprechen lernt, ohne negative Konsequenzen zu erfahren. Der Therapeut gibt detaillierte und konkrete Rückmeldung über positive Aspekte der Verhaltensprobe und formuliert Verbesserungsmöglichkeiten (Prompts). Dabei wird die Schwierigkeit sozialer Verstärkung deutlich: plumpes Lob wirkt häufig gegenteilig. Darüber hinaus muß der Therapeut in Form von Hausaufgaben dafür sorgen, daß der Klient unabhängig vom Therapeuten positive Erfahrungen macht – die er sich selbst attribuiert. Nur

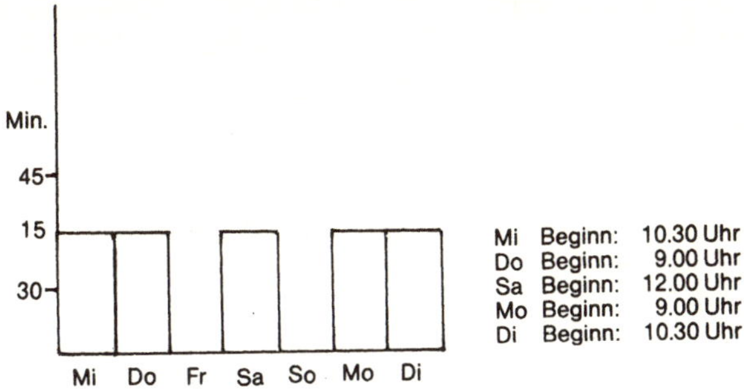

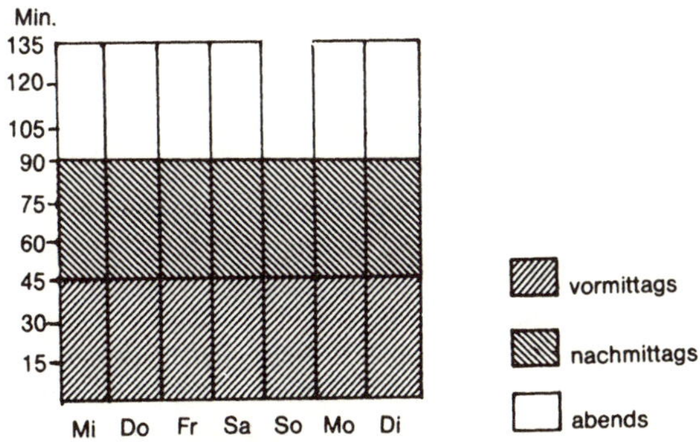

Abb. 6.17: Arbeitsverhalten eines Studenten in der 1. und 10. Behandlungswoche (oben, unten).

so ist der Effekt eines gelungenen Rollenspiels von der Simulation zur Realität übertragbar und führt zum Aufbau der subjektiven Kompetenz. Soziales Training ist als Komponente in vielen Breitbandprogrammen wirksam und hat sich in vielen klinischen Untersuchungen als erfolgreich erwiesen (Ullrich, Grawe und Zimmer 1980; siehe Kap. 12, Band IV).

Abhängigkeit

Es sind viele komplette Programme zur Verhaltensmodifikation von Rauchen, Übergewicht, Alkohol, Mißbrauch von Drogen und Tabletten entwickelt und untersucht worden. Brengelmann (1970) hat in einer größeren Untersuchung an knapp 400 Personen verschiedene Methoden zur Beeinflussung des Rauchverhaltens miteinander verglichen. Es ging um folgende Verfahren:

1. *Kontrollgruppe* (keine Therapie, nur Zigarettenkonsum registrieren)
   Unspezifische Therapien
2. Aufmerksamkeitsplacebo (Gespräche über Raucherprobleme)
3. Lobelin (ein Medikament zur Reduktion des Rauchbedürfnisses)
4. Tablettenplacebo

Aversionstherapien
5. Elektrische Aversion (Faradischer Schock)
6. Negative Übung (intensives Rauchen nach Metronom im geschlossenen Raum)
7. Verdeckte Sensibilisierung (eine kognitive Aversionstechnik, die in der Vorstellung geübt wird: Assoziation vom Rauchen mit Vorstellungen wie Erbrechen oder Krebsgeschwülsten (siehe Kapitel 8)

Selbstkontrolle
8. Verhaltenskontrolle (Auslöserkontrolle und Selbstbelohnung für reduziertes Rauchen mit Hilfe von Verträgen).

Die Untersuchung zeigt nach 8 Wochen eine anfänglich rapide Senkung des Zigarettenkonsums für alle Verfahren: Von durchschnittlich 30 auf durchschnittlich 15 Zigaretten pro Tag. Dies war auch bei der medikamentösen, der Plavebo- und der Pseudotherapiegruppe der Fall; nicht so ausgeprägt jedoch war der Effekt bei der Kontrollgruppe (Reduktion auf 20 Zigaretten). Nach 13 Monaten stieg der Zigarettenkonsum bei allen Therapieformen auf durchschnittlich 20 Zigaretten pro Tag wieder an. Es kann also in allen Therapieformen von einem anfänglichen Placeboeffekt die Rede sein. Insgesamt ergab sich folgendes in den Behandlungsgruppen (gemessen in durchschnittl. % Reduktion des Zigarettenkonsums):
- Kontrollgruppe (N = 33): 17%
- Unspezifische Therapien (N = 93): 21%
- Aversionstherapien (N = 134): 29%
- Selbstkontrolle (N = 98): 36%

Abbildung 6.18 zeigt den Therapieerfolg für diese 4 Behandlungsgruppen bezüglich der drei Kriterien den Konsum auf 10, 5 und 0 Zigaretten täglich zu reduzieren. Es zeigt sich, daß die relativ kurze Therapie (insgesamt 16 Sitzungen in 21 Wochen) hier ein problematisches Verhalten stark reduzieren kann. Dabei schneidet die Therapieform am besten ab, die sich mit einem umfassenden Netz der Verhaltenskontrolle an die Klienten wendet. Die Kontrolle wird

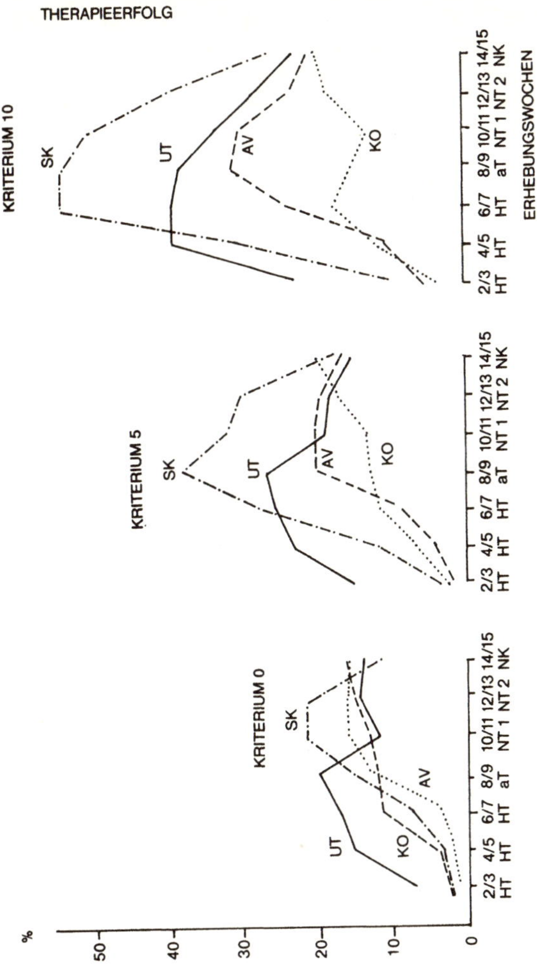

Abb. 6.18: Die Wirksamkeit verschiedener Formen der Rauchentwöhnung in Prozent der Klienten, die das Kriterium 0, 5 und 10 Zigaretten pro Tag erreichten.
KO = Kontrollgruppe, UT = unspezifische Therapien, AV = Aversionstherapie, SK = Selbstkontrolle, HT = Haupttherapie, NT = Nachtherapie, NK = Nachkontrolle (aus: Brengelmann, 1976).

zum Teil extern vorgeschlagen (durch den Therapeuten), wird aber durch den Klienten selbst aufrechterhalten (Selbstkontrolle): Kontrakt über Zigarettenreduktion, Selbstbelohnung, Einhaltung der Zigarettenreduktion, Maßnahmen zur Reizkontrolle, nämlich das Rauchen in bestimmten Situationen und in bestimmten Zeiten mehr und mehr einzuschränken oder zu lassen.

In einem ambulanten Programm zur Reduktion des Alkoholismus (Vollmer et al. 1980) wurden 66 Alkoholiker (Durchschnittskonsum 210 g Ethanol pro Tag, entspricht 10 halben Liter Bier) in Einzelsitzungen und Gruppensitzungen über 6 Monate betreut (22 Einzel- und 17 Gruppensitzungen). Das Programm umfaßte die Einschränkung des Trinkverhaltens, Aufbau von Sozialverhalten, Freizeitverhalten und Arbeitsverhalten. Wie aus der kurzen Skizzierung deutlich wird, umfaßt dieses Programm sehr viel mehr Aspekte des täglichen Lebens als das Raucherprogramm im vorigen Abschnitt. Die 12 monatige Nachkontrolle ergab hier eine Erfolgsquote von 36% in Form stark reduzierten Alkoholkonsums. Wie Tabelle 6.1 zeigt, nimmt die Anzahl der Klienten mit stark reduziertem Alkoholkonsum (++) über die 12 Monate der Nachkontrolle ab, während die mit kontrolliertem Alkoholkonsum (+) allmählich zunimmt. Insgesamt liegt hier die Erfolgsquote ähnlich hoch wie bei einem stationären Programm zur Behandlung von Alkoholikern, das von Cohen et al. (1978) beschrieben wird. Hier wurden 60 weibliche Klienten behandelt, von denen nach 12 Monaten etwa 40% abstinent waren und zusätzliche 15% als gebessert eingestuft werden konnten. Das Therapieziel war hier Abstinenz, da sich für abstinente Alkoholiker eine bessere Nachbetreuung in Form von Selbsthilfegruppen finden läßt. Ein Nachteil der Untersuchung ist, daß zum Zeitpunkt der Katamnese nur noch ein Drittel der Patienten erreichbar war.

Tab. 6.1: Alkohol

Monate nach Therapieende

	0	3	6	12	
++	62%	42%	30%	21%	≤ 60 g A/Tg*
+	9%	14%	21%	15%	≤ 100 g A/Tg

* Die Kategorie ++ erlaubt einen Exzeß (≤ 60 g A) pro Monat, die Kategorie + zwei Exzesse (≤ 100 g A); 20 g A (g Alkohol) entsprechen ½ l Bier, ¼ l Wein, 2 cl Schnaps.

Als weiteres Beispiel eines verhaltenstherapeutischen Programms soll die stationäre Rehabilitation jugendlicher Drogenabhängiger beschrieben werden, die in einem Langzeitprogramm der Prop-Alternative behandelt werden (de Jong und Bühringer 1978). Das Programm besteht aus 3 Stufen:

- der Entzugsstufe (10 Tage);
- der stationären Rehabilitation (6 Monate);
- der teilstationären Nachsorge (6 Monate).

Während dieser Zeit sind die Klienten bereits wieder berufstätig, schlafen aber noch in einer therapeutischen Wohngemeinschaft in der Stadt. Das Rehabilitationsprogramm der ersten 6 Monate findet auf einem Bauernhof auf dem Lande statt. Die therapeutischen Maßnahmen beziehen sich auf die Bereiche Drogenverhalten, Freizeitverhalten, Arbeitsverhalten, Sozialverhalten, Selbst- und Umweltorganisation und problemlose Strategien. Im Bereich des *Drogenverhaltens* geht es um das Erkennen und das Vermeiden von ausweglosen Situationen, Abbau des Drogenjargons und der Drogengedanken sowie von Drogengesprächen. Hier werden Verfahren der kognitiven Therapie angewendet (Kapitel 8). Im Bereich des *Arbeitsverhaltens* geht es um eine langsame Steigerung des Arbeitspensums, das täglich nach Kriterien der Pünktlichkeit, Sauberkeit und Durchhaltefähigkeit beurteilt wird. Ein Punktesystem wird über den ganzen Zeitraum aufrechterhalten. Die Punkte können gegen Privilegien in materielle Belohnungen umgetauscht werden. Im *Freizeitverhalten* geht es um den Auflbau von Eigeninitiative und die Entwicklung von Interessen sowie Fertigkeiten, sich selbst in produktiver Weise zu beschäftigen. Dadurch sollen Alternativen zum Drogenkonsum verfügbar gemacht werden. Dazu wird die Freizeitgestaltung in zunehmend längerem Zeitraum vorher strukturiert (2 Stunden, 1 Nachmittag, 1 Tag, 1 Wochenende, 1 Woche). Die Einhaltung wird überprüft und belohnt. Im Bereich des *Sozialverhaltens* geht es um das Training sozialer Fertigkeiten, der Durchsetzung, aber auch des Ablehnens von Drogenangeboten. Hier werden Methoden in der verhaltenstherapeutischen Gruppentherapie verwendet (Band 4).

Im Bereich der *Selbst-* und *Umweltorganisation* geht es um die Erledigung von Alltagsgeschäften, wie Briefen an Behörden, Antragstellung, Verkehr mit Krankenkassen, aber auch Haushaltsführung, Übernahme von Pflichten im Haushalt, Einkauf usw. Auch hier wird wieder Strukturierung und Einhaltung der Aufgaben belohnt.

In allen genannten Bereichen wurden in Nachkontrollen Daten erhoben. Als Wichtigstes sei hier nur die Drogenfreiheit erwähnt. Von 89 untersuchten Klienten wurden alle bis zu 6 Monate nachbefragt, auch wenn sie vorzeitig entlassen werden mußten. Danach ergab sich folgendes: ein Monat nach Entlassung waren 35%, 6 Monate nach Entlassung 30% und 12 Monate nach der Entlassung 29% der Klienten drogenfrei.
Vergleicht man diese verhaltenstherapeutischen Programme zum Abbau von Zigarettenkonsum, Alkoholmißbrauch und Drogenmißbrauch, so kann man grob gesprochen Erfolgsquoten von 25% für Zigarettenkonsum (Kriterium 10 Zigaretten täglich), 35% für Alkoholmißbrauch (Kriterium weniger als 60 g Alkohol, entspricht 1/2 ltr Bier) und 25% Drogenmißbrauch (Abstinenz von Heroin und anderen psychoaktiven Drogen) für realistisch halten. Diese Erfolgsquoten sind durchaus vorteilhaft mit anderen Programmen zu vergleichen, wobei der Vergleich in der Rehabilitationsforschung dadurch erschwert wird, daß einzelne Einrichtungen für Drogen- und Alkoholabhängige eine scharfe Selektion vornehmen und dadurch die Erfolgsquoten erhöhen. Man kann jedenfalls damit rechnen, daß die Spontanremission oder Remission aufgrund eines Aufenthaltes in der psychiatrischen Klinik für Alkohol bei 20 und für Drogen bei 5% liegt.

Verhaltensmedizin

Eine neuere Entwicklung ist die Verwendung psychologischer Techniken zur Stützung medizinischer Vorgehensweisen. Hierunter fallen einmal Entwöhnungsprogramme allgemein, wie sie gerade erwähnt wurden (bei Übergewicht, Rauchen, Tabletten oder Drogenabusus, Alkoholmißbrauch usw.) und auch die Beseitigung psychosomatischer Beschwerden (Asthma, Hautkrankheiten, Verstopfung usw.) sowie Programme zur Erhöhung der Compliance bei Medikation und Prothesenbenutzung. Es gehören aber auch Programme zur Verringerung von Infarktrisiken und solche zur Schmerzlinderung dazu.
Infarktrisiko wird meistens mit einem kombinierten Vorgehen gegen Rauchgewohnheiten, Übergewicht und Bewegungsmangel angegangen. Dazu kommen spezielle Biofeedbackmaßnahmen zur Regulierung von Bluthochdruck. Außerdem zeichnen infarktgefährdete Patienten sich durch das sog. A-Verhalten (im Gegensatz zum B-Verhalten, Friedmann & Rosenman 1974) aus: sie sind

hektisch, aggressiv, kompetetiv, nehmen sich immer zuviel vor, kämpfen ständig gegen die Zeit und ihre Mitmenschen. Außerdem zeigen sie ein typisches Problemlöseverhalten, sie gehen Aufgaben mit großer Energie und Motivation an, sind aber überaktiviert im Sinne der autonomen Flucht- und Kampfreaktion. Bei Mißerfolg aber – und der tritt häufig ein, weil der A-Typ zu viele Dinge auf einmal in Angriff nimmt – versinken sie in eine völlige Hoffnungslosigkeit und Apathie. Die Hyperaktivation in der Problemlösephase führt zur Ausschüttung von Hormonen (Katecholaminen), die ihrerseits die Blutgefäße angreifen und somit die Voraussetzungen für Verletzungen und Einlagerungen von Cholesterin schaffen. Diese Einlagerungen wieder sind dann Ursache für Gefäßverschlüsse und Thromben. Diese Verhaltensmuster werden ebenso wie Eßverhalten oder Rauchverhalten über Stimuluskontrolle und Konsequenzkontrolle versucht zu reduzieren. Auch die Biofeedbackmaßnahmen, bei denen Blutdruck oder Herzrate sichtbar gemacht werden, können als operante Konditionierung dieser physiologischen Vorgänge im Sinne einer heilsamen Veränderung interpretiert werden.

Von besonderem Interesse ist der operante Ansatz in der *Schmerzforschung*. Chronische Schmerzpatienten haben oft keine auffindbare organische Ursache für ihre Schmerzen. Es gibt außerdem keine ausgesprochenen Schmerzrezeptoren oder Schmerzleitungen. Physiologisch nachweisbar ist allgemeine Erregung. Darüber hinaus kann man die Schmerzen natürlich am Verhalten und an den verbal-subiektiven Äußerungen der Patienten erkennen.

Es gibt die verschiedensten Methoden zur Bekämpfung chronischer Schmerzen, die nicht somatischer Natur sind. Sie reichen von der Hypnose über Biofeedback bis zu operanten Maßnahmen. Letztere sollen hier kurz beschrieben werden (Fordoyce 1976). Das übliche Schicksal solcher Patienten ist folgendes: die Schmerzen werden zunächst im Sinne eines medizinischen Krankheitsmodells behandelt. Wenn man keine konkrete Ursache finden kann, werden eventuell diverse Operationen durchgeführt, u. a. Lahmlegung von bestimmten Nerven. Die Schmerzen kehren jedoch wieder, der Patient kommt erneut zum Arzt. Nach einiger Zeit sagt ihm dieser jedoch, er könne nichts finden und die Schmerzen seien nur eingebildet. Daraufhin fühlt sich der Patient herausgefordert, dem medizinischen Gesundheitssystem zu beweisen, daß seine Schmerzen konkret sind und sucht neue Ärzte für neue Diagnosen auf. Eine amerikanische Statistik hat nachgewiesen, daß von 2000 Patienten mit

Rückenschmerzen nach chirurgischem Eingriff nur drei tatsächlich an die Arbeit zurückkehren konnten.

Im verhaltenstheoretischen Modell wird chronischer Schmerz (nachdem geprüft wurde, daß keine organische Ursache vorliegt) als operant konditioniertes Verhalten gesehen. Fordoyce machte einige interessante Beobachtungen. Er verglich die verbalen Aussagen der Schmerzpatienten mit Verhaltensbeobachtungen. Patienten, die operativ behandelt wurden, stuften nach der Operation ihren Schmerz etwas geringer ein, jedoch nicht wesentlich besser als vorher. Ihr Bewegungsumfang nahm bei dieser auf körperliche Behinderung ausgerichteten Therapie ebenfalls nicht stark zu.

Ganz anders bei einem psychologischen Schmerzprogramm. Die Gruppe der Patienten beurteilte ihre subjektiven Schmerzen nach dem Programm als nicht wesentlich gelindert. Verhaltensbeobachtungen machten jedoch klar, daß sich der Bewegungsumfang um die Hälfte vermehrt hatte (Bewegung ist bei Schmerzpatienten üblicherweise stark beeinträchtigt). Die Zeit, in der der Patient nicht ruhte, war vor der Behandlung 60 Stunden pro Woche, nach der Behandlung etwa 100 Stunden pro Woche.

Diese Diskrepanz zwischen verbalem Report und aktuellem Verhalten führt Fordoyce darauf zurück, daß Schmerzäußerungen (motorische und verbale) zumindest zum Teil operant konditioniert sind und spezifisch bei bestimmten Auslösern auftreten, die als Anforderungssituationen charakterisiert werden können.

Die Patienten mußten auch Bewegungsübungen machen wie Liegestütze. Dabei ergab sich, daß 30% der Probanden bei einer Anzahl aufhörte, die hinten eine 5 oder 0 hatte (10, 15, 20, 25 usw.) während nur 10% bei einer Anzahl aufhörte, die hinten eine 4 oder eine 9 hatte. Die Patienten wurden instruiert aufzuhören, wenn sich Schmerzen bemerkbar machen.

Es sieht also so aus, daß die Schmerzen sich einstellten, wenn ein »vernünftiges« Quantum (10 oder 15) erreicht wurde. Ebenfalls zeigten Patienten auf dem Fahrradergometer, ohne daß sie die geleistete Arbeit ablesen konnten, über vier Sitzungen konstante Steigerungen der Arbeitsleistung, die sich genauso verhielten wie eine Kontrollgruppe von Medizinstudenten. Ohne die richtige Rückmeldung war die Bewegung durch den Schmerz weniger behindert.

Nach Auffassung vieler Autoren sind Schmerzen und was davon objektiv nicht zu trennen ist, Schmerzäußerungen häufig operant konditioniert. Die Verstärker für die Schmerzäußerungen (die durchaus nicht als Lügen abqualifiziert werden können) sind Medikationen, die normalerweise zur Schonung gegeben werden, Zuwendung, die besonders von der Familie oder auch vom Gesundheitssystem gewährleistet wird, falls jemand über starke Schmerzen klagt.

Schließlich einer der wichtigsten Mechanismen ist die negative Verstärkung. Chronische Schmerzen befreien von der Notwendigkeit, einer möglicherweise uninteressanten oder sonst lästigen Arbeit nachzugehen.

Fordoyce arbeitet aufgrund dieser Hypothesen mit folgenden Grundsätzen in seiner Schmerzklinik:

1. Wer etwas Besseres zu tun hat, hat weniger Schmerzen.
2. Man muß dort mit dem Patienten anfangen, wo er subiektiv meint, daß er steht und ihm nicht einreden wollen, er hätte keine Schmerzen.
3. Es hilft nicht, wenn man ihm die Schmerzen oder den Medikamentenabusus nimmt, man muß ihm etwas Neues dafür bieten und Alternativen aufbauen.

Zur Entwöhnung erhalten die Patienten die Schmerzmittel in der Dosis, mit der sie beim Einliefern in die Klinik eingenommen worden sind. Allerdings werden alle Schmerzmittel in einem maskierenden Sirup verrührt (Schmerz-Cocktail). Außerdem werden sie zwar genauso häufig wic vom Patienten angegeben verabreicht, aber nicht-kontingent, d. h. in einem regelmäßigen Abstand von 4, 5, 6 oder 7 Stunden. In sehr langen Abständen werden dann die aktiven Ingredienzien des Cocktails ausgeschlichen. Dies geschieht mit Kenntnis des Patienten. In 10 Wochen gelingt es meist, unter schwerer Medikation stehende Patienten völlig von ihrem Abusus zu befreien.

Kontingent dagegen werden Verhaltensprogramme aufgebaut, die Bewegung, aber auch Problembewältigungsstrategien trainieren. Hier wird wieder der Zusammenhang zwischen der Elimination von exzessiven Verhaltensweisen und dem Aufbau von Defiziten deutlich. Fordoyce berichtet eine Episode nicht von einem Schmerz-Patienten, sondern einem Übergewichtigen, der diesen Punkt gut verdeutlicht. Der Übergewichtige hatte sein Gewicht allmählich um etwa 50% auf Normalniveau reduziert, und wollte daraufhin dann seinen Jugendtraum wahrmachen, nämlich in Badehosen vom Sprungbrett zu springen, was zu tun er sich seit seiner Jugend geniert hatte. Dann lief er am ersten Tag, an dem er das Normalgewicht erreicht hatte, zum Schwimmbad, um seinen ersten Sprung ins Wasser zu tun – ungeniert. Kurz davor kam er jedoch zu der Er-

kenntnis, daß er überhaupt nicht wußte, wie er einen einigermaßen passablen Sprung zu machen hatte.
Das Programm, das Fordoyce in seiner Schmerzklinik ambulant oder stationär durchführt, enthält folgende Komponenten:

1. Vor der Aufnahme zeichnet der Patient zwei Wochen lang zu Hause im Tagebuch alle Aktivitäten und alle Situationen, in denen er Schmerzen hat, auf. Ebenso die Medikamenteneinnahme.
2. Entwöhnung von den Schmerzmitteln durch Schmerz-Cocktail und langsames Absetzen über 7 Wochen.
3. Körperliche Übungen: das Übungsprogramm wird individuell bestimmt und allmählich gesteigert (z. B. Gehen, sportliche Übungen, Arbeiten).
4. Erweiterung des Aktivitätsbereichs: es werden die Teilnahme an Freizeitaktivitäten und die Beteiligung an der Organisation innerhalb der Einrichtung geplant und ausgebaut.

Dieses Programm gilt, wohl gemerkt, für Fälle, in denen ein chronischer Schmerz ohne organisch auffindbare Ursache vorliegt. Erfolgsquoten gibt der Autor (Fordoyce 1976) nicht an. Vielmehr berichtet er bisher nur kasuistisch über Erfolge.
Zur Verhaltensnsmedizin wird auch das Biofeedback gerechnet. Dabei werden hirnelektrische Parameter (EEG), Muskelsappnung (EMG), Hautleitfähigkeit (PGR/EDA) und Hauttemperatur, Vasokonstriktion, Blutdruck und Herzrate (EKG) gemessen und dem Klienten audio/visuell zurückgemeldet. Die Trainingsaufgabe besteht darin, diese Parameter im Falle, daß sie pathologisch erhöht sind, auf ein normales Maß zurückzubringen – was meist auf Entspannung hinausläuft. Die spezifischen Störungsbilder sind meist Stresssymptome wie Spannungs-/Migräne-Kopfschmerz oder Bluthochdruck. Biofeedback wirkt fast immer, aber wahrscheinlich unspezifisch wie Kontrollgruppenvergleiche (s.Tabelle 6.2) zeigen. Außerdem ist die Wirkungsbreite meist nur eingeschränkt untersucht worden. Im Vergleich zu anderen Entspannungverfahren scheint es nicht besser oder schneller zu wirken. Vor allem ist die Wirkung von kurzer Dauer, weil sie sich nach Beendigung des Training nicht aufrecht erhalten läßt. Daher sind andere Entspannungsverfahren ohne elektronische Krücke vorzuziehen.

6.5 Diskussion

Erhaltung des Therapieerfolgs

Probleme stellen immer wieder die Generalisierung des Therapieerfolgs auf die natürliche Umgebung und der Fortbestand bei der Entlassung aus einer klinikähnlichen Situation dar. Eine Möglichkeit der Übertragung auf die natürliche Umgebung besteht darin, daß man die Therapie von vornherein dort durchführt, so wie es Patterson (1979) bei Problemkindern tut. Nach ausführlicher Verhaltensanalyse und Baseline-Beobachtungen, die auf Video aufgenommen werden, diskutiert er mit den Eltern die Verhaltensanalyse der Kinder und macht auf Hinweisreize und Kontingenzen aufmerksam. Danach werden die Eltern in ein Trainingsprogramm zur Modifikation der unerwünschten Verhaltensweisen (Hyperaktivität, Aggressivität) eingewiesen. Der Therapeut bleibt in täglichen Telefonkontakten mit den Eltern, die dieses Programm in der natürlichen Umgebung durchführen. Einmal in der Woche finden Trainingssitzungen im Institut statt.

Eine weitere Strategie, um den Übergang in die natürliche Umgebung zu erleichtern, ist das Ausschleichen von Verstärkern und der Übergang zu sozialen oder internen Verstärkern, wie es von Liberman (siehe voriger Abschnitt), beschrieben wurde. Im Achievement-Place-Programm wurden zunächst tägliche Arbeitspunkte vergeben. Später gab es wöchentliche Beurteilungen der Arbeitsqualität und schließlich wurde nur noch monatlich bestimmt, ob der Klient die Forderungen des Hauses pauschal erfüllte. Zu diesem Zeitpunkt waren die Normen weitgehend internalisiert.

Liberman hat bei seinem Hospitalprojekt darauf geachtet, daß die Klienten Verhaltensweisen erwerben, die auch im täglichen Leben zu gebrauchen sind und daher mit großer Wahrscheinlichkeit Verstärkung in der natürlichen Umgebung hervorrufen. Die unmittelbare Verstärkung (Münzen) war dabei allmählich in einen variablen Verstärkungsplan übergegangen.* Weitere und sehr wirksame Maßnahmen zur Übertragung des Therapieerfolgs auf die Realität sind Selbstkontrollprogramme (siehe Kap. 8).

* Interessanterweise wurden folgende back-ups von den Klienten am häufigsten beansprucht: private Zurückgezogenheit, Kiosk-Artikel (Süßigkeiten) und Ausgang. Fast überhaupt nicht wurde die Möglichkeit benutzt, eine Privatstunde beim Therapeuten zu erhalten, an Gottesdiensten teilzunehmen oder sich an Freizeitbeschäftigungen zu beteiligen.

Wird Verhaltenstherapie bei Problemen eingesetzt, die nicht monosymptomatisch sind, sondern mit mangelhafter Problembewältigung im allgemeinen zusammenhängen – und dies ist sehr häufig der Fall bei Schmerzpatienten, Abhängigen, bei Psychotikern und bei vielen anderen Klientengruppen – dann werden sogenannte Breitbandprogramme eingesetzt. Sie enthalten nicht nur Maßnahmen zur Bewältigung oder zum Aufbau des unmittelbaren Zielverhaltens, sondern darüber hinaus Maßnahmen zur Erweiterung des generellen Verhaltensrepertoires. Darunter fallen Angstbewältigungsstrategien (Entspannung, Desensibilisierung), soziale Kompetenz (Durchsetzung, Kontakt, Kommunikationsfertigkeiten), wie auch organisatorische Fähigkeiten (Haushaltsführung, Umgang mit Behörden) und Leistungsverhalten (Studierverhalten).
Ein Versuch, ein Breitbandprogramm sogleich in der natürlichen Umgebung einzurichten, ist der Community-Reinforcement-Ansatz von Hunt und Azrin (1978). Es wurden Alkoholiker nicht hospitalisiert, sondern es wurden mit verschiedenen Partnern aus dem Leben des Alkoholikers Kontrakte abgeschlossen. Die Ehefrau sollte nicht mit dem Klienten verkehren und nötigenfalls ausziehen, wenn er getrunken hat. Der Arbeitgeber sollte ihn bei Alkoholabusus verwarnen und feuern. Die Klienten hatten Zutritt zu einem sozialen Klub, aber nur dann, wenn sie alkoholfrei ankamen usw. Außerdem wurde eine Menge von Voraussetzungen zur Erlangung von Verstärkern durch das Programm mitgeliefert: Anschaffung eines Telefons, Annoncen zur Arbeitsbeschaffung, Training in Vorstellungsgesprächen usw. Von den 8 Experimentalpersonen wurde nur eine rückfällig, von den 8 Kontrollpersonen, die ein normales Klinikprogramm absolvierten, wurden sieben rückfällig. Ähnlich positive Daten hatten die Experimentalpersonen in bezug auf Arbeitsverhalten, Gefängnisaufenthalte und Freizeitgestaltung.
Eine neuere Entwicklung zur Stützung von verhaltenstherapeutischen Programmen ist die Anwendung von Verstärkerkontingenzen durch Freunde oder Familienmitglieder (Peer-Administration). In den Institutionen wird auch das Verfahren der Gruppenkontingenz verwendet. Die Gruppe wird insgesamt belohnt, wenn eines seiner Mitglieder aus ihr bestimmte Leistungen vollbringt. Der Rest der Gruppenmitglieder unterstützt daher den einzelnen in seinen Bemühungen. Ein weiterer Trend in der Verhaltenstherapie operanter Programme ist das Training von Mediatoren, wie Lehrern, Eltern

und Therapiehelfern, um die Trainingsprogramme in der natürlichen Umgebung auf eine breitere Basis zu stellen.

Effektivität

Die Verhaltenstherapie hat mehr als jede andere Therapieform Wert auf den Nachweis ihrer Effektivität gelegt. Dabei hat sie sich sowohl der kontrollierten Einzelfalluntersuchung wie des Gruppenexperiments bedient. Die Einzelfalluntersuchungen sind in besonderer Weise kultiviert worden, so daß sie den Stellenwert einer experimentellen Überprüfung gewonnen haben. Dabei wird die Maßnahme im Einzelfall systematisch ein- und wieder abgesetzt, auf verschiedene Verhaltensbereiche angewendet und variiert (siehe Kapitel 1). Auf diese Weise wird gezeigt, daß eine Maßnahme wirkt und daß es diese Maßnahme ist und keine andere Ursache, die den Effekt bewirkt hat. Ayllon & Azrin (1965) haben eine »Einzelfalluntersuchung« für eine ganze Abteilung mit 44 Klienten vorgenommen. Die Abbildung 6.19a zeigt, wie die Beteiligung der Klienten an Stationsaktivitäten durch die Kontingenz des Punktesystems gefördert wird, indem sie von fast 50 Stunden auf 10 Stunden absinkt, wenn man die Verstärkung fallen läßt und auf dasselbe Niveau wieder steigt, wenn man sie wieder einsetzt. Ganz ähnlich sieht es aus, wenn man die Verstärkung aufrechterhält, aber nicht kontingent auf das Zielverhalten einrichtet (Abbildung 6.19b). Nichtkontingenz, also allgemeines Wohlwollen hat denselben Effekt wie überhaupt keine Belohnung.

Die vielen Einzelfalluntersuchungen zeigen jedoch lediglich, daß das Verfahren der kontingenten Belohnung, Bestrafung, der Extinktion usw. wirksam sein können und daß sie es mindestens in den untersuchten Fällen waren, d. h. daß entsprechende Mechanismen existieren. Damit deren Wirksamkeit jedoch über unterschiedliche perönliche, institutionelle und andere Randbedingungen gesichert ist, muß eine Vielzahl von Replikationen vorliegen oder Untersuchungen an representativen Stichproben; auch wenn die Repräsentativität aufgrund der Patientenselektion oft in Frage gestellt werden kann, ist so eine gewisse Generalisierung möglich.

Es gibt zu den operanten Verfahren der Verhaltenstherapie eine Vielzahl von Studien, die sowohl einen Prä/Post-Vergleich als auch einen Kontrollgruppenvergleich vornehmen, die z.T. hier in den vorangehenden Abschnitten berichtet wurden. Die folgende Zusammenstellung erfolgte nach Angaben von Grawe, Donati & Ber-

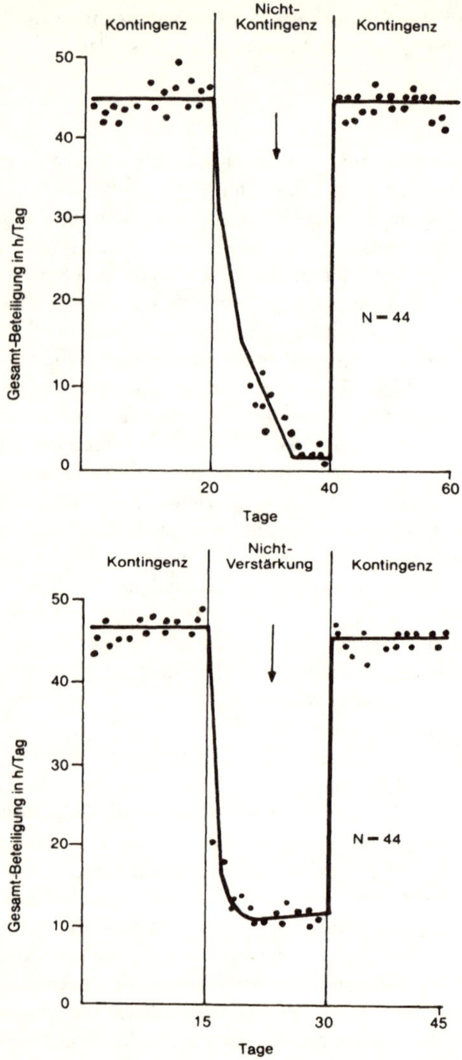

Abb. 6.19: Die Gesamtbeteiligung psychotischer Klienten an den Aktivitäten der Station bei kognitiver Verstärkung und nichtkontingenter Verstärkung (a) bzw. keiner Verstärkung (b) (nach Bandura 1969).

nauer (1994). Bei der Depressionstherapie handelt es sich um den Ansatz der verbesserten Verstärkerbilanz nach Lewinson (1974), der aber in 10 der 17 Untersuchungen mit anderen, hauptsächlich kognitiven Verfahren, kombiniert wurde. Die Klienten waren gemäß der Epidemiologie des Störungsbildes hauptsächlich Frauen und wurden meist stationär behandelt. Auch die Alkohlismustherapien waren in der Mehrzahl stationäre, kombinierte Programme und wurden wie zu erwarten hauptsächlich an Männern durchgeführt. Bei den Sexualstörungen handelte sich es sich vornehmlich um Orgasmusprobleme der Frau und Ejaculatio Präcox des Mannes. Die ziterten Untersuchungen beschränkten sich auf übende und entspannende Techniken meist unter Beteiligung des Partners aber ohne eigentliche Paartherapie (siehe Band 4). Die Untersuchungen zur sozialen Kompetenz fanden sinnvollerweise zu 66% in Gruppen statt; deshalb wird hier das Vorgehen nicht weiter erläutert (siehe Band 4). Häufig standen auch andere Probleme im Vordergrund wie Phobien, Depression, Alkoholismus u. a.
Die Aversionstherapie wurde am häufigsten bei Männern in Fällen von Alkoholismus oder Homosexualität, aber auch z.B bei Stotterern angewandt. Sie kann kaum als Therapie der Wahl gelten, auch wenn sie Erfolge aufzuweisen hat, da alternative Programme zur Verfügung stehen, die die soziale Dimension des Problems mit einbeziehen (s.o.). Die Paradoxe Intention wird normalerweise im systemischen Kontext bei Paaren oder Familien angewandt. Aber auch Verhaltenstherapeutisch orientierte Studien bei Schlafstörungen und einigen Phobien liegen vor, die hier zusammengefaßt sind. Die behaviorale Breitbandtherapie (s.o.) erweist sich in Hinsicht auf Wirkungsbreite, Katamnesedauer, und Therapievergleich durchwegs als günstig. Das Biofeedback wirkt nicht besser als andere Entspannungsverfahren.

Kritik

Es sind einige schwerwiegende Kritikpunkte zur Verhaltenstherapie vorgebracht worden, die hier kurz zusammengefaßt werden.
Tierexperimente: Viele Erkenntnisse der Verhaltenstherapie beruhen auf Tierexperimenten und als weiteren Zwischenschritt Analog-Experimenten mit Klienten ohne großen Leidensdruck, d. h. meistens Studenten mit schwach ausgeprägten neurotischen Symptomen. Besonders die Übertragung des tierischen Verhaltens auf menschliche Probleme ist als unzumutbar angegriffen worden. Da-

Anwendungsfeld	N-Studien	N-Klienten	Prä/Post-Vergl.	Kontr.-G-Vergl	Ther-Vergl.	Wirkgs-Breite	Katamn.	Therapie-Dauer
Breitband-VT	8	427	+7/7	+4/4	+4/8	breit	lang	15 Sitz.
Paradoxe Intention	10	414	+4/4	+3/7	–	eng	kurz	5 Sitz.
EMG-Biofeedback	38	1200	+26/35	+14/27	–1+1/38	eng	kurz	25 Sitz.
Aversion	31	1688	–1+14/20	16/22	–	eng	kurz	16 Sitz.
Depression	17	754	+7/7	+7/8	+4/7	eng	kurz	10 Sitz.
Alkoholismus	14	1298	14/14	+2/4	–	breit	lang	16 Sitz.
Sexualität	22	806	+11/12	+4/7	+5/5	eng	lang	11 Sitz.
Sozial-Kompetenz	74	3400	+40/50	+41/55	–1+10/18	breit	lang	10 Sitz.

Tabelle 6.2: Effektivität und Merkmale von verhaltenstherapeutischen Studien bis 1984 mit vornhemlich operantem Charakter. In den Spalten Prä/Post-, Kontrollgruppen- und Therapie-Vergleich findet sich im Zähler des Bruches die Anzahl der Studien mit signifikanten Verbesserungen (+) oder Verschlechterungen (–) gegenüber den Vergleichsmessungen (Vor der Therapie, in der unbehandelten Kontrollgruppe und einer anderen Therapieform.) Es wurden Messungen in der Hauptsymptomatik berücksichtigt. Die Spalte Wirkungsbreite zeigt an, ob in anderen Bereichen Verbesserungen auftraten und die Katamnesedauer wurde bei durchschnittlich mehr als 6 Monaten als lang bezeichnet.(Zuammenfassung nach Grawe, Donati und Bernauer 1994)

bei wird allerdings übersehen, daß der Fortschritt in der Therapieforschung unter Einhaltung ethischer Grenzen nur über das Tierexperiment möglich ist. Ähnlich läßt sich auch die scheinbar irrelevante Analog-Studie mit Studenten rechtfertigen. Variationen in der Therapietechnik sind kaum zu vertreten, wenn es sich um Klienten mit ernsthaften Beschwerden handelt, denen so schnell wie möglich geholfen werden muß.

Elementarismus: Der Verhaltenstherapie ist weiter vorgeworfen worden, daß sie am Detail herumoperiert, ohne die Ganzheit des Menschen zu berücksichtigen, wie es etwa Gestalttherapie und andere humanistische Ansätze tun. Dieser Vorwurf trifft nicht die neueren Breitbandprogramme. Immer wieder ist darauf hingewiesen worden, daß gleichzeitig mit der Elimination von Problemverhalten auch positive Verhaltensalternativen aufgebaut werden müssen, etwa beim Drogenmißbrauch. Viele Programme umfassen daher weitgehend den gesamten Lebensablauf des Klienten. Selbst die Behandlung einfacher Phobien wird zusätzlich häufig durch Sozialtraining und das Training anderer Fertigkeiten stützend ergänzt.

Mechanistisch: Der Verhaltenstherapie ist ein mechanistisches Vorgehen im Sinne eines Verhaltensingenieurs vorgeworfen worden. In diesem Zusammenhang ist Rogers, selbst ein humanistischer Psychologe, wissenschaftliches Credo von Interesse: »Der Psychologe als Forscher muß den Menschen als Maschine sehen und versuchen, seine Bestimmungsstücke systematisch herauszufinden – das hält ihn nicht davon ab, als Therapeut im Umgang mit den aktuellen Klienten dessen Autonomie und Willensfreiheit zu akzeptieren.« Fortschritt wird durch Wissenschaftlichkeit erreicht und Wissenschaft muß systematisch sein.

Manipulation: Schließlich ist der Verhaltenstherapie noch vorgeworfen worden, sie passe den Menschen an eine Umgebung an, die er vielleicht gar nicht will. Die Verhaltenstherapie manipuliere den Klienten durch Belohnung und Bestrafung wie eine Ratte im Käfig. Dazu ist zu bemerken, daß jede wirksame Technologie und damit auch jede wirksame Therapie zur Manipulation mindestens zeitweise gegen den Willen des Betroffenen eingesetzt werden kann. Die Technologie hat die Umwelt des urbanen Menschen soweit manipuliert und damit ihn zugleich, daß man die jetzigen Umstände durchaus als inhuman und lebensunwürdig bezeichnen kann. Gehört daher vor jede Therapie nicht die Überlegung, in welche Richtung eine Veränderung des Klienten sinnvoll ist und von ihm gewollt wird? Die Verhaltenstherapie ist teilweise sehr effektiv und das könnte Anlaß zur Beunruhigung sein. Sie kann z. B. einem Menschen die Angst vor dem Fliegen nehmen. Dies könnte als Anpassung an einen letztlich nicht wünschenswerten Zustand interpretiert werden – da Fliegen ja gelegentlich nicht ungefährlich ist und Flugzeuge überhaupt unsere Welt in eine Richtung verändern, die vielleicht nicht wünschenswert ist. Ebenso werden jugendliche Delinquenten resozialisiert und es werden ihnen Verhaltensmuster antrainiert, die möglicherweise lediglich sozial wünschenswert sind. Allerdings kann man einwenden, daß dieser Prozeß wesentlich transparenter ist als die Verwendung der sog. »Pharmakeule« in der Psychiatrie oder die resignierte Verwahrung in Anstalten, die für manche Zielpopulationen der Verhaltenstherapie die einzige Alternative darstellen.

Skinner hat das Problem der Autonomie, das hier angesprochen wird, folgendermaßen für sich gelöst: Die Umwelt (inkl. Therapeut) manipuliert unser Verhalten – wenn wir den Grundannahmen der Verhaltenstherapie Glauben schenken. Aber wir können die Umweltkontingenzen so umgestalten (mit Hilfe des Therapeuten), daß wir so leben, wie wir möchten. Auf diese Weise gewinnen wir die Autonomie des Handelns zurück. Glaubwürdiger noch wird die Autonomie durch den Begriff der Selbstregulation (Kanfer) wiedergegeben, der eine Internalisierung der Kontingenzen annimmt (s.o.).

Es gibt noch einen letzten sehr viel subtileren Einwand gegen die Verhaltenstherapie, der besonders im Vergleich mit humanistischen Ansätzen wie der Gesprächstherapie oder der Gestalttherapie deutlich wird. Bei diesen letztgenannten Ansätzen geht es um die Autonomie des Menschen aber, auch vor allem um seine *Spontaneität.* Es wird versucht, ihn zu einem volleren Genuß des Lebens zu bringen. Eine solche erhöhte Lebensqualität kann nur bis zu einem bestimmten Grade durch Planung und Optimierung erreicht werden. Gerade dies ist aber das Vorgehen der Verhaltenstherapie. Etwas spezifisch Lebendiges wird jedoch durch emotionale Tiefe des Erlebens erst möglich. Auf dieses Therapieziel hat die Verhaltenstherapie kaum Antworten (vgl. etwa Lazarus 1971). Die humanistischen Ansätze dagegen rücken dies in das Zentrum ihrer Betrachtung.

Etikettenschwindel: Die meisten Verhaltenstherapeuten sind wie alle anderen Praktiker auch Eklektizisten und haben mehrere Ausbildungen neben derVerhaltenstherapie absolviert (am häufigsten Gesprächstherapie, Familientherapie, Hypnose, Gestalttherapie,

Psychodrama). Diese Praxis wird von manchen Autoren explizit unterstützt – von Lazarus bis Grawe – aber bisher nicht sytematisch erforscht (s. Norcross & Goldfried 1992).

Zusammenfassung

Die operanten Prinzipien der Verhaltenstherapie sind weitgehend trivial. Es handelt sich um Belohnung, Beachtung, Erleichterung, Ignorieren, Drohung und Bestrafung. Viele der Maßnahmen kommen im alltäglichen Leben, in der Erziehung und in den sozialen Kontakten ohnehin vor. Das Besondere an dem verhaltenstherapeutischen Vorgehen liegt erstens in der experimentellen Überprüfung der Ergebnisse und zweitens in der Ausdauer und der Akribie, mit der kleine Verbesserungen in langwierigen Projekten erreicht und untersucht wurden. Dies wird besonders bei der Behandlung von psychotischen Verhaltensweisen und retardierten Kindern deutlich. Die erreichten Ergebnisse sind oft nicht überwältigend und können kaum als eine Annäherung an »normales Verhalten« betrachtet werden. Was aber deutlich wird, ist, daß der Hospitalisierung entgegengearbeitet werden kann und daß vor allem die Symptome des psychotischen Verhaltens sich durch die Etikettierung als psychotisches Verhalten und die sich daran anschließende Behandlung verstärken. Dies können verhaltenstherapeutische Programme verhindern.

Im Bereich des defizitären Verhaltens und dem Abbau von Verhaltensexzessen bei Abhängigkeiten sind die operanten Programme offensichtlich wirksam gewesen. Es wurde aber klar, daß sie den gesamten Lebensbereich des Klienten umfassen müssen, um diese Wirksamkeit zu erreichen und aufrechtzuerhalten. Es handelt sich also grob gesprochen in vielen Fällen um eine systematische Nacherziehung – nicht nur im schulischen Sinne.

Verhaltenstherapie zeichnet sich dadurch aus, daß sie experimentell orientiert ist, daß sie versucht, möglichst nüchtern über Vorgehensweise und Erfolg Rechenschaft abzulegen (1). Sie versucht, ihre Maßnahmen im Einklang mit wenigen theoretischen Postulaten zu formulieren, und zwar so, daß sich anhand des Erfolgs oder Mißerfolgs die theoretischen Postulate stützten, verwerfen oder variieren lassen (2). Verhaltenstherapie legt den Schwerpunkt der Betrachtung auf die aufrechterhaltenden Bedingungen der Störung –auf das hier und jetzt (3) und sie versucht die Möglichkeiten der externen

Kontrolle des Verhaltens so weit wie möglich auszuschöpfen – da die externen Möglichkeiten besonders leicht einer Manipulation zugänglich sind (4). Die diagnostischen Kategorien sind funktional und individuell, Etikettierungen haben nur kommunikative Funktion (5). Hinzu kommt, daß Verhaltenstherapie versucht, bestimmte Bereiche der Therapie Paraprofessionellen abzugeben (6). Diese Tendenz stößt offensichtlich in Amerika auf größere Begeisterung als in Europa.
Aus alldem geht hervor, daß Verhaltenstherapie wie kaum eine andere Therapieform um ihre Adäquatheit, um ihre individuelle Ausgestaltung in der einzelnen Anwendung um Rechenschaft bezüglich des Erfolges und um Flexibilität und Innovation in der Methodik bemüht ist. In diesem Sinne kann Verhaltenstherapie mehr als viele andere Formen der Psychotherapie als humanistisch angesehen werden; denn sie versucht die Möglichkeiten, die systematisch einsetzbar sind, optimal auszuschöpfen, um dem einzelnen zu helfen. Dabei sieht sie den Zugang des Therapeuten zum Problem des Klienten als unproblematisch an – sie thematisiert ihn eigentlich überhaupt nicht (vgl. Goldstein 1977). Andere Therapieformen wie Psychoanalyse, Gestalttherapie und Gesprächstherapie verwenden einen großen Teil der therapeutischen Energie darauf, den Zugang zum Problem des Klienten zu schaffen – den Widerstand zu überwinden. Ein solches Konzept gibt es in der Verhaltenstherapie nicht. Sie geht davon aus, daß der Klient sein Problem offen darlegt und der Therapeut als Berater mit einem größeren Wissen ihm planerisch zur Seite steht. Verhaltenstherapie weiß, wie man dem Menschen hilft. Sie weiß vermutlich nicht, wie man den Menschen anspricht, damit ihm geholfen werden kann.

Empfohlene Literatur

Bandura, A. (1969) Principles of Behavior Modification, New York: Wiley

Bellack, A. S., Hersen, M. & Kazdin, A. E. (1982) International handbook of behavior modification and therapy. Kap. 14, 15, 17, 18, 19 und 26. New York: Plenum Press

Fliegel et al. (1981) Verhaltenstherapeutische Standardmethoden. München: Urban & Schwarzenberg

Bergin , A. E. & Garfield, S. L. (1992) Handbook of psychotherapy and behavior change. Kap. 11, 12 und 13. New York: Wiley

Lazarus, A. A. (Hrg.) (1972) Angewandte Verhaltenstherapie. Stuttgart: Klett-Cotta

Miltner, W., Birbaumer, N. & Gerber, W. D. (1986) Verhaltensmedizin. Berlin: Springer
O'Leary, K. D. & Wilson, G. T. (1987) Behavior Therapy. Application and Outcome (second edition). Englewood Cliffs, N. J.: Prentice-Hall, Inc.
Rachmann, S. & Teasdale, J. (1976) Verhaltensstörungen und Aversionstherapie. Frankfurt: Fachbuchhandlung fur Psychologie
Wolpe, J. (1972) Verhaltenstherapie (1965). Bern: Huber

Selbstkontroll-Liste für Gewichtsprobleme

Verhaltensregeln zur Kontrolle des Essens	Mo	Di	Mi	Do	Fr	Sa	So
1. Ich nehme täglich in regelmäßigen Abständen insgesamt 5 Mahlzeiten ein							
2. Ich esse und trinke nur zu den von mir festgelegten Zeitpunkten							
3. Ich esse und trinke zu Hause nur an dem dafür festgelegten Eßplatz							
4. Ich lasse beim Essen und Trinken den Fernsehapparat ausgeschaltet							
5. Ich konzentriere mich bei meinen Mahlzeiten auf das Essen und Trinken und vermeide dabei andere Nebentätigkeiten							
6. Ich esse und trinke nur mit dem dafür festgelegten Geschirr							
7. Ich räume sofort nach jeder Mahlzeit mein Geschirr und alle Essensreste weg							
8. Ich nehme meine Mahlzeiten nur mit Personen ein, die selbst wenig essen und trinken							
9. Ich lasse in der Wohnung keine eßbaren Dinge und Getränke sichtbar herumstehen							
10. Ich habe in der Wohnung keine großen Vorräte von Dingen, die mich erfahrungsgemäß immer wieder zum Essen verführen							
11. Ich werfe Reste von Mahlzeiten sofort weg, ohne sie erst aufzuheben							
12. Ich kaufe keine Vorräte für mehrere Tage							
13. Ich mache mir eine Einkaufsliste, bevor ich ein Geschäft oder eine Abteilung mit Lebensmitteln betrete							
14. Ich kaufe nur die Nahrungsmittel, die auf der Liste stehen							
15. Ich gehe nur zum Einkaufen, wenn ich vorher gegessen habe oder keinen Appetit verspüre							
16. Ich kann in dieser Woche besonders leicht auf .... verzichten und kaufe nichts davon ein							
17. Ich halbiere jeden Bissen noch einmal, bevor ich ihn zum Mund führe							
18. Ich esse statt mit einer normalen Gabel mit einer Kuchengabel							

Verhaltensregeln zur Kontrolle des Essens	Mo	Di	Mi	Do	Fr	Sa	So
19. Ich esse Suppen nur mit einem Teelöffel							
20. Ich kaue jeden Bissen 20 bis 30mal und zähle dabei leise mit							
21. Ich lasse Getränke auf der Zunge zergehen und zähle in Gedanken bis 10, bevor ich schlucke							
22. Ich lege das Besteck nach jedem Bissen aus der Hand							
23. Ich stelle das Glas oder die Tasse nach jedem Schluck weg							
24. Ich mache nach der Hälfte jeder Mahlzeit eine längere Essenspause von 1-2 Minuten							
25. Ich lege mir bei großen (warmen) Mahlzeiten nur *einmal* etwas auf den Teller							
26. Ich bestimme schon in der Küche, wieviel ich tatsächlich essen will, und stelle *nur* den vorbereiteten Teller an meinen Eßplatz							
27. Ich schätze den Kaloriengehalt meiner Mahlzeit ein, *bevor* ich mit dem Essen oder Trinken beginne							
28. Ich lasse bei jeder Mahlzeit einen kleinen Rest übrig, den ich nicht mehr esse oder trinke							
29. Ich hole während der Mahlzeit eine eventuelle zweite Portion *extra* aus der Küche und bereite sie auch dort vor							
30. Ich trinke keinen Alkohol während meiner Mahlzeiten							
31. Ich lege vor dem Öffnen der ersten Flasche fest, wieviel Gläser Alkohol ich trinken werde							
32. Ich trinke Wein und Sekt aus kleinen Likörgläsern und Bier aus kleinen Aperitifgläsern							
33. Ich parke das Auto entfernt vom Haus und der Arbeitsstelle und gehe den restlichen Weg zu Fuß							
34. Ich steige eine oder zwei Stationen eher aus der Straßenbahn oder aus dem Bus und gehe den restlichen Weg zu Fuß							
35. Wenn ich nach Hause gehe, mache ich einen kleinen Umweg							

Verhaltensregeln zur Kontrolle des Essens	Mo	Di	Mi	Do	Fr	Sa	So
36. Ich mache kleine Wege nur zu Fuß oder mit dem Rad							
37. Ich benutze zu Hause und in den Kaufhäusern nur die Treppe und nicht die Lifts und Rolltreppen							
38. Ich gehe *extra* die Treppe hinunter, um die Post oder die Zeitung aus dem Briefkasten zu holen							
39. Ich mache viele Arbeiten im Stehen statt wie bisher im Sitzen							
40. Ich bleibe im Bus oder in der Straßenbahn stehen und setze mich nicht auf einen freien Platz							

(mit freundlicher Genehmigung der IFT, München)

7. Desensibilisierung und Angstkonfrontation

7.1 Angst

Zur Phänomenologie

In diesem Kapitel werden verhaltenstherapeutische Behandlungsmethoden besprochen, die zur Beseitigung von Ängsten entwickelt wurden. Sie haben ebensowenig wie die operanten Techniken die Veränderung der gesamten Persönlichkeit zum Ziel. Sie sind symptomorientiert, sofern man Angst als ein Symptom und nicht als Ursache betrachten möchte. Es soll zunächst etwas über die Angst als Phänomen sowie ihre mögliche Entstehung gesagt werden, bevor die Behandlungsmethoden beschrieben werden.

Angst und damit verbundenes Vermeidungsverhalten machen einen großen Teil der neurotischen Störungen aus. Vermeidung kann das Ausweichen vor bestimmten Objekten (z. B. Schlangenphobie) oder Situationen (z. B. Angst vor Menschenansammlungen, Agoraphobie) sein. Es kann aber auch in der Verhinderung von bestimmten Zuständen, wie Ungewißheit (Kontrollzwang) oder Verschmutzung (Waschzwang) bestehen. Angst drückt sich motorisch, physiologisch-emotional und kognitiv aus. Versuche, Angst als einheitliches Merkmal zu erfassen, sind bisher daran gescheitert, daß die verschiedenen Ausdrucksformen der Angst nicht immer miteinander übereinstimmen. Außerdem ähnelt Angst in vieler Hinsicht der generellen Alarmreaktion, die darin besteht, daß durch Sympathikusinnervation und Hormonausschüttung (Nebennierenrindenhormone) der Körper in die Bereitschaft versetzt wird, zu fliehen oder zu kämpfen (siehe Kap. 11, Band III). Das drückt sich durch einen erhöhten Muskeltonus, erweiterte Pupillen, erhöhte Herzrate, erhöhten Blutdruck, Verminderung der Verdauungs- und Sexualfunktionen usw. aus. Es gibt aber auch angstspezifische Indikatoren wie Zittern, Schweißausbruch usw. Insgesamt ähneln sich die physiologischen Bilder von z. B. freudiger und ängstlicher Erregung bis zu einem gewissen Grad, so daß die Hypothese vorgebracht wurde, die spezifische Tönung der Erregung sei kognitiv beeinflußt (Schachter und Singer 1962).

Grobmotorisch äußert sich Angst in Flucht oder Abwehrreaktionen des ganzen Körpers. Im Ausdruck stechen Blässe, Zittern, Pupillenerweiterung, Haarsträuben unter den autonomen Reaktionen hervor. Dazu kommt eine allgemeine Hektik, unkoordiniertes Verhalten und leichte Störbarkeit. Subjektiv treten wieder vegetative Erscheinungen hervor: Der Klient spürt und fürchtet das Herzrasen, fühlt Beklemmung, Verkrampfung, Schweißausbruch und einen bitteren Geschmack im Mund. Dazu kommt das Gefühl, der Magen sinke, das Gefühl von Unbehagen, Nervosität, Unruhe, Sorge, Zerfahrenheit, Empfindlichkeit, Bedrohung, Terror, Panik treten auf. Nach Ende eines Angstanfalls treten Gefühle der Niedergeschlagenheit, der Müdigkeit, der Verlangsamung, der Appetitlosigkeit auf.

Beispiel einer typischen Angstreaktion gibt folgende Fallbeschreibung aus Butollo (1979, S. 24): eine Frau von 60 Jahren beklagt als Hauptproblem extreme Angstanfälle sobald sie aus dem Hause geht. Angstsituationen: Jede Entfernung von zu Hause, insbesondere das Gehen über freie Plätze, die Benützung öffentlicher Verkehrsmittel, besonders mit pneumatischen Türen, Menschenansammlungen. Erleichternd, jedoch nur in begrenztem Ausmaß, wirkt die Begleitung durch einen Verwandten.

Als subjektive Empfindungen: Extreme Angst, Erregung, Schwindel, Schwäche in den Beinen, Atembeschwerden und Herzjagen. Massives Bedürfnis umzukehren und Schutz zu suchen. Motorisch erkennbar: Die Bewegungen werden deutlich eckig, der gesamte Körper wirkt angespannt (»ich gehe wie ein Zinnsoldat«), die Schultern hochgezogen, Kopf bleibt starr nach vorn gerichtet, der Blick ist etwa 2 Meter voraus gerichtet. Absolut keine Blickbewegung zur Seite oder nach oben. Eigene Aussagen: »das kann ich nicht« ... »jetzt geht es wieder los« ... »bleib hier und begleite mich«.

Dazu kommen Vermeidungs- und Fluchtgedanken. Physiologische Anzeichen: Extreme Aktivierung des autonomen Nervensystems bei gleichzeitiger Bewegungsarmut. Nach dem Angstanfall spürt die Frau momentane Erleichterung, doch in der Folge Niedergeschlagenheit und das Gefühl körperlicher Erschöpfung. Selbstaussagen: »Das mache ich kein zweites Mal« ... »ich schaffe das alleine nicht« ... »ich bin wirklich krank«.

Als Bestimmungsmerkmale der extremen, chronischen und irrationalen Angstreaktion dienen nach Butollo die folgenden Gesichtspunkte:

1. Es treten Gefühlszustände auf, die von dem Betroffenen subjektiv als Angst im weitesten Sinne bezeichnet werden. Sie gehen mit typischen Veränderungen in autonomen Reaktionen, in den kognitiven Prozessen, in grobmotorischem Verhalten (Vermeidung, Flucht), sowie Ausdrucksverhalten einher.

2. Die Gefühlsreaktionen laufen wie automatisch ab, so daß der Betroffene darüber nach ihrem Einsetzen in der Regel keine Kontrolle hat.
3. Die auslösende Gefahr, sofern sie bestimmbar ist, steht in keinem rational begründbaren Verhältnis zum Ausmaß der Angstreaktion.
4. Die Angstproblematik ist die dominierende Störung. Das Ausmaß des durch sie ausgelösten Leidensdrucks und der Beeinträchtigung der Alltagsbewältigung machen das Problem »klinisch relevant«.
5. Primär organische Ursachen der Störung sind nicht auffindbar.

Arten von Angst

Ängste sind in der klinischen Diagnostik mit Vorliebe klassifiziert worden. Zunächst ist Angst von Furcht abgegrenzt worden, die als Angst vor realer Bedrohung bezeichnet wird. Im Gegensatz dazu spricht man von Angst, wenn es sich um dieselbe physiologisch-kognitiv-motorische Reaktionsform handelt, ohne daß der äußerer Anlaß das Ausmaß der Eregung rechtfertigen würde. Als frei flottierende Ängste bezeichnet man Zustände, die als innere Beunruhigung ohne konkreten Grund empfunden werden. Die Phobien nehmen eine Zwischenstellung zwischen Furcht und Angst ein, insofern ein Auslöser vorhanden ist, vor dem eine gewisse Abneigung sogar verständlich ist (Schlangen, öffentliches Reden). Die Reaktion auf dieses Objekt erscheint jedoch irrational überhöht. Panikreaktionen sind extrem agitierte Angstzustände, die mit oder ohne erkennbaren Auslöser auftreten können. Die Abgrenzung neurotischer Ängste zur Depression ist manchmal schwierig, da auch hier beunruhigende Verstimmungen auftreten. Nach Wittchen (1991) findet sich eine starke Überlagerung von Angstsyndromen mit Depression (70%) aber auch mit Substanzabusus (80%).
Phobien, also spezifische Ängste, unterscheidet man üblicherweise nach Situationsphobien, nämlich Objekt- und Tierphobien und sozialer Ängstlichkeit. Die einzelnen Phobien sind nochmals nach dem Inhalt weiter unterteilt. So ergibt sich etwa folgende phänomenologische Übersicht, die aber mehr aus sprachlichen als aus theoretischen Gründen sinnvoll erscheint (vgl DSM IV oder ICD 10):

Situationsphobien: Akrophobie (Höhenangst), Agoraphobie (offene Plätze), Klaustrophobie (geschlossene Räume), Nyktophobie (Dunkelheit), Aichmophobie (Angst vor spitzen, scharfen Gegenständen).
Objekt- und Tierphobien: vor Wasser, Blitz, Donner, Schmutz, Zahlen, Katzen, Spinnen, Menschen, Hunden, Pferden, Schlangen und Reptilien, Bakterien, Mäusen u. a.
Sozialängste (nach Ullrich und Ullrich 1978): Angst vor Mißerfolg und Kritik, Kontaktangst, Angst, Forderungen zu stellen, Angst, etwas abzulehnen, Schuldgefühle, Überanständigkeit.
Körperliche Phobien: darunter fallen Angst vor körperlichen Mißempfindungen, Krankheiten, Tod, beispielsweise Herztod (Herzphobie) usw.
Paniksyndrom: Für die sogen Angstanfälle gilt nach Markgraf & Schneider (1990), daß sie häufig wie aus heiterem Himmel auftreten und die körperlichen Begleiterscheinungen besonders deutlich sind (Atemnot, Herzrasen, Schindel). Ist Vermeidungsverhalten beteiligt, so spricht man von Agoraphobie (der Klient bleibt aus Furcht vor dem Anfall zu hause).
Weitere Bereiche der Ängstlichkeit sind die des Leistungsverhaltens (Angst vor Versagen). Butollo fand in einer faktorenanalytischen Untersuchung an Hand von Fragebogendaten und Interviews folgende Arten von Angst:

1. Spezifische Ängste	6. Unspezifische Angst
2. Situationsängste	7. Physiologische Begleiterscheinungen und
3. Körperbezogene Ängste	8. Depression
4. Existenzangst	9. Allgemeine Ängste
5. Sozialangst	10. Neurotizismus

Er schlägt zur phänomenologischen Klassifikation vor, folgende vier Aspekte zu berücksichtigen:

- *Generalisationsgrad* der Angstauslöser:
  Präzise (Phobien, Zwänge) gegenüber vagen Ängsten (Ängstlichkeit).
- *Aktivitätsgrad* der Angstvermeidung:
  Aktive Maßnahmen gegenüber passivem Rückzug (Phobien).

- *Externe* (Höhen) gegenüber *internen* Angstauslösern (z. B. Zwang zu verletzen).
  Das Ausmaß der *Öffentlichkeit.*

Es sind eine Reihe von Angstfragebogen entwickelt worden u. a. folgende: (einen davon, FSS, siehe im Anhang 1): Fear Survey Schedule (Wolpe und Lang 1964, FSS), State-Trait-Anxiety Inventory (Spielberger et al. 1970, STAI), Unsicherheitsfragebogen (Ullrich und Ullrich 1978), Bernreuther Selbstsicherheitsfragebogen. Außerdem wird Angst besonders im Zusammenhang mit der Behandlung von Phobien gerne auf Beurteilungsskalen (Angstthermometer: 1–5) eingeschätzt.

Zwänge

Ebenso wie Phobien gelten Zwänge als Verhaltensweisen zur Vermeidung angstauslösender Situationen. Im Gegensatz zur Phobie stellen sie jedoch eine aktive Vermeidungsstrategie dar: der Betroffene unternimmt etwas und hält sich nicht einfach der Situation fern. Man unterscheidet zwischen Zwangsgedanken und Zwangsritualen, wobei manche Autoren meinen, Zwangsgedanken seien lediglich verhinderte Zwangsrituale. Die häufigsten Erscheinungsformen sind (vgl. Kallinke et al. 1979):

Zwangsgedanken:

Zwangsgedanken (z. B. sinnlose oder obszöne Redensarten oder Reime);
Zwangsvorstellungen (z. B. Unfälle, Exkremente, Geschlechtsverkehr);
zwanghafte Überzeugungen (z. B.jemanden durch Gedanken zu töten);
zwanghaftes Grübeln (z. B. »soll ich – soll ich nicht?«);
Zwangsimpulse (z. B. zu fluchen);
zwanghafte Ängste (z. B. vor Waffen, Schmutz u. a.);

Zwangsrituale:

Reinigen (z. B. Kleidung, Wohnung);
Vermeiden (z. B. alles, was mit einem Verstorbenen zusammenhängt);
Wiederholen (z. B. Treppensteigen);

Kontrollieren (z. B. ob das Licht aus ist);
Perfektion (z. B. etwas ohne jeden Fehler verrichten);
Langsamkeit (z. B. alles wie in einem langsam ablaufenden Film tun);
Ordnung (z. B. alle Bleistifte gespitzt und ausgerichtet auf dem Tisch anordnen).

Diese Einteilungen sind genausowenig wie bei den Phobien zwingend. Andere Zusammenstellungen sind ebenfalls gemacht worden. Sie ordnen die Zwangsformen etwa der Häufigkeit des Vorkommens nach. Bei 70% der Klienten treten Zwangsgedanken und -Rituale gemeinsam auf. Allein auftretende Zwangsgedanken sind häufiger (25%), als allein auftretende Zwangsrituale (5%). Angst tritt bei Beginn der Zwangshandlungen nur im frühen Stadium der Störungs-Entwicklung auf. Bei chronischen Zwängen hat sich das zwanghafte Verhalten verselbständigt und wird ausgeführt bevor Ängste auftreten. Zwänge machen etwa 4% aller neurotischen und 1% aller psychischen Störungen aus. Ein Fragebogen zur Erfassung von zwanghaftem Verhalten ist der Zwangsfragebogen im Anhang 2.

Von Interesse ist, daß die geläufigsten Zwangshandlungen die Angst vor Kontrollverlust und Kontamination beinhalten, d.h in Überprüfung und Reinigung bestehen, zwei in unserer Gesellschaft alltägliche und als wichtig eingeschätzte Tätigkeiten – etwas in begrenztem Umfang durchaus sinnvolles ähnlich wie bei manchen Phobien. Einerseits werden Zwänge vom Klienten oft vor der Umwelt verborgen, die für derart absurdes Verhalten im allgemeinen wenig Verständnis aufbringt. Zum anderen können Zwänge auch funktional sein, indem dadurch soziale Beziehungen gesteuert werden (Kritik am anderen für unsorgfältiges Handeln und mangelnde Rücksicht). In extremen Fällen schwindet die Krankheitseinsicht und Zwänge sind von Wahnsystemen kaum noch zu unterscheiden. Im übrigen besteht wie bei den Ängsten, eine starke Überlappung mit sozialer Unsicherheit und Depression, so daß eine Hierarchie von sozialer Unsicherheit über Phobien zu Zwängen und schließlich Wahn und Depression vermutet worden ist (siehe auch Hand 1992).

Klinische Bedeutung der Angst

Die Angaben über die Verbreitung von neurotischen Ängsten variieren bei den einzelnen Autoren zwischen einer Lebenszeit-Prävalenz von 2% und 5% (Wittchen 1988) der Gesamtbevölkerung. Nach Markgraf & Schneider (1994) sind Angststörungen bei Frauen die häufigste und bei Männern nach dem Alkoholismus die zweit häufigste psychische Störung. Besonders häufig sind Ängste vor öffentlichem Sprechen, vor geschlossenen Räumen, großen Menschenmengen, Höhen und die spontanen Angstanfälle (Paniksyndrom). Dazu kommt die Angst vor Schlangen und Insekten. Interessanterweise finden sich kaum sozioökonomische Unterschiede in der Verbreitung von Angstsymptomen.

Angst wird von sehr vielen Autoren als zentraler Bestandteil neurotischer Störungen aufgefaßt. Die oben angegebenen Gesichtspunkte zur Klassifikation von Ängsten und Zwängen haben wenig Relevanz für die Ätiologie und die Behandlung der Neurosen. Da Ängste nicht nur in pathologischen Fällen, sondern sich in abgeschwächter Form auch im normalen Bereich finden, kann die Angstreaktion nicht als ein qualitativer Sprung zur Psychopathologie angesehen werden. Es wird deshalb vermutet, daß Angst ein biologisch angelegter Mechanismus ist, der in spezifischen Lernerfahrungen mit bestimmten Situationen oder Objekten gekoppelt werden kann. Angst wurde ursprünglich von Freud (erste Angsttheorie) als der transformierte Triebimpuls angesehen, der durch Ich-Zensur nicht zur Realisierung gelangen kann. Später (1926) hat Freud seine Angsttheorie revidiert und in der Angst hauptsächlich ein Signal gesehen (Signalangst), das den Organismus rechtzeitig vor Eintreten einer aktuellen Bedrohung in Alarmzustand versetzt. Dadurch wird es dem Kind beispielsweise möglich, bereits Gegenmaßnahmen in Form von Schreien oder Betteln zu treffen, wenn die Mutter sich vorbereitet, das Haus zu verlassen.

Die Auffassung, daß Angst Signalcharakter hat, wird von den Lerntheoretikern geteilt (siehe unten). Die Angst wird in bestimmten Situationen als durchaus sinnvolle und angemessene Reaktion betrachtet, wenn es z. B. um die Abwendung einer größeren Gefahr geht. Ohne Angst würde der Organismus diese Gefahr möglicherweise über sich ergehen lassen, was ihn vernichten könnte oder mindestens schwer beeinträchtigen. Als Störung wird Angst erst dann empfunden, wenn sie in einem Zusammenhang auftritt, in dem sie irrational oder unangemessen erscheint. Sie zeichnet sich in diesen Fällen durch besondere Persistenz aus. Auch bei Rogers spielt die Angst als Manifestation des neurotischen Prozesses eine Rolle. Sie tritt besonders dann auf, wenn es zu einer Diskrepanz zwischen Selbstbild und Idealbild kommt, d. h. wenn Verhaltensweisen oder Fakten der

Umwelt nicht mit den diesbezüglichen Erwartungen in Einklang gebracht werden können. Für Perls (Gestalttherapie) bedeutet Angst die Erwartung zukünftiger, negativer Ereignisse und damit die Unfähigkeit, im Hier und Jetzt zu leben. Während also für die Psychoanalyse und die Verhaltenstherapie Angst ein Signal des Organismus zur Alarmbereitschaft ist, sehen die humanistischen Ansätze in der Angst ein Zeichen der kognitiven Spaltung zwischen dem was ist und dem was sein könnte (siehe Band 3).

7.2 Theorien zu Angst und Vermeidungslernen

Physiologische Theorien der Angst

Angst ist eine der besonders auffälligen Emotionen. Eine einheitliche Aufstellung menschlicher Emotionen liegt bisher nicht vor. Es gibt längere und kürzere Listen. Unterschieden wird im allgemeinen zwischen *Angst, Aggression, Trauer* und *Freude*. Die ältere psychologische Vorstellung über das Zustandekommen von Emotionen im allgemeinen und Angst im besonderen ist die sogenannte James-Lange-Theorie (James 1890). Sie besagt im wesentlichen, daß das subjektive Empfinden der Emotion eine Begleiterscheinung des körperlichen (vegetativen und motorischen) Vorganges ist. Angstreaktionen werden danach durch spezifische Reize ausgelöst, d. h. es gibt für jede Emotion einen besonderen Auslöser. Die Rückmeldung der körperlichen Vorgänge stellt das dar, was man subjektiv als Emotion empfindet. Dieser Theorie wurde von Cannon (1931) widersprochen. Cannon postulierte, daß externe und interne Reize zunächst eine unspezifische Aktivation des Organismus hervorrufen. Die kognitive Interpretation dieser Aktivation aufgrund von Kontextdaten (die verzerrt sein können) und der individuellen Lerngeschichte machen den subjektiven Gehalt der Emotion aus. Ganz in diesem Sinne sind die Untersuchungen von Schachter und Singer (1962). Diese Autoren gingen daran, den primär unspezifischen Charakter von Emotionen nachzuweisen. Sie erzeugten durch Injektion von Epinephrin (Adrenalin, Nebennierenmarkhormon) einen Erregungszustand, ähnlich dem, der bei der Alarmreaktion physiologisch ausgelöst wird. Anschließend wurden die Versuchspersonen unterschiedlichen sozialen Situationen ausgesetzt: einem wütenden Versuchsleiter gegenüber empfanden sie Ärger und

Angst. Die andere Gruppe von Versuchspersonen, der ein lustiger und kooperativer Versuchsleiter gegenübertrat, empfand ihre Erregung als euphorisch (Freude). Eine ältere Untersuchung (Cantril und Hunt 1932) berichtet, daß Epinephrin-Injektionen 71% der Versuchspersonen in Erregung ohne emotionale Färbung versetzte. Hier fehlte im Gegensatz zu den Schachterschen Experimenten die Attributionsmöglichkeit durch soziale Signale. Nach dieser Theorie ist die Emotion ein gemeinsames Produkt aus physiologischer Reaktion bzw. deren Rückmeldung und kognitiver Interpretation (Attribution). Diese Zweifaktorentheorie der Emotionen wird von Untersuchungen von Hohmann gestützt (1966), der feststellte, daß bei querschnittsgelähmten Personen entsprechend der Höhe der Läsion ein Absinken der Emotionalität subjektiv berichtet wurde. Ihnen fehlt in unterschiedlichem Ausmaß die Rückmeldung der physiologischen Reaktion aus den einzelnen Segmentbereichen des Rückenmarks. Daß die Kognition die physiologischen Rückmeldungen stark beeinflussen können, zeigen Untersuchungen von Valins und Ray (1967). Sie gaben ihren Versuchspersonen falsche Rückmeldung über die Herzrate, wodurch sie dieses Erregungsmaß und die damit verbundene Emotion manipulieren konnten.

Ein gewisses Problem für eine derartige unspezifische Aktivations-Attributionstheorie der Emotionen stellen die Befunde von Penfield und Roberts (1959) dar. Sie konnten bei Hirnoperationen an wachen Klienten Hirnreizungen vornehmen. Dabei fanden sie, daß schwache elektrische Reizung bestimmter Zellareale in der Seitenfurche des Großhirns intensive Gefühle der Furcht, der Einsamkeit oder der Trauer auslösen konnten, ohne daß ein Zusammenhang zur momentanen Situation bestand. Diese »Scheinemotionen« wurden von Klienten als unmittelbar und echt erlebt. Hierbei handelt es sich möglicherweise um Engramme von Lernerfahrungen, in denen diese Emotionen kontext-adäquat auftraten. Durch Reizung der Areale wurden dann Kognitionen und die körperlichen Empfindungen gemeinsam reaktiviert. Es handelt sich daher wohl nicht um das Ansprechen eines spezifischen Emotionszentrums. Ein solches Zentrum lassen aber andere Untersuchungen vermuten. Beispielsweise konnte hirn-elektrische Reizung in bestimmten Kerngebieten bei Katzen emotionale Zeichen der Wut und Aggression zeigen (Olds 1971). Allerdings reagierten sie in dieser Situation nicht adäquat auf die Attacke eines Artgenossen. Hier handelt es sich offenbar um einen Prozeß, der losgelöst vom Kontext stattfindet.

Die physiologischen Überlegungen zur Angst stellt Birbaumer (1974) folgendermaßen dar. An der Entstehung der Angst/Euphorie und des damit verbundenen Flucht/Annäherungsverhaltens sind mehrere Hirnstrukturen beteiligt (siehe Abbildung 7.1). Dabei wird die Erregung durch äußere Reizung nach einer Bewertung dieser Reizung entweder verstärkt oder abgeschwächt. Im abgeschwächten Zustand bilden sich Lust-, im verstärkten Aktivationszustand Unlustgefühle. Der Umschwung entspricht der sogenannten Wundt-Berlyneschen Funktion. Danach werden schwache bis mittlere Erregungsniveaus als angenehm und stärkere Erregungsniveaus als unangenehm erlebt (siehe Abbildung 7.2). Entscheidet sich der Organismus für Lust, dann wird durch die herabgesetzte Aktivität eine zunehmende Synchronisation verschiedener Hirnzentren bewirkt, die sich in einer Vermehrung der Alpha-Tätigkeit im EEG zeigt. Außerdem wird der Sympathikus blockiert und die parasympathische Innervation erhöht. Bei Unlustgefühlen dagegen führt die gesteigerte Aktivität zur Desynchronisation und zum Verschwinden des Alpha-Rhythmus. Autonom dominiert die sympathische Innervation. Vereinfacht ergeben sich danach folgende Schritte (siehe Abbildung 7.1):

1. Die Reizinformation durchläuft mehrere Gehirnzentren und erreicht das Großhirn, wo entschieden wird, ob die Anforderungen der Umwelt den Erwartungen entsprechen, d. h. ob eine Bewältigung der Situation möglich ist. Im Falle einer Inkonsistenz von Anforderung und Erwartungen reagiert das Großhirn mit einer Aktivierung des retikulären Systems, was eine Verstärkung der ankommenden Reizinformation bewirkt. Im Falle der Konsistenz von Anforderung und Erwartung dagegen leitet das Großhirn eine Hemmung des retikulären Systems ein, was zu einer Desaktivierung führt.
2. Der dieser Art modulierte Reizstrom wird u. a. ins limbische System geleitet (älteste Schicht des Großhirns). Anhand der Lust-Funktion nach Berlyne und Wundt wird hier entschieden, ob es sich um eine angenehme oder unangenehme Aktivierung handelt. Entscheidet sich der Organismus für Lust, wird zugleich die Aktivierung gehemmt. Entscheidet er sich für Unlust, wird die Desaktivierungsleitung gehemmt. Dies könnte erklären, daß es selten zu Mischemotionen kommt, sondern stets zu polarisierten Empfindungen: Lust oder Unlust.
3. Im Falle der Unlust geht der Körper zur Alarmreaktion über und veranlaßt den Hypothalamus zur Sympathikus-Innervation und entsprechenden Hormonausschüttungen. Im Falle der Lust wird eine parasympathische Reaktion veranlaßt.
4. Zusammen mit dieser vegetativen Innervation wird die motorische Innervation eingeleitet, die nun entweder zu Flucht/Vermeidung oder zu Annäherung an das reizauslösende Objekt führt.

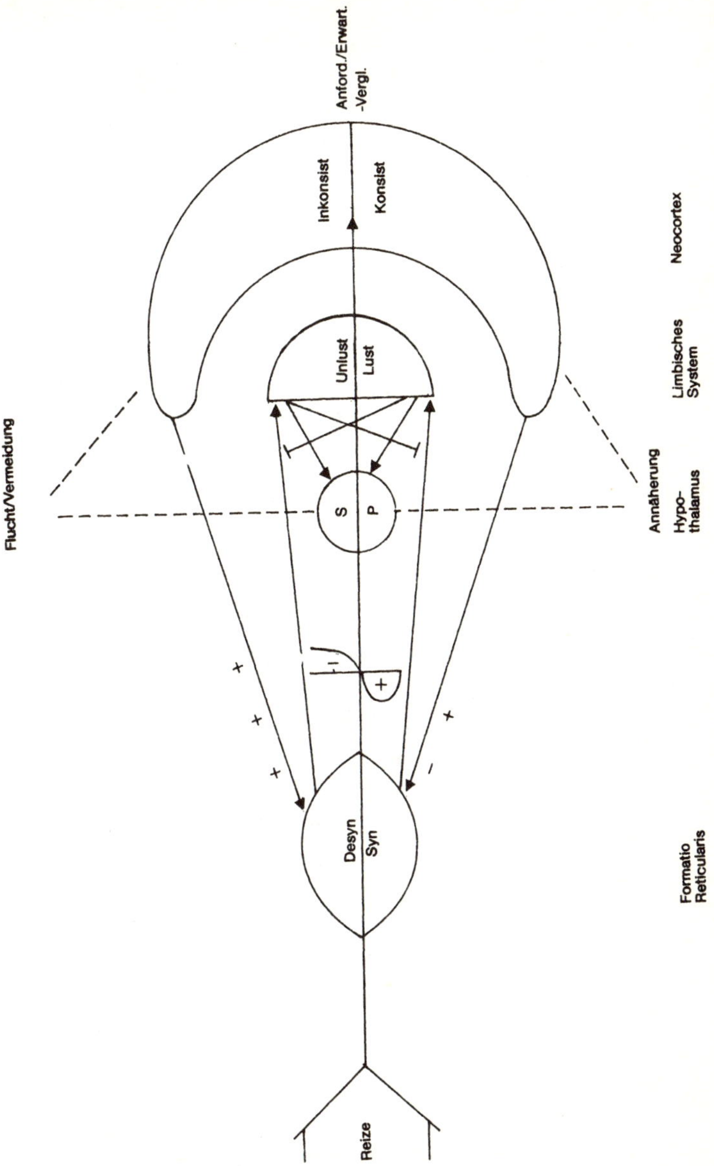

Abb. 7.1: Schematische Darstellung zur Reizverarbeitung im Gehirn. Erklärung siehe Text.

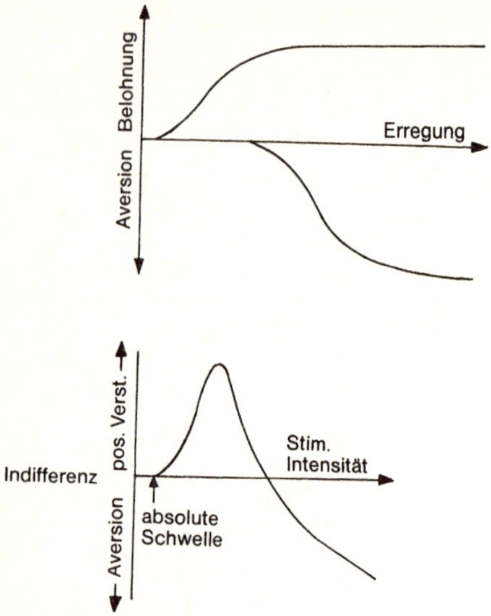

Abb. 7.2: Erregungsfunktion nach Wundt-Berlyne. Die Nettoerregung setzt sich aus zwei Prozessen zusammen: die Belohnung, die der Organismus durch Reizung erlebt, erfährt mit zunehmender Erregung keine weitere Steigerung. Bezüglich der Aversion ist dieser Prozeß verschoben und steigt weiterhin an. Das Nettoergebnis ist die darunter gezeichnete Funktion.

Weniger gut werden durch dieses einfache Aktivationsmodell stark erregte Zustände erklärt, die als euphorisch oder zumindest nicht ängstlich getönt erlebt werden: Z.B. ekstatische, sexuelle, aggressive Verhaltensweisen.
Die geschilderten Ansätze zur Theorie der Angst machen deutlich, daß mit kognitiven und autonomen Anteilen bei dem Entstehen und entsprechend auch bei der Verhinderung von Angst zu rechnen ist. Folgerichtig haben sich therapeutische Ansätze entwickelt, die auf die autonome Regulation (siehe unten) und solche, die auf die kognitive Regulation der Angst abzielen (siehe Kapitel 8).

Die mehrstufige Theorie des Vermeidungslernens

Das entscheidende Charakteristikum neurotischer Angst ist nicht ihr Auftreten allein, sondern die damit verbundenen Vermeidungs-

reaktionen. Zur Entstehung solcher Vermeidungsreaktionen ist von Mowrer (1939) und Miller (1948) die sogenannte Zweifaktorentheorie vorgelegt worden. Danach spielt beim Aufbau des Vermeidungsverhaltens sowohl die klassische Konditionierung wie auch die operante Konditionierung eine Rolle (vgl. Mowrer 1960).
Man hat den Vorgang des Vermeidungslernens im Tierexperiment genauer untersucht. Z.B. wurden Ratten in einem Käfigteil elektrisch geschockt, nachdem 10 sec. vorher ein Ton den Schock angekündigt hatte. Die Tiere lernten in wenigen Durchgängen nach Einschalten des Tones in den anderen Teil des Käfigs zu laufen, wo sie keine Schocks erhielten. Der Schock war hier der unkonditionierte Angststimulus (UCS), der Ton war der konditionierte Stimulus (CS) und der rettende Sprung in das andere Abteil war die konditionierte Vermeidungsreaktion (CR=RV). Dabei stellte sich heraus, daß die Ratten nicht aufhörten in das andere Abteil zu wechseln, auch wenn der Schock nicht mehr verabreicht wurde – sie wurden gezwungen, eine Zeitlang im vormaligen Schockabteil zu bleiben, flohen danach aber, obwohl sie keine negativen Erfahrungen gemacht hatten (Löschungsresistenz). Um diesen Lernvorgang zu erklären, postulieren Mowrer und Miller mehrere Lernphasen.

1. *Klassische Konditionierung:* Zunächst erfährt das Versuchstier den Schock (UCS) und den Ton (CS) gleichzeitig oder in kurzer Folge. Der UCS löst Angst aus, die auf diese Weise auf den CS (der Ton) konditioniert wird. In der Folge löst dann auch der Ton schon die Angst aus (CR).
2. *Operante Konditionierung* (Negative Verstärkung): Auf das Ereignis Ton/Schock (CS-UCS) sucht das Tier nach Bewältigungsstrategien. Es springt irgendwann in das andere Abteil (RV) und erfährt dort das Nachlassen des Schocks (¢-). Dieses Vermeidungsverhalten wird in der Folge vom CS auch ohne den UCS ausgelöst.

Soweit die Zweifaktorentheorie von Mowrer und Miller. Um die Ausbildung der autonomen Angstreaktion zu unterdrücken, haben Wynne und Solomon (1955) den Sympathikus, also den Träger der Hauptinnervation der physiologischen Angstreaktion, bei Hunden entweder operativ oder durch Drogen blockiert. Die Tiere lernten dann das Vermeidungsverhalten unter den üblichen Schockbedingungen und es zeigte sich, daß sie dazu länger brauchten, als Kontrolltiere, bei denen die Sympathikusreaktion erhalten war. Es sieht also so aus, als wenn die Angst als autonome physiologische Reaktion eine Hilfsfunktion hat bei der Ausbildung schneller Verhaltensmuster, die zur Vermeidung der externen Bedrohung dienen. Sie

scheint aber – so zeigt dieses Experiment – nicht unbedingt dafür erforderlich zu sein. Allerdings ist hier die Frage, ob die Autoren tatsächlich das gesamte vegetative Reaktionsmuster (kortikal und in der Peripherie) ausgeschaltet haben.
Riscorla und Solomon (1967) haben untersucht, ob nicht beim Vermeidungslernen lediglich alte Vermeidungsverhalten reaktiviert werden und welche Rolle die Angst spielt. Sie lähmten ihre Tiere motorisch mit Hilfe von Curare, um die Möglichkeit auszuschalten, daß Fluchtreaktionen in der Situation motorisch gelernt und an den konditionierten Stimulus (Ton) gekoppelt wurden. Nach Beendigung der Lähmung zeigten die Tiere sofort Vermeidungsverhalten. Daraus wurde geschlossen, daß es sich nicht um neues motorisches Lernen handeln kann, auf dem die Vermeidungsreaktion basiert, sondern daß der dazwischengeschaltete Angstzustand – der vom Curare nicht unterdrückt wird – das bindende Glied im Lernprozeß zu sein scheint. Es ist allerdings argumentiert worden, daß Curare nicht die efferenten Nervenimpulse, sondern die Umsetzung in Muskelbewegung verhindert, so daß der instrumentelle Lernvorgang sich auf dem Niveau der Innervation vollzogen haben kann.
Eine dritte Untersuchung beschäftigt sich mit der Frage, ob die negative Verstärkung, durch die die Vermeidungsreaktion gelernt wird, in der Verhinderung des Traumas (UCS) oder im Abschalten des Signals (CS) liegt. Kamin, Brimer und Black (1963) verglichen das Lernverhalten von Ratten, die in 4 Gruppen eingeteilt wurden:

Gruppe 1 Traditionelles Vermeidunglernen eines Schocks mit Ton als Schocksignal (CS).
Gruppe 2 hatte keine Möglichkeit zur Vermeidung, erhielt also lediglich eine klassische Konditionierung, Schock – Ton.
Gruppe 3 konnte durch Vermeidungsreaktion den Ton abstellen, nicht aber den Schock.
Gruppe 4 konnte den Schock abstellen, nicht aber den Ton.

In der nachfolgenden Lernphase führte die erste Gruppe die Vermeidungsreaktion erwartungsgemäß am schnellsten aus. Die zweite Gruppe lernte am langsamsten. Sie waren nach Seligman (1975) hilflos geworden. Die beiden anderen Gruppen (3) und (4) lagen dazwischen. D.h. sowohl die Beendigung des konditionierten (Ton) wie auch des unkonditionierten Stimulus (Schock) wirkten als negative Verstärkung und fördern den Lernvorgang. Andere Untersuchungen haben gezeigt, daß die Angst beim Vermeidungslernen vermutlich nach kurzer Zeit ganz verschwindet. Jedenfalls neh-

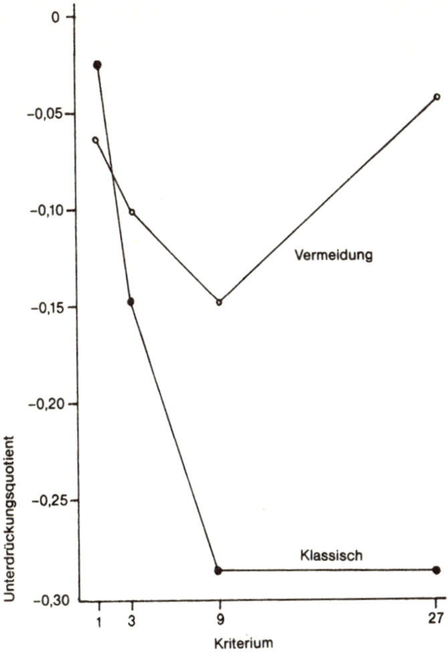

Abb. 7.3: Unterdrückung des Verhaltens durch klassisch und instrumentell konditionierte Angst (nach Butollo 1979).

men Freßreaktionen – die als inkompatibel mit Angst betrachtet werden – während des Vermeidungslernens allmählich wieder zu, bis sie nachher im selben Umfang wie im angstfreien Zustand auftreten (Abbildung 7.3). Durch den CS wird also nach einer Weile keine Angst mehr ausgelöst. Da die motorische Vermeidungsreaktion viel schneller ist als die autonome Angstreaktion kann negative Verstärkung dann keine Rolle mehr zur Aufrechterhaltung der Vermeidung spielen (Vermeidungs-Paradox).
Man hat eine weitere Phase des Lernprozesses postuliert, in dem positive Konsequenzen (Verstärkung) eine Rolle spielen. Und zwar wird das Abschalten des CS oder aber auch die Umgebung nach der Flucht als Sicherheitssignal (C+) interpretiert. Im gleichen Sinne könnte die Geborgenheit der eigenen vier Wände bei Agoraphobikern oder der schützende Partner beim Anblick von Spinnen und Schlangen eine solche Rolle spielen. Aus der Schnelligkeit der moto-

rischen Reaktion gegenüber der autonomen Angstreaktion und der positiven Verstärkung erklärt sich die große Löschungsresistenz des Vermeidungsverhaltens. Das Vermeidungsverhalten verhindert überhaupt die Ausbildung der Angstreaktion.. Diese kann daher auch nicht gelöscht werden. Sie bleibt als konservierter »Vermittler« der Vermeidungsreaktion erhalten. Beschleunigt wird die Löschung allerdings bei gleichzeitiger Darbietung positiver Ereignisse. Das wird dahingehend interpretiert, daß mit Angst inkompatible Reaktionen ihr Auftreten verhindern (Gale, Sturmfels und Gale 1966).

Der Erwerb der Phobien kann daher als dreistufiger Prozeß angesehen werden:

Dreistufiger Prozeß der kondiitionierten Angstreakrion

1. *Klassische Konditionierung:*
UCS – UCR (Angst)
CS + UCS – UCR (Angst)
CS – CR (Angst)

2. *Operante Konditionierung (¢–):*
CS + UCS – CR (Angst = C–)
– RV (Vermeidung) – ¢

3. *Operante Konditionierung (C+):*
CS – RV – C+ (Sicherheit)

Zur Entstehung von Ängsten und Zwängen

Dieses Modell des Vermeidungslernens, das im wesentlichen an Tierexperimenten überprüft wurde, ist auch als Erklärung zur Entstehung von Phobien beim Menschen herangezogen worden. Danach wird ein zunächst neutraler Stimulus in einer traumatischen Situation mit einem biologischen Auslöser von Angst im Sinne der klassischen Konditionierung verknüpft. In der Folge wird dann dieser zunächst neutrale Auslöser zum phobischen Stimulus, der die Vermeidungsreaktion ebenso auslöst, wie der unkonditionierte Reiz. Eine Übertragung auf den Humanbereich wurde zuerst von Watson und Raynor (1920) vorgenommen. Sie konditionierten bei dem kleinen Albert eine Angst vor Pelztieren, indem sie deren Erscheinen mit einem lauten, erschreckenden Ton verbanden. In der

Folge lief der kleine Albert vor Pelztieren davon. Dieses simple Modell der Übertragung des Vermeidungslernens auf den menschlichen Bereich ist allerdings einiger Kritik ausgesetzt. Zunächst gelang die Konditionierung bei anderen alltäglichen Gegenständen nicht (English 1929). Im Übrigen ist Watsons‹ Experiment niemals erfolgreich repliziert worden. Außerdem bleibt nach der Konditionierungstheorie unerklärlich, warum normalerweise Phobien bevorzugt vor bestimmten Objekten auftreten wie Schlangen, Höhen, spitzen Gegenständen, engen Räumen, großen Plätzen, großen Menschenmengen, Dunkelheit usw. Nach der Zweistufentheorie des Vermeidungslernens müßten beliebige neutrale Reize angstauslösenden Charakter erwerben können. Man hat aber bisher keine Phobien vor Steckdosen und unverhältnismäßig wenige vor Autos gefunden, obwohl diese nicht selten mit äußerst gefährlichen Ereignissen gekoppelt werden (elektrischer Schlag, Beinahe-Unfall). Seligmann (1975) hat daher spekuliert, daß bestimmte Reize zu phobischen Reaktionen prädestiniert sind, weil dazu phylogenetisch sinnvolle Anlagen bestehen. Dies betrifft z. B. Schlangen, Höhen, spitze Gegenstände, Insekten usw. Bei den phylogenetisch jüngeren Bedrohungen des Menschen wie Auto oder elektrische Leitungen, ist diese Anlage (preparedness) nicht vorhanden. Es gibt zwar ausgeprägte Flugphobien, die aber als Höhenangst interpretierbar sind. Derartige Überlegungen legen nahe, daß die meisten phobischen Objekte in geringem Ausmaß durchaus sinnvolle Angstreaktionen erzeugen, die genetisch determiniert sind. Diese Angstreaktionen wurden jedoch irgendwann in unrealistischer Weise überhöht erlebt und nahmen daher irrationale Ausmaße an. Das unterstreicht den kognitiven Anteil an der Angstentwicklung. Der tatsächliche Anstieg der Herzrate bei Panikattacken (mit Todesbefürchtungen) war selten größer als 12 Schläge. Auch spontane Hyperventilation, die zu ähnlichen körperlichen Symptomen führt wie ein Angstanfall, scheidet als Ursache aus, da sie relativ selten bei diesem Störungsbild auftritt (Margraf & Schneider 1994). Die kognitive Komponente, die durch fatale Interpretation beginnender körperlicher Symptome zu positiver Rückkopplung und damit zur Eskalation der Angst führt, kann also mit Frankl (1978) im wesentlichen als die Erwartung der Angst selbst gekennzeichnet werden, also Angst vor der Angst (»wenn ich diesen Raum verlasse, dann überfällt mich Angst«, und davor habe ich Angst)

Während bei Phobien die Vermeidung der Angstauslöser meist passiv vor sich geht (der Klient geht nicht von zu Hause weg, geht nicht über Brücken), können Zwangshandlungen als aktive Vermeidung angstauslösender Situationen interpretiert werden. Die dabei ausgeführten Handlungen (wiederholtes Kontrollieren, Hände waschen, Aufräumen, Zählen) wirken oft rituell und verhindern auf unklare Weise die starke Angst-Entwicklung (z.T. wird durch Zwangshandlungen Unsicherheit reduziert, wie bei den Kontrollzwängen). Kalinke (1979) erklärt das Überwiegen von Wasch- und Kontrollzwängen mit elterlichem Modellverhalten der übertriebenen Disziplin und Leistungsanforderung (Kontrolle) und Reinlichkeit (Wasch-/Putzzwang). Viele Autoren sehen Zwänge und Phobien einheitlich als Angstvermeidungshandlungen an, die mit ähnlichen therapeutischen Methoden angegangen werden: Nämlich der Konfrontation mit dem angstauslösenden Stimulus (Marks 1978, Butollo 1979, siehe auch Hoffmann 1994). Andererseits sind Zwänge nach Frankl (1978) häufig nicht die Angst vor der Angst (s.o.) sondern die vor der eigenen Person, die entweder sich selbst oder anderen etwas antut und durch die Zwangshandlungen sich selbst zu disziplinieren sucht.

7.3 Systematische Desensibilisierung

Zur Methode

Da Ängste, insbesondere neurotische Ängste im täglichen Leben sehr hinderlich sein können, hat man sich um Verfahren bemüht, den Abbau solcher Ängste zu beschleunigen. Der Hinweis darauf, wie man das machen kann, stammt aus dem Jahre 1924. Damals hat Jones bei Kindern die Angst vor Tieren dadurch gelöscht, daß sie zur gleichen Zeit mit der Darbietung der phobischen Objekte das Kind zum Essen anhielt. Wolpe (1958) hat die Prozedur dieser Art der Löschung von phobischen Reaktionweisen systematisch zu einer klinischen Interventionsstrategie ausgebaut. Dabei wird außer dem Prinzip der inkompatiblen Reaktion als zweites Prinzip die graduelle Annäherung verwendet. D.h. er geht die Annahme ein, daß die langsame Steigerung des Angstreizes eine Löschung erleichtert. Andere Formen der Angstbehandlung, die später diskutiert werden, gehen vom Gegenteil aus (Reizüberflutung). Im einzelnen erfolgt die systematische Desensibilisierung in vier Schritten:

Systematische Desensibilisierung
Komponenten

(1) Aufbau der Angsthierarchie.
(2) Aufbau des angst-inkompatiblen Verhaltens, in der Regel Entspannung.
(3) Sukzessive Löschung der Angsthierarchie (in der Vorstellung) unter gleichzeitiger Entspannung.
(4) Anwendung auf die Realität.

Diese Art der Angstlöschung kann nicht nur auf neurotische, d. h. inadäquate Ängste, sondern auch auf reale und sinnvolle Ängste angewendet werden (z. B. Flugangst). In vielen Fällen stellt die Desensibilisierung einen Teil eines größeren Therapieprogramms dar, in dem es um Rehabilitation oder Steigerung der sozialen Effektivität insgesamt geht.

Die Durchführung der Therapie

Vor dem Aufbau der Angsthierarchie erfolgt eine Verhaltensanalyse des Klienten, wie sie im Vorangehenden erläutert wurde.
Bestehen mehrere Ängste, so versucht man Einzelangstbereiche abzugrenzen und getrennt zu behandeln. Innerhalb eines phobischen Bereichs geht man etwa folgendermaßen vor:

Angsthierarchie

Es werden zunächst mit dem Klienten alle Einzelsituationen gesammelt, in denen er Angst erfahren hat. Dabei wird man auf die Schwierigkeit stoßen, daß eine Reihe von Situationen lange nicht durchlebt wurde, weil sie phobisch vermieden wurden. Hier wird der Therapeut durch Ergänzung entsprechende Lücken füllen.
Man kann zwar nicht grundsätzlich davon ausgehen, daß sich immer logisch einfache Dimensionen der Reizstärke finden, wie z. B. die Distanz zum phobischen Objekt (Schlange), die Höhe (Akrophobie), die Enge und Geschlossenheit der Räume (Klaustrophobie), die Entfernung von der Wohnung (Agoraphobie), die Größe des zuhörenden Publikums (Sprechangst). In vielen Fällen kann man eine solche Dimension jedoch finden, wie die Beispiele zeigen. Das erleichtert die Abstufung der phobischen Reize. Vielfach ist

auch die zeitliche Dimension verwendbar, wie etwa die Nähe von Prüfungsterminen.
Man läßt die Angstreize gewöhnlich auf einer Punkteskala von 0–100 subjektiv skalieren. Wobei 0 die sog. Eichsituation (Ruhe-Item) darstellt, eine vorgestellte Situation in der keinerlei Angst empfunden wird. Dem stärksten phobischen Reiz in der Sammlung wird der Wert 100 zugewiesen. Dazwischen werden die übrigen Reize angeordnet, ihr Abstand soll nicht mehr als 15 Punkte betragen. Ergeben sich Lücken, so kann, wie oben angedeutet, der Therapeut sie durch »Interpolation« schließen. Nachfolgend das Beispiel einer Angsthierarchie von einem später zu beschreibenden Fall (Todesphobie).

Beispiel einer Angsthierarchie

	»Angst vor dem Tod« (Angstskala)
100	Vater im Sarg, Klient B., 7 Jahre alt
95	B. fällt auf den Kopf, Knacken im Hals, 9 Jahre alt
90	Arzt sagt: Blutdruck bedrohlich
80	auf der Beerdigung des Freundes, schaut in den Sarg
75	Besuch im Krankenhaus, seine Frau (Krankenschwester) sagt: »Einen Augenblick, Klient X ist gerade gestorben, ich warte auf den Leichenbeschauer«
70	Verkehrsunfall, er gibt Erste Hilfe bei einem gebrochenen Arm
65	Arzt sagt: »Ihre Frau hat eine schwere Halsentzündung«
55	sein Freund, der Leichenbestatter, erklärt ihm, wie er Leichen einbalsamiert
40	im Krankenhaus sehen sie zufällig einen Schwerverletzten mit Bandagen, Tropf usw.
30	im Radio: XY ist erschossen worden
20	der Arzt sagt zum Freund: »Sie haben einen Hautkrebs, der in 99% der Fälle harmlos ist«
15	B. sitzt zu Hause und hört die Sirene eines Unfallwagens
10	Todesanzeige in der Zeitung (45 Jahre, Herzinfarkt)
5	in der Zeitung steht, Grandma Moses ist gestorben (102 Jahre alt)
0	Ruhe-Item: beim Fischen im Boot, auf dem Stausee.

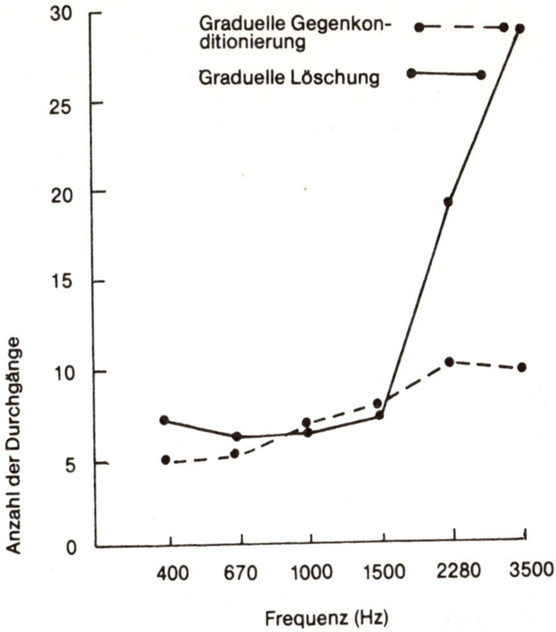

Abb. 7.4: Der unterschiedliche Effekt von Löschung und Gegenkonditionierung bei gradueller Annäherung an den phobischen Reiz: Ton der Frequenz 3500 Hz (nach Poppen 1968).

Aufbau des inkompatiblen Verhaltens

Als Verhalten, das mit der Angstreaktion unvereinbar ist, sind verschiedene Möglichkeiten diskutiert worden (z. B. Essen, vgl. Jones 1924). Poppen (1968) hat bei Tieren die graduelle Extinktion mit einer derartigen Gegenkonditionierung durch Futtergabe verglichen (Abbildung 7.4).

Die Hierarchiedimension war hier die Frequenz eines angstauslösenden Tons. Ursprünglich wurde bei 3500 Hertz (CS) ein elektrischer Schock verabreicht. Töne von 400 bis 1500 Hertz wurden mit beiden Methoden gleichschnell in ihrer Tendenz gelöscht, Vermeidungsverhalten auszulösen. In der Nähe des kritischen Tones jedoch dauerte bei abgestufter Extinktion die Löschung sehr viel länger als bei abgestufter Extinktion und gleichzeitiger Gabe von Futter (Gegenkonditionierung).

Beim Menschen verzichtet man meistens auf das Essen als inkompatible Reaktion, da dies zu neuen Problemen führen würde, und verwendet statt dessen die Entspannung. Sie kann durch Hypnose, autogenes Training oder muskuläre Entspannung (progressive Relaxation) herbeigeführt werden (siehe Band 3). In der Praxis erfordert beispielsweise die progressive Relaxation zunächst 5–10 Sitzungen zur Einübung, bevor man mit der Desensibilisierung beginnen kann. In dieser Zeit kann auch die inhaltliche Klärung der Angsthierarchie und die Verhaltensanalyse vorgenommen werden. Bei Kindern hat sich auch das unmittelbar vorangehende Lesen von Comic-Büchern als brauchbar erwiesen.

Die eigentliche *Desensibilisierung* wiederholt sich in aufeinander folgenden Sitzungen. Dabei werden die Angstreize in der klassischen Prozedur in der Phantasie vorgestellt (in sensu).

Systematische Desensibilisierung:
Ablauf

1. Der Klient entspannt sich (nach der gelernten Methode).
2. Im entspannten Zustand erhält er die Anweisung, sich die neutrale Situation (Skalenwert O) vorzustellen.
3. Danach wird auf Anweisung des Therapeuten mit dem niedrigsten Item der Angsthierarchie in der Vorstellung begonnen.
4. Spürt der Klient bei dieser Vorstellung Angst, so hebt er den Finger.
5. Der Therapeut gibt dann die Anweisung, die Vorstellung abzubrechen und sich wieder zu entspannen.
6. Man geht zurück zum vorangehenden Item, das das letztemal angstfrei erlebt wurde.
7. Nach Ausbleiben der Angstreaktion wird dieselbe Vorstellung zwei- bis dreimal wiederholt.
8. Dann geht man zum nächsten Item der Angsthierarchie weiter.
9. Am Ende jeder Sitzung wird das Ruhe-Item wiederholt.

Die Angst-Items werden im allgemeinen zwei- bis viermal, gelegentlich auch bis 15 mal wiederholt. In folgenden Sitzungen geht man vorsichtshalber auf das letzte angstfrei erlebte Item zurück. Auf

diese Weise wird die ganze Hierarchie in mehreren Sitzungen abgearbeitet. Normalerweise finden die Therapiesitzungen ein- bis zweimal in der Woche statt. Bei einfachen Phobien werden im allgemeinen 15 Sitzungen nötig, bei komplexeren Fällen bis zu 55 Sitzungen (Wolpe 1972). Es ist zweckmäßig, das Entspannungstraining am Anfang jeder Sitzung zu wiederholen, um sich zu vergewissern, daß die Entspannungsreaktion noch vorliegt. Während der Behandlung kann es eintreten, daß die Angsthierarchie geändert werden muß, da entweder die Schritte zwischen bestimmten Items zu groß waren oder aber sich eine andere Dimension der Angsthierarchie als günstig erweist. Immer wieder ist es auch wichtig, den Klienten zu explorieren, wie weit ihm die Visualisierung der phobischen Situation gelingt. Die Situation soll nicht wie im Kino unbeteiligt vor dem Klienten abrollen, sondern möglichst intensiv durchlebt werden. Diese Erlebnisnähe nimmt häufig mit der Stärke der angstauslösenden Reize ab (Vermeidung). Man muß den Klienten darauf hinweisen, daß er die Angst spüren soll, bevor er sie abbricht.
Zur Illustration der Vorgehensweise wird hier eine Fallgeschichte referiert

Fall B (nach Brown 1972):

»Es handelt sich um einen 32 Jahre alten LKW-Fahrer, verheiratet, 8 Kinder. Vor vier Jahren hatte er sich sterilisieren lassen. Zu Beginn der Therapie war er arbeitslos. Seiner Erscheinung nach war er selbstbewußt, warmherzig im Umgang mit anderen, im Körperbau untersetzt und korpulent. Er hatte drei hauptsächliche Schwierigkeiten:

- Angst vor dem Tode
- Angst, seine Mobilität zu verlieren (Auto)
- sexuelle Schwierigkeiten

Als B. sieben Jahre alt war, starb sein Vater im Alter von 29 Jahren an einer Herzembolie. Dies war für ihn der Beginn der Todesangst. Später, mit neun Jahren, fiel er einmal während des Spielens auf den Kopf und hörte seine Halswirbel knacken – er meinte, er habe sich das Genick gebrochen und müsse sterben. Er geriet in große Panik und fürchtete seither, in Panik zu geraten, weil er dabei vom Tode bedroht sei. Akut hinderlich waren seine Ängste geworden, als er eines Tages mit seinem Lastwagen mit Anhänger langsam eine Steigung hinauffuhr und ihm dabei einfiel, er könne einen Anfall haben und sterben, bevor er die Stadt erreichen und einen Arzt aufsuchen konnte. Danach gab er das Lastwagenfahren auf, zog sich ins Haus zurück, verlebte seine Ersparnisse und lebte dann von der Wohlfahrt. Er konnte nur noch kurze Ausflüge in Begleitung seiner Frau (Krankenschwester) machen. Er war stark agoraphobisch und klaustrophobisch. Er hatte Angst vor dem

Verlassen des Hauses und vor jeder Reise, aber auch Angst vor jeder körperlichen Anstrengung, die ihn zu heftigem Atmen brachte, da er dann einen Herzanfall vermutete. Seine Angst trug typische Zeichen einer Erwartungsangst: sie war in der Vorstellung größer, als wenn er dann tatsächlich etwas Angstauslösendes unternahm (z. B. eine Autofahrt). Die Behandlung zog sich wegen der großen Entfernung 30 Stunden über zwei Jahre hin.
Der Therapeut beginnt zunächst mit einem Entspannungstraining währenddessen er die Aufstellung zweier Hierarchien beginnt:
- über die Todesphobie (siehe S. 100)
- und über den Verlust der Mobilität.

Die beiden Hierarchien werden gleichzeitig bearbeitet. Der Klient wird aufgefordert, nach jeder Desensibilisierung eines Items die Beherrschung in der Realität zu überprüfen. Er entspannt sich jetzt jeden Abend und schläft besser als früher. Er läßt sich nicht nur von seiner Frau zu den Therapiesitzungen (80 km) fahren, sondern kann seinen Sohn einmal ins Krankenhaus bringen und fährt einmal mit Freunden an die See. Dabei erlebt er, wie jemand beim Wellenreiten ums Leben kommt, ohne daß dies einen größeren Rückschlag bei ihm herbeiführt. Nach elf Sitzungen ist die Todeshierarchie abgeschlossen und zehn der 14 Mobilitätsitems sind bearbeitet worden. Der Klient erhält vom Therapeuten ein kleines Taschen-Schockgerät mit der Anweisung, sich einen Schlag zu versetzen, falls er in einer Krisensituation in Panik gerät. Er brauchte das Gerät nur zweimal zu benutzen, führte es aber bis lange nach der Therapie bei sich. Dieser hypothetische Aversionsmechanismus scheint eine wirksame Maßnahme gegen die Erwartungsangst zu sein. Inzwischen kann er im Auto mitfahren. In seinem eigenen Auto hat er drei Reifenpannen gehabt und einmal ist ihm das Benzin ausgegangen, ohne daß er in diesen Situationen in Panik geraten ist.
Zusätzlich zur Desensibilisierung der Todesfurcht stellt der Klient sein Rauchen ein (60 Zigaretten täglich) und beginnt eine Diätkur, in der er 30 Pfund abnimmt (von 200 auf 170 Pfund). Von seinem Auto kann er sich jetzt entfernen. Er kann auch Reparaturen an seinem Auto vornehmen (Zündkerzen wechseln), obwohl dadurch das Auto vorübergehend funktionsuntüchtig wird und er Mobilitätsverlust erleidet.
In der 13. Sitzung kommen die sexuellen Schwierigkeiten der Ehepartner zur Sprache. Die unbefriedigenden sexuellen Kontakte werden durch ein Kommunikationsprogramm und Aufklärung über den weiblichen Orgasmus weitgehend behoben. Die ejaculatio praecox (vorzeitiger Samenerguß) des Klienten wird mit der Squeeze-Methode (manueller Druck auf den Samenleiter zur Verzögerung der Ejakulation) erfolgreich behandelt. Für einige Sitzungen wird das Paar gemeinsam behandelt. Nach der 19. Sitzung wird ein Bewegungsprogramm eingeführt, das aber nur kurzfristig eingehalten wird. Für Entspannung im Alltag wird die Ruhe/Entspannungs-Methode geübt (zehn Minuten lang bei jedem Ausatmen des Mantra-Wort »Ruhe-Beherrschung«). Nach der 24. Sitzung wird eine 1000-km-Reise wegen eines Todesfalls nötig, die vom Klienten gut überstanden wird sogar mit

drei Reifenpannen, die er selbst behebt. Die Beerdigung selbst erlebt er als traurig aber nicht ängstigend. Auf der Reise trank er nur ein einziges Glas Bier und genoß die Fahrt und die Landschaft. Trinken war für ihn ebenfalls ein Problem gewesen- er war zeitweilig Gastwirt. Nach der 18. Sitzung hat B. ein neues Geschäft eröffnet, das sehr gut florierte. Nach der 29. Sitzung unternahm er eine längere Geschäftsreise, die allerdings einen schlechten Verlauf nahm, da die Angst des Mobilitätsverlustes wieder sehr groß wurde. Es wurde mit der Desensibilisierung von vorne angefangen, bis die Behandlung zum Abschluß kam.
Am Ende sieht sein Zustand folgendermaßen aus: die sexuellen Beziehungen sind für beide befriedigend. Sie erlebt häufig einen Orgasmus, und er hat keine ejaculatio praecox mehr. Die Angst vor dem Tode scheint weitgehend behoben. Die Angst vor dem Mobilitätsverlust weniger gut. Er kann sich zwar im Umkreis von etwa 80 km von zu Hause frei bewegen, muß aber immer ein Auto in Reichweite haben. Das Familienleben ist insgesamt zufriedenstellend, das Geschäft ist gut, in Großstädte fährt er nach wie vor ungern.

Effektivität

Affektive Reaktionen und Angst insbesondere sind komplexe Verhaltensmuster, die sich auf mehreren Ebenen äußern: motorisch, physiologisch-emotional, verbal-kognitiv. Wie schon erwähnt sind diese verschiedenen Äußerungsformen nicht vollkommen korreliert. Es ist daher von Bedeutung, die Angst auf mehreren Kanälen zu erheben. Der endgültige Erfolg einer Desensibilisierung wird durch die In-vivo-Konfrontation mit der phobischen Situation deutlich. Als subjektive Angstmasse gelten einmal Fragebogenwerte (z. B. Fear Survey Schedule, siehe Anhang), Skalenwerte anhand von subjektiven Selbst- und Therapeuten-Einschätzungen (Angstthermometer) und Interviewdaten.
Auf der physiologisch-emotionalen Ebene lassen sich bio-elektrische Signale an verschiedenen Körperorganen erheben (EEG, EKG, EMG, PGR), wie auch Atemfrequenz, Pulsrate, Blutdruck u. a. Dazu kommen biochemische Befunde (Hormonausschüttung). Die deutlichsten Effekte fand man bisher mit der Messung des Hautwiderstandes (PGR) und der Pulsrate aber auch mit der Atemfrequenz und der Muskelspannung (EMG). Diese physiologischen Maße können sowohl im Vorstellungstraining wie auch in der In-vivo-Situation erhoben werden.
Auf der motorischen Ebene gelten Beobachtungsdaten. Die Testperson wird der phobischen Situation in vivo ausgesetzt, und es wird überprüft, wie weit sie sich dem phobischen Stimulus nähert

(Ersteigen einer Leiter, Annäherung an phobisch besetzte Objekte, z. B. Tiere). Dieser »Vermeidungstest« kann auch so ausgeführt werden, daß das Objekt auf die Person zu bewegt wird. Dabei spielt die Ausdrucksbeobachtung, die sich auf die Gestik und Mimik in der Angstsituation bezieht, eine Rolle. Zu beachten ist jedoch, daß diese scheinbar so »harten« Daten (Abstand vom phobischen Objekt in cm), die fast dem Ideal der physikalischen Messung entsprechen, hochgradig reaktiv sind und aus Gründen der sozialen Erwünschtheit in Anwesenheit des Therapeuten eine Tendenz zur Simulation aufweisen.
Neben der Symptomverbesserung werden bei der Beurteilung des Therapieerfolges allgemeine Kriterien der Lebensbewältigung verwendet, die von Knight (1941) zusammengestellt wurden:

- Erhöhte Produktivität.
- Verbesserte Sexual- und Lebensanpassung.
- Verbesserte interpersonelle Beziehungen.
- Die Fähigkeit, Streß-Situationen durchzustehen.

Die ältesten Berichte über den Therapieerfolg mit Hilfe der systematischen Desensibilisierung gehen auf Wolpe (1958) und Lazarus (1966) zurück. Hier handelt es sich um die Durchsicht behandelter Fälle ohne Kontrollgruppenvergleich. Paul (1969) hat diese Daten systematisch zusammengestellt. In den meisten Fällen wurde lediglich die Symptomverbesserung beachtet. Insgesamt konnten 210 Fälle identifiziert werden, von denen 86% als völlig geheilt oder sehr verbessert eingeschätzt wurden. Eine weitere Zusammenstellung von Fallberichten stammt von Hain et al. (1966). 21 von 27 untersuchten Fällen (78%) galten als erheblich gebessert, und zwar nicht nur im Symptom, sondern auch in der allgemeinen psychosozialen Anpassung. Diese frühen Erfolgsberichte sind von eingeschränkter Gültigkeit. Einmal können Placebowirkugen und Spontanremission nicht ausgeschlossen werden, zum zweiten liegen wenig Anhaltspunkte darüber vor, um welche Population es sich bei den behandelten Klienten handelt. Es ist auch nicht sicher, ob die Therapietechnik in allen Fällen vergleichbar war. Dazu kommt, daß die Erfolgsbeurteilung bezüglich der Reliabilität und Validität fragwürdig ist. In den meisten Fällen wurde die Besserung nicht durch unabhängige Beurteiler, sondern durch den behandelnden Therapeuten beurteilt.

Kontrollgruppenuntersuchungen wurden erstmalig von Marks (1969) und Mitarbeitern durchgeführt, dabei handelt es sich allerdings um nachträgliche Vergleiche, in denen aus Krankenblättern Experimental- und Kontrollgruppen zusammengestellt wurden. Das erste systematische Experiment stammt von Lang, in dem neben der Desensibilisierung andere Behandlungsgruppen betrachtet wurden. In der endgültigen Fassung des Experiments (Lang, Lazowik und Reynolds 1965) gab es neben der Desensibilisierungsbedingung eine Kontrollbedingung mit einer Pseudotherapie (Vorstellung angenehmer Inhalte und Diskussion neutraler Ereignisse aus dem Leben des Klienten). Daneben gab es eine unbehandelte Kontrollgruppe, mit der lediglich die Erhebungen durchgeführt wurden. Bei Abschluß der Therapie unterschied sich die Desensibilisierungsgruppe signifikant von den beiden Kontrollbedingungen. Es handelte sich bei den Klienten um Schlangenphobiker (Studenten: Analogstudie). Eine Symptomverschiebung, wie sie aufgrund der psychodynamischen Interpretation des phobischen Symptoms (sexuelle Bedeutung der Schlange) zu vermuten wäre, trat nicht ein, vielmehr eine Tendenz zur Generalisierung des Angstabbaus (nach dem FSS-Gesamtwert).
Eine sehr sorgfältige Untersuchung stammt von Paul (1966) in der Redeangst therapiert wurde. Die Sensibilisierung wurde mit einer fair durchgeführten traditionellen, psychodynamisch orientierten Kurztherapie und einer Pseudotherapie à la Lang (s.o.) verglichen. Dabei zeigte sich, daß die Desensibilisierung wie auch die psychodynamische Kurztherapie erfolgreich waren (und zwar sowohl in physiologischen Maßen wie in Verhaltensbeobachtungen und Selbstbeurteilungen). Die Desensibilisierung erwies sich dabei allen anderen Gruppen als überlegen (Abbildung 7.5).
In vielen Untersuchungen wurde festgestellt, daß der Therapieerfolg sich auf den einzelnen Manifestationsebenen unterschiedlich schnell abzeichnet. Beispielsweise stellten Tunner et al. (1975) fest, daß zunächst die Änderungen sich in subjektiv verbalen Aspekten niederschlagen, dann in der motorischen Reaktion beim Vermeidungstest und schließlich erst in den autonomen Reaktionen, die in den elektrobiologischen Signalen abgelesen werden. Die Abbildung 7.6 zeigt den unterschiedlichen Verlauf von Angst in Herzrate, Verhaltensbeobachtung sowie mit einem Fragebogen gemessen über die vier Therapiesitzungen und den Nachtest. Dabei handelte es sich um die Desensibilisierung von Sozialängsten (Tunner 1975).
Insgesamt ist die Wirksamkeit der Desensibilisierung, insbeson-

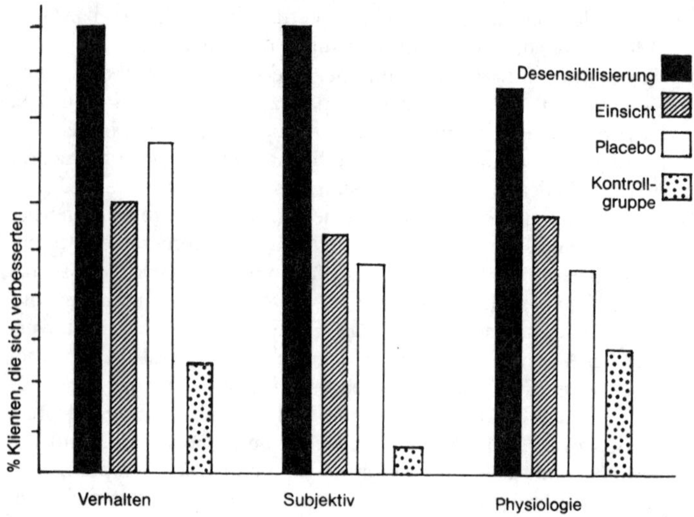

Abb. 7.5: Veränderungen bei verschiedenen Therapieformen auf den drei Ebenen des Verhaltens, der subjektiven Empfindung und der Physiologie (Phobien). Nach Paul (1965).

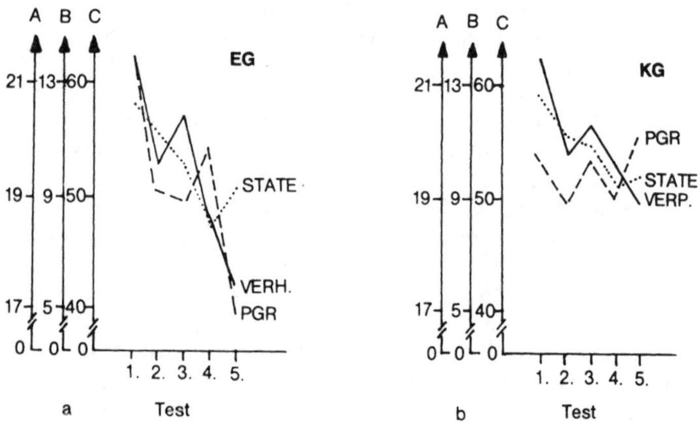

Abb. 7.6: Unterschiedliche Entwicklung der Veränderungen in den drei Ebenen des Verhaltens, der subjektiven Befindlichkeit (State-Fragebogen) und der Physiologie (PGR) in der Experimentalgruppe (EG) und der Kontrollgruppe (KG) (nach Florin und Tunner 1975).

dere im Bereich der Tierphobien, experimentell sichergestellt. Daß hierbei die Beziehung zum Therapeuten keine wesentliche Rolle spielt, zeigen Untersuchungen einer automatisierten Durchführung der Desensibilisierung mit Hilfe von Tonbändern (Melamed und Lang 1967). Es konnten dieselben Therapieerfolge auch ohne Anwesenheit des Therapeuten erreicht werden. Interessanterweise konnten Untersuchungen mit Examensphobikern zwar verbal subjektive Verbesserungen, aber kaum Verbesserungen in den Prüfungsleistungen feststellen (Nomond und Sherman 1971). Dagegen konnte Redeangst erfolgreich auf der subjektiv verbalen wie auch der motorischen physiologischen Ebene mit Hilfe der systematischen Desensibilisierung behoben werden (Tunner et al. 1975). Marks und Gelder (1978) verwendeten das Verfahren auch bei 20 schwer argoraphobischen Klienten, die schon bis zu sieben Jahren unter ihrem Symptom litten. Hier fanden sich in der Experimentalbedingung sieben von zehn Klienten mit einer deutlichen Symptomverbesserung. Allerdings war in der Kontrollgruppe, die eine »re-edukative« Therapie durchmachte, dieselbe Erfolgsquote zu verzeichnen.

Paul (1969) hat zusammengefaßt, daß allein bis 1967 fast 1000 Klienten von etwa 100 Therapeuten mit überwiegend positivem Effekt durch systematische Desensibilisierung behandelt wurden. Bei 20 von diesen Berichten handelte es sich um kontrollierte Experimente. Der Rest sind Fallberichte. Inzwischen ist die Zahl der Studien zur Sytematischen Desensibilierung erheblich gestiegen und bis 1984 zählen Grawe, Donati & Bernauer (1994) 56 Studien mit 2000 Klienten. Die Effizienz der systematischen Desensibilisierung kann nach der Vielzahl der vorliegenden Untersuchungen daher als erwiesen gelten. Marks (1978) fand in all seinen behandelten Fällen nur 3% Verschlechterungen, in denen die Klienten durch die Konfrontation mit den angstauslösenden Stimuli sensitiviert wurden.

In der Hauptsache wurden bisher Ängste und Phobien und dann sexuelle Störungen mit der systematischen Desensibilisierung behandelt, wo auch regelmäßig Erfolge zu verzeichnen sind – im Gegensatz zu Störungen wie Depression, Migräne oder andere psychosomatische Störungen, wo die Ergebnisse nicht so einheitlich sind. Das Verfahren wird im allgemeinen ambulant angewand und dauert selten länger als 20 Sitzungen. Die Wirkung ist allerdings eher auf die zentrale Symptomatik beschränkt. Wie aus Tabelle 7.1. außerdem hervorgeht, schneidet die Reizüberflutung durchgängig besser ab als die Desensibiliserung (s.u.).

Kritik

Die theoretische Grundlage der systematischen Desensibilisierung, so wie sie von Wolpe (1958) entwickelt wurde, bilden zwei Prinzipien: die reziproke Hemmung und die graduelle Annäherung an den phobischen Stimulus.
Die Erklärung, warum die Darbietung des Angst evozierenden Stimulus (Marks) das Vermeidungsverhalten reduziert, ist in mehreren lerntheoretischen Hypothesen gesucht worden.

H1: *Konditionierte Hemmung:* Durch wiederholte ansatzweise Durchführung des Vermeidungsverhaltens im systematischen Training wird die hierbei auftretende Ermüdung an den auslösenden (phobischen) Stimulus gekoppelt und wirkt auf die Dauer als Hemmung der Vermeidungsreaktion.
H2: *Gegenkonditionierung* einer inkompatible Reaktion: Ausgehend von der antagonistischen Wirkung der sympathischen und parasympathischen Innervation könnte die Wirkung der Entspannung oder des Essens, assertiver Verhaltensweisen usw. das Entstehen von Angstreaktionen *unterdrücken,* sofern diese schwach genug sind.
H3: *Extinktion:* Die Darbietung des angstauslösenden Stimulus mit der wiederholten Erfahrung, daß die befürchtete Situation *nicht eintritt,* führt zur Löschung der Vermeidungsreaktion.
H4: *Habituation:* Die wiederholte und systematische Darbietung des angstauslösenden Stimulus führt zu einer *verminderten vegetativen Reaktion* des Organismus, die aber nach längerer Pause in alter Form wieder auftreten müßte.

Es sind zur Klärung dieser und anderer Hypothesen eine Reihe von Variablen in der systematischen Desensibilisierung als Behandlungsmethode untersucht worden, von denen hier nur die praktisch bedeutsamen Ergebnisse berichtet werden sollen.
Ist die *Entspannung* eine notwendige Voraussetzung für die Wirksamkeit der Desensibilisierung? Viele Untersuchungen haben gezeigt, daß die Darbietung von Hierarchien ohne Desensibilisierung und die systematische Desensibilisierung in der klassischen Form besser abschneiden als eine Pseudotherapie und eine Psychotherapiegruppe.
Marks fand insgesamt in 17 von 20 Untersuchungen keinen zusätzlichen Effekt durch die Entspannung. Eine ältere Untersuchung von Schubot zeigt allerdings, daß die Desensibilisierung bei schweren Phobien einen deutlich besseren Effekt als die reine Vorstellung der phobischen Situationen hat. Bei leichten Phobien war kein Unterschied festzustellen.

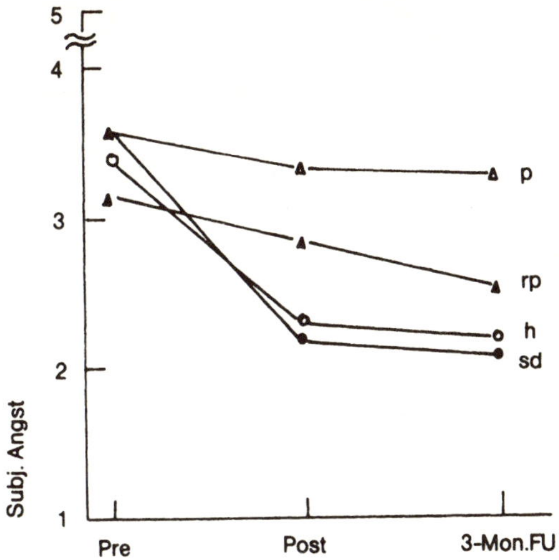

Abb. 7.7: Der Therapieeffekt von Abarbeitung einer Hierarchie ohne Entspannung (H), mit Entspannung (SD), verglichen mit zwei Kontrollgruppen (P und RP) (nach Marks 1978).

Ist die zweite Annahme von Wolpe richtig, daß die Angstsituationen in aufsteigender Schwierigkeit als Hierarchie dargeboten werden müssen? Krapfl (1967) wies nach, daß die umgekehrte Abfolge in der Darbietung der Angstsituationen ebenfalls zu einer Verbesserung des Annäherungsverhaltens an den phobischen Stimulus führt. Auch die randomisierte Anordnung der Angstsituationen schneidet nicht sehr viel schlechter ab. Die Untersuchung zeigt außerdem, daß die systematische Desensibilisierung vom Therapeuten durchgeführt nicht wirksamer ist als wenn sie vom Tonband erfolgt.

Schon genannt wurden Kritikpunkte (Kapitel 6), die an die experimentelle Forschung in der Verhaltenstherapie anknüpfen und auch die Untersuchungen zur systematischen Desensibilisierung treffen. Dabei handelt es sich einmal um den Einwand, daß in vielen Untersuchungen Studenten mit belanglosen Schlangenphobien untersucht wurden, um die Wirksamkeit der Methode in bestimmten Aspekten zu überprüfen. Da dies nicht die einzige Datenquelle zur Stützung der Wirksamkeit von systematischer Desensibilisierung ist, sondern inzwischen viele Berichte von stark betroffenen Klien-

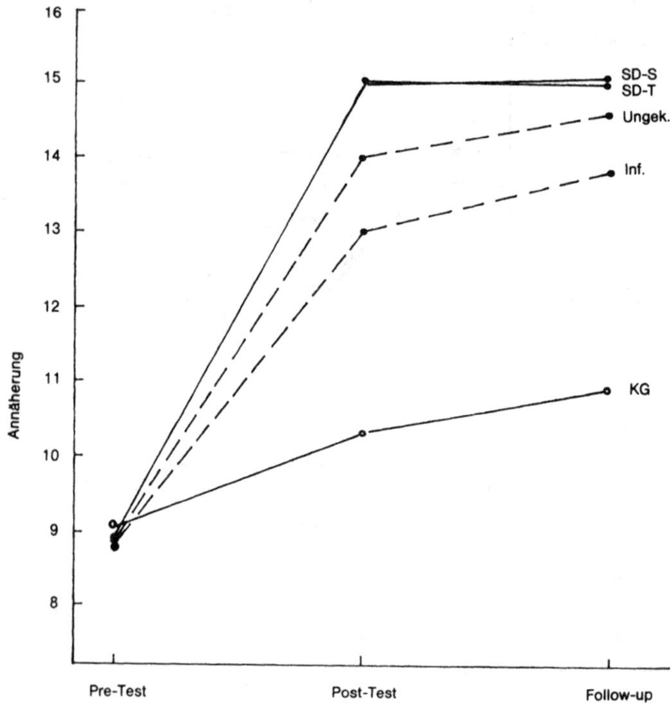

Abb. 7.8: Der Therapieeffekt von systematischer Desensibilisierung durch Therapeuten (SD-S) und Tonband (SD-T), verglichen mit der Abarbeitung in umgekehrter Reihenfolge (UMGEK) und Zufallsreihenfolge (INF) sowie einer Kontrollgruppe (KG) bei Schlangenphobikern (nach Bandura 1969).

ten vorliegen, die erfolgreich behandelt wurden (s.o.), ist dieser Einwand nicht von großer Bedeutung. Ebenso ist bemängelt worden, daß das Hauptkriterium der Angstüberwindung der Verhaltenstest ist – nämlich die Annäherung an das phobische Objekt. Nun sieht dies zwar nach einem objektiven Verfahren aus, ist jedoch stark durch Simulationswünsche und Erwartungshaltung von seiten des Therapeuten beeinfluß (s.o.), ganz ähnlich wie auch subjektive Besserungsberichte. Zur Gültigkeit subjektiver Besserungsangaben ist die Untersuchung von Hönig und Reed (1966) aufschlußreich, deren Klienten zwar eine Angstverringerung durch systematische Desensibilisierung verbal angaben, ohne daß sich ihr psychogalvani-

scher Hautreflex (PGR) auf den Angstreiz hin verringerte. Hier ist zu vermuten, daß die Besserung dem Therapeuten zuliebe simuliert wurde.
Der Frage, ob nicht bei der Angstbehandlung *Placebo-Effekte* eine Rolle spielen, geht die Untersuchung von Efron und Marcia (1967) nach. Sie verwendeten folgende Pseudobehandlung: Den Klienten wurde gesagt, es würden ihnen angstauslösende Reize tachistoskopisch dargeboten, aber so schnell, daß sie nur unterschwellig wahrgenommen werden könnten. Wenn sie auf diese Reize hin unbewußte Reaktionen (z. B. körperlicher Art) zeigten, würden sie einen elektrischen Schock erhalten. Durch die Koppelung von Angstreaktion und elektrischem Schock sollte die Angstreaktion zum Verschwinden gebracht werden. Tatsächlich waren die Dias die tachestoskopisch dargeboten wurden, leer. Trotzdem zeigten die Versuchspersonen eine signifikante Besserung ihrer Angst vor Schlangen oder Spinnen, die sich im Verhaltenstest der Annäherung an das phobische Objekt niederschlug. Eine Kontrollgruppe, der dasselbe Verfahren angeboten wurde, mit der Zusatzinstruktion, daß »ein entscheidender Teil des Behandlungsverfahrens nicht dabei sei«, zeigte wesentlich schlechtere Reaktionen. Einen ähnlichen Hinweis gibt eine Untersuchung von Lazarus (1968), der erwachsene Klienten mit chronischen Verhaltensstörungen in schwierigen Übungen dazu brachte, sich an vergangene Erfahrungen besser zu erinnern, und der außerdem mit ihnen über die Verwirklichung eigener innerer Möglichkeiten diskutierte. Die Therapieerfolge waren hier fast so groß wie in der Verhaltenstherapiegruppe. Kazdin und Wilcoxon (1976) kommen zu dem Schluß, daß nicht ausgeschlossen werden kann, daß Placebo-Effekte für die Wirksamkeit der Desensibilisierung verantwortlich sind.
Wenn es so etwas wie Placebo-Wirkungen gibt, dann scheint die *Attribution* dabei eine Rolle zu spielen. Es ist offenbar wichtig, daß der Klient glaubt, an dem Änderungsprozeß selbst beteiligt zu sein – etwa im Sinne eines Lernprozesses –, oder daß die Wirkung nicht von außen hinzugekommen ist. Davison und Valins (1969) wollten die Fähigkeit, Elektroschocks, also Schmerzen zu ertragen, trainieren. Der einen Gruppe wurde eingeredet, daß sie durch Probeschocks diese Toleranz erwerben könne. Der anderen Gruppe wurden in der späteren Schocksituation zur Erleichterung Tabletten verabreicht. Die schocktrainierten Versuchspersonen konnten mehr Schmerz aushalten als die mit Tabletten versorgten. Ebenso fanden Valins und Ray (1967), daß falsches Feedback von verlang-

samter Herzfrequenz während der Konfrontation mit angstauslösenden Stimuli die Angst tatsächlich verringerte. Man darf aus solchen Untersuchungen schließen, daß es so etwas wie Placebo-Effekte gibt und daß sie besonders wirksam sind, wenn sich der Klient an dem Therapieprozeß beteiligt vorkommt. Allerdings trifft dieser Einwand sowohl die psychodynamischen Therapieformen wie die Verhaltenstherapie.

Ernsthafte Bedenken sind gegen die systematische Desensibilisierung speziell von Seiten der Psychoanalyse erhoben worden, da es sich dabei nur um eine »Symptombehandlung« handele. Notwendigerweise müsse bei einem solchen Vorgehen eine Symptomverschiebung stattfinden, da der Kern der Krankheit – der innere Konflikt – nicht berührt wird. Daß es so etwas wie Symptomverschiebung tatsächlich gibt, steht außer Frage. Beispielsweise wies Seitz (1953) einen Torticollis-Klienten unter Hypnose an, daß er den Hals nicht mehr in dieser Form krampfhaft wenden könne. Nach kurzer Zeit entwickelte der Klient Erstickungsreaktionen. Unter Hypnose wurden auch die Erstickungsreaktionen posthypnotisch blockiert. Sie verschwanden, aber nach kurzer Zeit entwickelte dieser Klient schwere Kopfschmerzen. Dies ist ein klassischer Fall von Symptomverschiebung bei Symptombehandlung. Der Unterschied zur systematischen Desensibilisierung kann allerdings darin gesehen werden, daß dort die Angst behandelt wird und nicht das motorisches Symptom der Vermeidung. Damit hätte die Angst einen höheren Stellenwert als Muskelreaktionen. Derartige Symptomverschiebungen bei der Behandlung von Phobien oder Zwängen durch systematische Desensibilisierung oder ähnliche Verfahren sind bisher äußerst selten beobachtet worden. Gelder, Marks und Wolf (1967) haben eine Untersuchung gerade auf dieses Problem der Symptomverschiebung verwendet und fanden bei 62 Klienten mit Phobien, die sie zur Hälfte einer systematischen Desensibilisierung und zur anderen Hälfte einer psychodynamisch orientierten Therapie unterzogen, nach dreijähriger Nachkontrolle einige Fälle von Symptomverschiebung, jedoch in beiden Gruppen gleich viele. Insgesamt sind die Fälle verschwindend gering und können wahrscheinlich nicht auf das Verfahren der systematischen Desensibilisierung selbst zurückgeführt werden.

Schließlich ist auch noch die Wirkung eines Modells in der Auseinandersetzung mit dem phobischen Stimulus untersucht worden. Bandura, Blanchard und Ritter (1968) untersuchten bei Schlangenphobikern die Wirkung eines Modells, und zwar in Form einer lebenden Vorführung als auch in Form eines Films. Das lebende Modell erwies sich der einfachen Desensibilisierung (ebenso wie der Filmvorführung) als überlegen. Allerdings ist hier die Modellwirkung von der Auseinandersetzung in vivo nicht zu trennen, so daß unklar ist, worauf die Wirkung zurückgeht. Die Untersuchungen zeigen, daß die systematische Desensibilisierung nicht die einzige Methode zur Behandlung von Ängsten ist (Kapitel 8) und daß insbesondere kognitive Elemente wie Erwartungen und die Attribution des Heilerfolgs eine Rolle spielen.

7.4 Reizüberflutung

Historische Vorläufer

Die experimentellen Befunde, z. B. daß Entspannung bei der Desensibilisierung überflüssig ist (Gelder et al. 1967) und daß die Hierarchie auch in umgekehrter Folge dargeboten werden kann (Krapfl 1967) sowie, daß die längere Dauer der Darbietung und die In-vivo-Konfrontationen ohnehin besser sind – diese und andere Befunde legen die Vermutung nahe, daß die direkte Konfrontation mit der angstauslösenden Situation die wirksame Komponente der Therapie sein könnte. Solche direkten Konfrontationen sind schon sehr früh vorgeschlagen worden, zuerst vermutlich von dem Logotherapeuten Viktor E. Frankl, der bereits 1939 die sogenannte *Paradoxe Intention* einführte (s.u.).

Ein Verfahren der In-vivo-Konfrontation wurde von K. Leonhard schon 1948 praktiziert (zitiert nach Butollo 1979). Leonhard konfrontierte Zwangskranke mit angstauslösenden Situationen (beschmutzte Gegenstände z. B.) und versuchte, den Beginn von Zwangshandlungen (Händewaschen) durch Ablenkungsmanöver zu unterbinden – eine Art der *Reaktionsverhinderung*. Auf diese Weise glaubte er eine Habituation an die angstauslösende Situation beim Klienten zu erreichen. An eine solche Symptomtherapie schließt sich bei Leonhard eine Persönlichkeitstherapie, indem der Klient dazu ermutigt wird, sich mit seiner Vergangenheit und Symptomentstehung auseinanderzusetzen.

In-sensu-Konfrontation

Nach Frankl (1978) liegt es im Wesen der Angst, daß sie heraufbeschwört, wovor man sich fürchtet. Die Erwartung der Angst (in engen Räumen zu ersticken) löst die Angst davor aus, kleine Räume zu betreten. Dadurch wird die Phobie erzeugt (Klaustrophobie), die in der Folge dann die Angst vor dem, was einem in engen Räumen widerfahren kann (nämlich, die Angst zu ersticken) verstärkt. Frankls Vorgehen ist nun im Gegensatz zur Psychoanalyse ein einfaches Durchtrennen dieses Kreisprozesses, indem dem Klienten gerade das empfohlen wird, wovor er am meisten Angst hat, nämlich, diese Angst zu empfinden. Ein Fallbeispiel (Frankl 1978) mag dies verdeutlichen:

Klientin U. (25 Jahre, Hausfrau) ist verstört, ängstlich um sich blickend, sitzt zusammengerollt in ihrem Stuhl, fängt an zu weinen und erklärt dann »jetzt muß ich im Zimmer etwas zählen«. Zwangsmechanismen seit dem elften Lebensjahr. Sie konnte nicht auf Karos gehen, sondern mußte immer die geraden Linien des Fußbodens betreten, da sonst die Großmutter gestorben wäre. Sie hatte Angst vor Krebs, vor Schizophrenie, sah in Krankengeschichten Parallelen zu ihrem eigenen Leben. Bei vorbeifahrenden Autos fürchtet sie, sich unter sie werfen zu müssen, sie fürchtet auch aus hochgelegenen Fenstern oder über Treppengeländer zu stürzen. Außerdem hat sie Angst vor dem Eingesperrtsein und vor dem Alleinsein, »da ich Angst habe, ich könnte etwas tun, was man nicht tun darf, z. B. mich umbringen«.
An diesem Fall wird ebenso wie bei der Aichmophobie [S. 25] deutlich, wie sich phobische Symptome und Zwangshandlungen im Einzelfall vermengen.
Der Therapeut empfiehlt nun der Klientin, sie solle sich in keiner Weise mehr gegen diese Gedanken wehren, sondern versuchen, sie humorvoll zu karikieren, z. B.: »Gut, jetzt soll ich einfach geisteskrank werden, meinetwegen, soll ich an meiner Geisteskrankheit sterben.« Sie soll ausgehen und sagen: »Gut, jetzt gehe ich auf die Straße, um verrückt zu werden, prima, jetzt ist gerade eine günstige Gelegenheit, mich einmal unter ein Auto zu werfen, hab es solange nicht mehr getan.« Oder der Klientin wird empfohlen, eine Treppe zu steigen und dann zu sagen: »Herrlich, gestern bin ich fünfmal hinuntergesprungen, heute werde ich zehnmal hinunterspringen, mal sehen, was dann mit mir geschehen wird.« Der Therapeut bespricht auf diese Weise die verschiedensten Situationen mit der Klientin und übt die richtige Formulierung. Dabei kommt es sehr auf den Humor von Klient und Therapeut an. Am Tage drauf übt die Klientin Treppensteigen mit paradoxer Intention und erlebt nach mehrmaligem Auf und Ab tatsächlich die höchste Stelle des Treppenhauses ohne Zwangs- und Angstgedanken. Später bei einer Fahrt im Autobus sagt sie sich: »Prima, jetzt soll mir gleich schlecht werden«, dann kam ihr der Gedanke, sich unters Auto zu werfen, und sie sagt:

»Gestern wollte ich mich zehnmal unters Auto werfen, heute werde ich es gleich zwanzigmal tun, das Blut soll nur so spritzen«. Die Klientin berichtet, daß sie nie gedacht hätte, daß »so ein Blödsinn« hilft, daß sie mit zunehmender Übung selbst über ihre Formulierungen lachen mußte und immer mehr Sicherheit gewann. Nach 15 stationären Tagen wurde sie ambulant weiterbehandelt, nach 34 Tagen war sie praktisch symptomfrei und hatte auch nach sieben Monaten Nachbehandlung keine Angstgefühle mehr.

Ein Ansatz der Reizüberflutung geht auf N. Malleson (1959) zurück und wird reaktive Inhibition genannt. Er nannte seine Therapie im Gegensatz zu Wolpes reziproker Inhibition (systematische Desensibilisierung) reaktive Inhibition, weil er glaubte, durch die Konfrontation mit der angstauslösenden Situation werde das Vermeidungsverhalten einfach aus dem Grunde gelöscht, weil nach der Hullschen Lerntheorie (1943) sich durch wiederholtes Ausführen von gelernten Handlungen eine sogenannte reaktive Hemmung (Inhibition) ausbildet. Diese Hemmung bringt die Handlung zum Erlöschen, wenn sie nicht durch Belohnung kompensiert wird. Genau dies trifft auf die Angst in der Konfrontation mit der phobischen Situation zu: Die Angst tritt als Reaktion zwar ein, es treten aber sonst keine nachteiligen Konsequenzen auf. Das Vorgehen der Überflutungs-Therapie wird, wie im folgenden Beispiel bei der Behandlung einer Prüfungsangst, in der Vorstellung durchgeführt.

Der Student wird aufgefordert, sich die Prüfungssituation und die diese begleitende Angst intensiv vorzustellen, ja möglicherweise zu übertreiben. Es kommt dabei zu einem regelrechten Angstanfall mit Zittern, währenddessen der Klient ständig aufgefordert wurde, die gefürchtete Vorstellung aufrechtzuerhalten. In dem Maße, wie ihm dies schwerer wurde, klang die Angst ab. Der Student hatte noch zwei Tage bis zur Prüfung und wurde angehalten, jede Angstregung bewußt zu registrieren, nicht wegzuschieben und eher zu verstärken, um sie so möglichst lebhaft zu erleben. Zum Zeitpunkt der Prüfung hatte er keine Probleme mehr und schloß sie mit Erfolg ab. Auch hier lassen sich Querverbindungen zu Frankls paradoxer Intention, aber auch zur Erlebnisaktivierung in der Gestalt und Gesprächstherapie deutlich erkennen (Band 3).

Ein weiterer Ansatz der Angstkonfrontation geht auf Thomas G. Stampfl (1967) zurück und wird *Implosion* genannt. Ebenso wie Frankl wendet Stampfl seine Therapie auf alle möglichen defensiven Störungen an, nicht nur Ängste und Zwänge, sondern auch Stottern, Schreibkrämpfe usw. Stampfl nimmt an, daß ein psychodynamisch angelegter Konflikt die Ursache von Phobien ist, daß es aber zur Ausbildung einer Kette von Angstauslösern kommt, die im

Sinne sekundärer Konditionierung erworben werden. In der Folge wird dann die Angst schon von Situationen und Gegenständen ausgelöst, die vom ursprünglichen Trauma weit entfernt sind. Bei der Konfrontation, die bei der Implosionstechnik in der Vorstellung durchgeführt wird, geht man diese Auslöser nacheinander durch und löscht sie durch Konfrontation. Das sieht in der Praxis so aus wie etwa hier beim Fall einer Schlangenphobikerin (zit. nach Morris 1977).

Sie schließen Ihre Augen und malen sich aus, die Schlange wäre vor Ihnen. Nun zwingen Sie sich, sie aufzuheben, Sie beugen sich hinunter, nehmen Sie sie, legen sie auf Ihren Schoß. Sie spüren, wie sie sich auf Ihrem Schoß herumschlängelt, lassen die Hand auf ihr ruhen, legen die Hand auf sie und spüren, wie sie sich um Ihre Hand schlängelt. Sie erforschen ihren Körper mit den Fingern und mit Ihrer Hand und Sie tun dies nicht gerne, zwingen sich aber dazu. Sie zwingen sich dazu. Sie fassen die Schlange richtig an. Sie drücken sie etwas, Sie fühlen sie, Sie fühlen, wie sie sich in Ihrer Hand zu winden beginnt. Lassen Sie sie, lassen Sie Ihre Hand dort liegen, fühlen Sie, wie Ihre Hand die Schlange berührt, wie sie sich windet und wie sie sich um Ihr Handgelenk wickelt.

Die Vorstellungsübungen werden langsam in ihrer Abscheulichkeit gesteigert. Später wird folgende Szene suggeriert:

Spüren Sie die Schlange an Ihren Augen, sie wird Sie gleich beißen, sie wird gleich die Augen herausreißen, spüren Sie, wie sie in Ihr Auge beißt, und sie wird Ihr Auge einfach herausreißen und sie wird es über die Backe ziehen, sie nagt etwas dran und frißt an Ihren Augen. Malen Sie sich das aus. Nun kriecht sie in Ihre Augenhöhle und schlängelt sich darin herum, Sie spüren, wie sie sich schlängelt und um Ihren Kopf herumschlängelt. Spüren Sie, wie sie sich herumschlängelt, aaah. Spüren Sie, wie sie sich schlängelt. Und nun windet sie sich aus Ihrem Auge heraus und kriecht in Ihre Nase hoch, spüren Sie, wie sie geradewegs Ihre Nase hinaufkriecht, in Ihren Kopf, sie schlängelt wieder herum und nagt jetzt sich durch das andere Auge von innen heraus. Spüren Sie, wie sie es herausbeißt.

Stampfl versucht bei seiner Angstkonfrontation allmählich auf psychodynamisch relevante Inhalte zu kommen, nämlich sexuelle. Eine spätere Szene geht wie folgt:

Stellen Sie sich vor, Sie würden sich vorbereiten, ins Bett zu gehen, und in Ihrem Bett sind Tausende von Schlangen. Können Sie sehen, wie sie in Ihrem Bett herumkriechen? Ich möchte, daß Sie sich zu ihnen legen, legen Sie sich hinein, legen Sie sich mit Ihnen hin, spüren Sie, wie Sie sich mit den Schlangen bewegen, und Sie kriechen dann über sie hinweg. Sie bewegen sich in Ihrem Bett und drehen sich um, und die Schlangen berühren Sie. Spüren Sie, wie sie über Sie kriechen. Sie berühren Sie glatt und gleitend. Spüren Sie, wie Sie sich im Bett rumdrehen, und Sie sind unter Ihnen und über Ihnen und um Sie herum. Sie berühren Ihr Gesicht und Ihre Haare und kriechen über Ihr Gesicht. Können Sie spüren, wie Sie sich berühren? Beschreiben Sie das Gefühl.

Wie man sieht, sind die Suggestionen Stampfls sehr viel weniger humorvoll als die Frankls. Aber das Prinzip ist ähnlich: Die gemiedene Situation wird selbst in ihrer gräßlichsten Darstellung auf die Dauer langweilig. Als Konfliktinhalte, von denen die Phobien oder Zwänge ausgehen, nimmt Stampfl in der Hauptsache Aggression, Bestrafung, Sexualität und Verlust von Kontrolle an. All diese Versuche erinnern stark an die forcierte Extinktion, die sich auch bei Rattenexperimenten als besonders effektiv erwiesen hatte, um Vermeidungsreaktionen abzubauen. Interessant ist in diesem Zusammenhang ein Experiment von Black (1958), der ebenfalls bei Ratten nach einem Vermeidungsexperiment die Löschung unter Lähmung durch Curare untersuchte. Er stellte fest, daß die Löschung der Vermeidungsreaktion durch die Lähmung der motorischen Reaktion um das Zehnfache beschleunigt wird (40 gegenüber 450 Durchgängen bei normaler Löschung). Die Tiere können die Vermeidungsreaktion nicht ausführen, die Angst tritt deshalb zunächst auf, erweist sich aber als unbegründet.

Reizkonfrontation bei Phobien und Zwängen

Systematischer ist die Form der *Reizüberflutung* in-vivo (Flooding) untersucht worden, bei der auf den Rückgriff auf psychoanalytische Konzepte verzichtet wird. Man unterscheidet die In-vivo-Darbietung von der Vorstellungs-Anwendung (in sensu, s.o.) und dabei zwei Stärken der Konfrontation: die massierte Reizkonfrontation (Reizüberflutung, Flooding) die sofort den angstauslösenden Stimulus in voller Stärke darbietet, und die graduierte Konfrontation (Habituationstraining), bei dem ein Stimulus mittlerer Stärke über lange Zeit dargeboten wird, und die Schwierigkeit der Situation dann gesteigert wird. In beiden Fällen wird die Situation in vivo sehr lang, oft über mehrere Stunden aufgesucht. Beides erweist sich als effektiv – letzteres ist aufwendiger, aber weniger bedrohlich für Klient (und Therapeut). In jedem Fall wird als Erklärung der Wirksamkeit davon ausgegangen, daß eine physiologische Erregung nur eine begrenzte Zeit vom Organismus aufrechterhalten werden kann und sich dann abschwächt. Die Vorstellung des Klienten dagegen geht dahin, daß sich die Erregung bis ins organisch Schädigende steigert

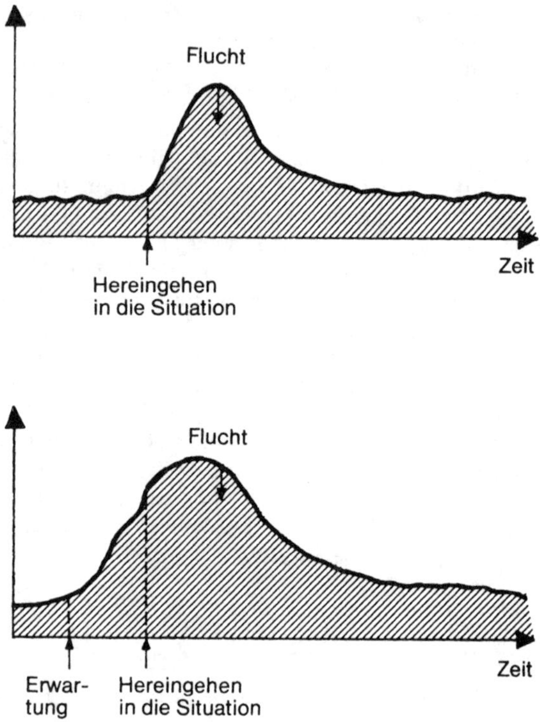

Abb. 7.9: Verlauf der Angstentwicklung bei Konfrontation mit einer gefürchteten Situation (nach Bartling et al., 1980):
a) Verlauf bei schnellem Verlassen der gefährlichen Situation
b) vorgezogener Verlauf aufgrund erwarteter Angst

und auf diesem Niveau verharrt. Der Klient entflieht der Situation daher, bevor er die gegenteilige Erfahrung machen kann (Abbildung 7.9 a). Hinzu kommt, daß sich die Angst schon in Erwartung der Situation steigert (b). Durchlebt er die Angst nicht voll, sondern versucht sie durch Ablenkung beispielsweise oder ignorierend zu unterdrücken, so bleibt sie auch bei dem mittleren Niveau stehen (c). Läßt der Klient dagegen die Angst in voller Höhe bewußt werden, so erlebt er auch ihren Abfall (nach Bartling et al. 1980).
Typischerweise sieht die graduierte Reizüberflutungstherapie etwa folgendermaßen aus (Ullrich und Ullrich 1974): In der ersten Phase

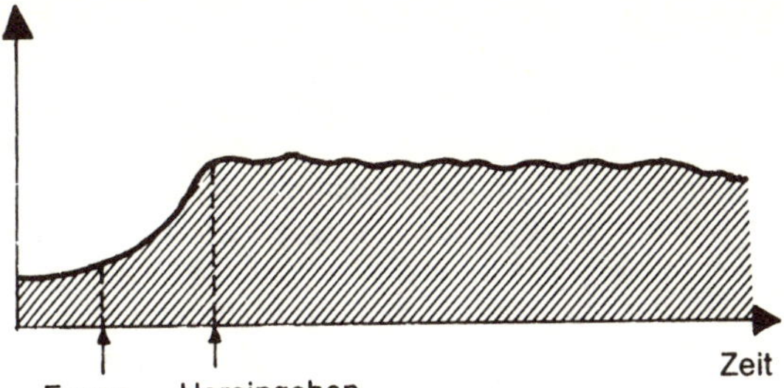

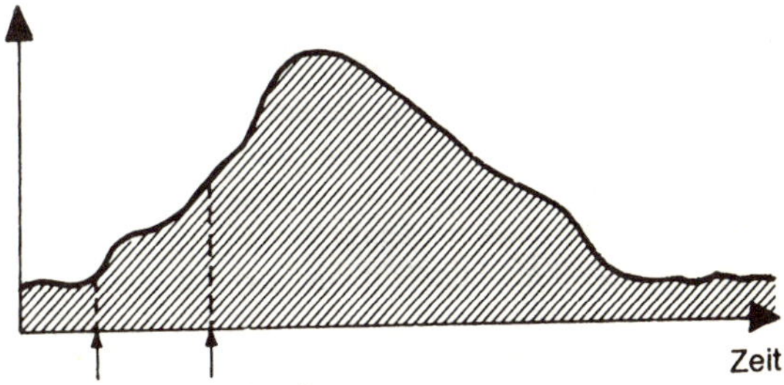

c) vorgestellter Verlauf der Angstintensität, falls die Situation nicht verlassen würde
d) tatsächlicher Verlauf der Angst, wenn die Situation nicht verlassen wird.

wird in zwei bis drei Sitzungen pro Woche à 50 Minuten die Stimulusdarbietung in der Vorstellung geübt. Danach wird die Konfrontation in vivo durchgeführt. Die mittlere Behandlungsdauer beträgt fünf Wochen (15 Sitzungen). Der Therapeut fördert die Erregung anfangs mit dem Ziel, die Angst auf dem Maximum zu halten. Später zieht er sich mehr zurück. Dieses Vorgehen hat sich sowohl bei Phobien, wie auch bei Zwangshandlungen als vorteilhaft erwiesen. Die Zwangshandlungen werden durch Ablenkung oder nötigenfalls durch physische Beschränkung unterbunden (response prevention, *Reaktionsverhinderung).*
Die massierte Reizüberflutung in-vivo dagegen findet typischerweise an 5–10 aufeinander folgenden Tagen jeweils fünf bis acht Stunden lang statt. Zuvor wird der Klient auf das Verfahren vorbereitet, indem das Modell erklärt wird, seine automatischen Fehlko-

gnitionen analysiert werden (siehe Kapitel 8) und Verhaltensproben durchgeführt werden – wie z. B. ein Hyperventilationstest, in dem der Klient lernt, die durch Hyperventilation provozierten Angstsymptome durch Umstellung der Atmung zu reduzieren (siehe Margraf & Schneider 1990). Während der in-vivo Konfrontation selbst wird der Klient angehalten seine Angst zu erleben um zu merken, wie sie von selbst geringer wird. Die folgende Tabelle zeigt einen zwei Tage Ausschnitt aus einem Reizüberflutungsprogramm für Klienten mit Angstattacken und agoraphobischen Symptomen (nach Margraf & Schneider 1994).

Durchführung der Reizüberflutung

Tag 1 (In Begleitung des Therapeuten):

Autofahrt zu einem abgelegenen Turm
Turmbesteigung
Waldspaziergang
Fahrt zur Autowaschanalage
Klient fährt fünf mal allein duch die Waschanlage (Lackschäden versichert)
6-stündige Zugfahrt
1/2-stündige U-bahnfahrt
Abendessen in überfülltem Restaurtant
Besuch einer Massenveranstaltung (Konzert)
Taxifahrt zum Hotel
Übernachtung im Hotel (oder Rückfahrt im Liegewagen Sechser-Abteil)

Tag 2 (In Begleitung des Therapeuten):

Solarium und Saunabesuch im Hotel
Aufsuchen von mehreren Kaufhäusern
Mittagessen in einem überfüllten Restaurant
Stadtrundfahrt im Doppeldeckerbus (oben)
U-Bahn-/Bus-Fahrt zum Flughafen
Einstündiger Rückflug
S-Bahnfahrt in die Stadt
Kaufhausbesuche
Abendessen in überfüllter Kneipe
1-stündige Zugfahrt
Übernachtung in einem kleinen abgelegenen Hotel

Wie auch bei der Reizüberflutung zur Behandlung von Zwängen, ist es sinnvoll, die während der Exposition auftretenden Gedanken auf ihre Irrationalität hin zu analysieren und durch deeskalierende Selbstkommentare zu ersetzen (siehe Kapitel 8). Auch bei der im folgenden angedeuteten Vorgehensweise zur Behandlung eines Kontrollzwanges geht eine sorgfältige Vorbereitung des Klienten im oben beschriebenen Sinne voraus. Die in-vivo Exposition ist im Beispiel hier graduiert und sah folgende Schritte vor (nach Hoffmann 1994):

Abbau eines Kontrollzwanges

1. Abends nach Herdbenutzung (Teekochen) die Wohnung 1/2 h allein lassen
2. Abends nach Herdbenutzung die Wohnung länger allein lassen (1,2,3,4 h)
3. Abends die Wohnung als letzte zu einem Konzert/Theaterbesuch verlassen
4. Samstags nach Herdbenutzung die Wohnung für einen Tag verlassen
5. Nach Herdbenutzung die Wohnung für ein Wochenende verlassen
6. Morgens nach einstudierter Überprüfung (einmal) ganztags verlassen
7. Für eine Urlaubsfahrt die Wohnung verlassen
8. Stufenweiser Abbau der Kontrolle der übrigen Elektrogeräte u. Wasserhähne

Eine gewisse Schwierigkeit bieten Zwangsgedanken, da man sie nicht durch physische Einwirkung verhindern kann. In schweren Fällen wird der Klient angeleitet, »Gegenrituale« zu entwickeln – etwa die bildhafte Vorstellung von Ostereiern als Hoffnungssymbole (Hoffmann 1994). Oder es wird das Verfahren des Gedankenstop angewendet, das zu den kognitiven Techniken zählt (siehe Kapitel 8). Der Klient wird aufgefordert, den Zwangsgedanken bewußt nachzuhängen (z. B.: »meine Frau betrügt mich«). Während er über diese Zwangsgedanken laut spricht, unterbricht ihn der Therapeut an beliebiger Stelle mit »Stop«. In der Folge wird der Klient angehalten, das »Stop« selbst zu sagen, erst laut und später leise. Als Hilfe werden auch physische Auslöser verwendet, wie

z. B. ein Gummiband am Arm, das man im Moment des Stopsagens leicht schmerzhaft gegen den Arm schnappen läßt. Ein interessantes Beispiel von interaktivem Gedankenstop zitiert Marks (1978). Es handelt sich dabei um einen Ehemann mit Eifersuchtsgedanken. Ständig denkt er über die vergangenen Affären seiner Frau nach. Beide Partner vereinbarten, daß er in Anwesenheit seiner Frau seine Gedanken laut aussprach, und er versuchte, sie ins Verhör zu nehmen über mögliche gegenwärtige Affären. Wenn sich die beiden in ein derartiges Streitgespräch verstrickten, rief der Therapeut irgendwann »Stop« und der Klient wurde gebeten, das gleiche zu tun, um das Gespräch zu unterbrechen. Später wurde die Rolle des Unterbrechens der Frau übertragen. Die Behandlung war im Zusammenhang mit einem Kommunikationstraining erfolgreich. Eine weitere Alternative ist die Sättigungsmethode (Rachmann 1970). Bei Zwangsgedanken wird der Klient aufgefordert, die Zwangsgedanken ununterbrochen etwa 15 Minuten lang zu wiederholen – bis zur Erschöpfung. Das Verfahren hat große Ähnlichkeit mit der Reizüberflutung. Aber auch kognitive Ansätze wie Gedankenstop oder Streßimmunisierung werden angewendet. Darauf wird noch eingegangen (Kapitel 8).

7.5 Diskussion

Effektivität

Marks (1978) berichtet von insgesamt über 100 Klienten, die er durch paraprofessionelle Therapeuten (Schwestern) zwischen 1974 und 1976 behandeln ließ. Es handelte sich um Zwänge und Phobien. Nachkontrollen bestehen bis zu vier Jahren. Die Therapie dauerte durchschnittlich elf Sitzungen. Obwohl keine Gesamtstatistik genannt wird, bezeichnet Marks die Behandlung als überwiegend erfolgreich. In Einzeluntersuchungen liegen die Erfolgsquoten zwischen 60 und 70% (6/10 bei Meyer et al. 1974; 14/20 bei Marks et al. 1975).

Die Untersuchungen von Marks et al. zeigten eine deutliche Überlegenheit der Reizüberflutung gegenüber der Desensibilisierung. Die gleichen Autoren verglichen auch die übertriebene Angstkonfrontation im Sinne von Stampfls Implosion mit der Reizüberflutung und fanden, daß erstere weniger wirksam war. Smith und Glass

(1977) verglichen in ihrer Metaanalyse verschiedene Therapieformen in vielen Untersuchungen und stellten ebenfalls fest, daß die Implosion der Desensibilisierung in der Erfolgsquote unterlegen war. Bartling et al. (1979) verglichen die hierarchische Konfrontation mit der unmittelbaren Konfrontation des höchsten Items und stellten keine Unterschiede fest.

Im allgemeinen erwies sich die Methode der Reizüberflutung genauso wirksamer als die der systematischen Desensibilisierung, und war in vielen Fällen erheblich schneller geht. Schon Marks (1975) gibt der Methode der Reizüberflutung den Vorzug. Ein Vorteil der Desensibilisierung gegenüber der Flutungstechnik könnte in einer besseren Motivation der Klienten liegen, die das »sanfte Verfahren« der Desensibilisierung angenehm empfinden und sich daher weniger oft aus der Therapie zurückziehen (25% Therapieverweigerung bei der Reizüberflutung).

Eine Vielzahl der Untersuchungen zum Vergleich verschiedener Interventionsmethoden mit der Reizüberflutung haben den Nachteil, daß es sich um sogenannte »cross-over«-Designs handelt, in der die Methoden nacheinander angewendet werden. Insgesamt ergaben sich bei Variation verschiedener Parameter ähnliche Befunde wie schon bei der Desensibilisierung: Die In-vivo-Konfrontation ist besser als die in der Vorstellung (Emmelkamp und Wessel 1975). Die längere Konfrontation ist günstiger (80 statt 20 Minuten). Aber das Ausmaß der Angst scheint keine Rolle zu spielen. Wichtig erscheint vor allem die aktive Auseinandersetzung mit der phobischen Situation. Das rein passive Durchleben, bei dem einem Modell zugeschaut wird, hatte keine große Wirkung (Marks et al. 1975). Es zeigte sich erst nach der aktiven Beteiligung der Klienten an der Konfrontation ein Absinken der Angst und Vermeidungswerte (es handelte sich um Zwangsklienten). Die Angstkonfrontation in Gruppen wurde ebenfalls untersucht (Hand et al. 1974) und erwies sich als keineswegs nachteilig. Durch größere Ökonomie ist sie bei gleicher Effektivität sogar angezeigt. Inzwischen liegen nach Grawe, Donati und Bernauer (1994) 62 Studien zur Reizkonfrontation an über 1800 Klienten vor, wobei kaum ein Unterschied in der Wirksamkeit zwischen graduierter und massierter Konfrontation auszumachen ist. Die in Tabelle 7.1 eingetragenen Therapie-Vergleiche zwischen Desensibilisierung und Reizkonfrontation sprechen jedoch mit 5:1 für die Konfrontation.

Anwendungsfeld	N-Studien	N-Klienten	Prä/Post-Vergl.	Kontr.-G-Vergl	Ther.-Vergl.	Wirkgs-Breite	Katamn.	Therapie-Dauer
Systemat. Desens.	56	2000	+34/40	–1+24/38	–8+10/42	eng	kurz	15 Sitz.
Reizkonfr. zusammen	62	1840	–	–	–1+5/16	breit	lang	kurz.
grad Reizkonfront.	47	1400	+36/40	+7/9	–	–	–	–
mass. Reizkonfront	43	1200	+31/34	+7/8	–	–	–	–
in-sensu Reizkonfr.	23	550	+11/14	+6/10	–	–	–	–

Tabelle 7.1: Effektivität und Merkmale von verhaltenstherapeutischen Studien bis 1984 zur Desensibilisierung und Reizkonfrontation. In den Spalten Prä-/Post-, Kontrollgruppen- und Therapie-Vergleich findet sich im Zähler des Bruches die Anzahl der Studien mit signifikanten Verbesserungen (+) oder Verschlechterungen (–) gegenüber den Vergleichsmessungen (Vor der Therapie, in der unbehandelten Kontrollgruppe und einer anderen Therapieform. Es wurden Messungen in der Hauptsymptomatik berücksichtigt. Die Spalte Wirkungsbreite zeigt an, ob in anderen Bereichen Verbesserungen auftraten und die Katamnesedauer wurde bei durchschnittlich mehr als 6 Monaten als lang bezeichnet. (Zuammenfassung nach Grawe, Donati und Bernauer 1994).

Variationen

Es sind verschiedene Hilfsmaßnahmen zur Konfrontationstechnik verwendet worden, einmal Biofeedback: Die Rückmeldung zur Bestätigung der Entspannungsreaktion bzw. Angstfreiheit hat sich aber nicht durchgängig als sinnvoll erwiesen. Valins und Ray (1978) berichten zwar von erfolgreicher Angstreduktion durch falsche Rückmeldung einer erniedrigten Herzrate. Auf der anderen Seite zitiert Marks jedoch einen Klienten, der meinte: »Ich weiß, mein Herz schlägt langsamer, ich fühl‹ die Angst im Kopf.« Auch Drogen sind eingesetzt worden, um insbesondere bei der Desensibilisierung die Entspannung zu unterstützen (Antidepressiva, Sedativa und Betablocker). Lipsedge et al. (1973) konnten bei Antidepressiva eine bessere Wirkung als bei Placebo erzielen. Allerdings bestand erhöhte Rückfallgefahr nach Absetzen der Droge. Ähnliche Ergebnisse hatte man mit Sedativa. Die Verwendung von Betablokkern, die insbesondere die Beschleunigung der Herzrate verhindern sollen, hat sich bisher nicht als wirksam erwiesen. Die autonome Erregung wurde zwar vermindert, aber das Vermeidungsverhalten nicht verbessert (Ullrich et al. 1974). Eine besonders einfache Hilfsmaßnahme wurde von Orwin (1972) vorgeschlagen: Seine Atmung-Entspannungstherapie besteht darin, daß man vor der Konfrontation maximal einatmet und lange anhält. Zum Zeitpunkt der Konfrontation wird dann die Luft ausgelassen. Dies entspricht sinngemäß einer Kurzentspannung. Butollo (1979) berichtet positive Ergebnisse mit diesem Verfahren, obwohl die Befürchtung bestand, daß so die Reize nur kurz dargeboten werden, die optimale Effektivität der Konfrontation jedoch nicht erreicht wird.
Sowohl für die Desensibilisierung wie für die Reizüberflutung wird mit dem Mechanismus der Löschung argumentiert. Das in der Vermeidung des Vermeidungsverhaltens implizierte Annäherungsverhalten läßt sich auch durch operante Konditionierung bewerkstelligen. Grawe et al. (1972) haben die zunehmend stärkere Annäherung an die phobische Situation im Sinne eines shapings durch Verstärkung geformt. Eine weitere Methode zur Verhinderung des Vermeidungsverhaltens besteht nicht in dessen Löschung oder der positiven Verstärkung des Annäherungsverhaltens, sondern der negativen Verstärkung des Annäherungsverhaltens: Solyom et al. (1971) verabreichten den Klienten zunächst einen aversiven Reiz (Elektroschock), den sie im Falle der Annäherung an den phobischen Stimulus abschalteten. Auch dieses Verfahren war wirksam *(Aversionsbefreiung)*.

Kritik

Die beschriebenen Behandlungsverfahren sind in ihrer Effektivität gut belegt und klinisch wie gesundheitspolitisch ohne Frage von erheblicher Relevanz. Um so mehr verwundert die Bilanz Margrafs (1995), daß die in 90% der Fälle bei schweren Angststörungen erfolgreichen Verfahren der Reizüberflutung nur in 1–2% der Fälle angewendet werden. Stattdessen konsultieren die hoffnungslosen Klienten teure medizinische Diagnose-Institutionen, um einen organischen Befund auszumachen und dann aufs neue ohne erfolgreiche Therapie allein gelassen zu werden. Womöglich handelt es sich aber lediglich um einen Kunstfehler den man mit geeigneter »Bahnung« vermeiden kann. Offenbar behagt Klienten eine technisch orientierte Medizin, weil sie von der eigenen Mitverantwortung der Störung entlastet. Verhaltenstherapeuten schließen daraus, daß auch die Psychotherapie technisch sein sollte, um einen medizinähnlichen Status zu erlangen. Tatsächlich aber scheint das die Klienten nicht anzusprechen. Bemerkenswert ist in diesem Zusammenhang auch die bekannte Tatsache, daß Verhaltenstherapeuten gern andere Dienste konsultieren, wenn sie selber in Nöten sind (Psychoanalyse, Hypnose oder Gestalttherapie).

Wenn ein Klient sich einmal entschlossen hat, zum Psychotherapeuten zu gehen, so hat er sich vermutlich innerlich von einer medizinsch-unbeteiligten Attribution seiner Störung verabschiedet. Das heißt aber nicht, daß er bewußt schon an einer Selbstkontrolle zu arbeiten bereit ist. Tatsächlich mag er immer noch das Reparatur-Modell vor Augen haben, obwohl er von medizinischen Heilungsperspektive bereits enttäuscht ist. D.h. unbewußt hat der Klient vielleicht schon die Sinnfrage im Auge, obwohl er bewußt noch die unbeteiligte Heilungprozedur anstrebt. Innerlich weiß er gewissermaßen, daß es auch um seine Person geht. Als Therapeut kann man in solchen Fällen auf zwei Ebenen arbeiten: auf der des Oberflächen-Kontraktes im Sinne der Bahnung (»Pacings«) und auf der impliziten Ebene der Sinnfrage. Der folgende Fallbericht mag das erläutern.

Ein 50-jähriger Unternehmer mit einer Herzphobie kam nach einer langen Odyssee medikamentöser Behandlungen (er brachte eine Liste von mehr als 20 Medikamenten mit, die er erfolglos eingenommen hatte – von Betablokkern bis zu Tranquilizern) zur Hypnosebehandlung. Er erläuterte seinen Behandlungswunsch etwa so: »Nun kann ich nicht mehr arbeiten, will aber noch 5 Jahre ranklotzen, um mich dann in Ruhe pensionieren zu lassen.«

Das Problem war, daß sein Beruf mit langen Autofahrten verbunden war, er jedoch wegen Angstattacken diese nicht mehr durchführen konnte, vielmehr mußte er sich fahren lassen. Die cardialen Symptome waren medizinisch harmlos, aber subjektiv höchst bedrohlich. Sein Vater war am Alkoholabusus gestorben und als Willensmensch hatte er diese Karriere bisher erfolgreich vermieden. Sein Vater war aber auch ein Perfektionist und diese Qualität hatte der Klient übernommen und zu seinem Erfolgsprinzip gemacht. Dabei hatte er übersehen, daß auch Arbeit im Übermaß zum (Herz-) Tod führen kann. Jedenfalls war der explizite Therapieauftrag »Reparatur des Aparates (seines Körpers) damit er wieder funktioniert.« Er selbst stellte technische Expertisen für komplizierte Kühlaggregate her, die defekt geworden waren.
Zur Einführung und Erfüllung des expliziten Therapieauftrages wurde ihm nachgewiesen, daß seine Atmung falsch funktioniert (fehlende Bauchatmung) und daß man die Herzrate mittels passender Vorstellungen verändern kann (Anstieg bei der Vorstellung »schlampige Mitarbeiter in der Firma« und Senkung bei dem Gedanken an seine Frau). Nach sehr gründlicher Diagnose (2 Sitzungen) und den genannten kleinen Verhaltensproben (2 Sitzungen) wurde ihm in der fünften Sitzung eine zehnseitige Expertise vorgelesen, in der u. a. festgestellt wurde, daß ihm für Hypnose die nötige Naivität und Unbefangenheit fehle, daß er seinem Vater gegenüber in zweierlei Hinsicht loayal geblieben sei: er sei perfekt und er würde auf den frühen Tod hinwirken wie sein Vater, nur nicht als Alkoholiker sonder als Arbeitsfanatiker, daß er als gläubiger Mensch von Gott aber ein Zeichen erhalten habe, nämlich Angstattacken, die ihn darauf hinweisen wie ein Herzinfarkt erlebt wird, und daß er aufgrund seines kritischen Verstandes sicherlich auch sehr bald dem Therapeuten einen Fehler nachweisen werde. Aber seiner Frau (die anwesend war) könne er als Berater zur Umgestaltung seines Lebensplanes vertrauen. Der Klient ging nicht im üblichen Sinne in Trance indem er die Augen schloß; vielmehr hielt er sie die ganze Zeit offen sagte aber 20 Minuten nichts und hatte auch hinterher weder Fragen noch Kommentare, obwohl er sonst keine 2 Minuten schwieg. Er war mit der Expertise zufrieden und ihm wurde mitgeteilt, daß die nächste Sitzung als eine längere Autofahrt stattfinde. Tasächlich fuhr er mit dem Therapeuten als Beifahrer dann 5 Stunden lang ohne Beschwerden Auto inclusive aller denkbaren Komplikationen wie Verkehrstau und Tunnels. Der Klient berichtete in der nächsten Stunde, daß er eine Umstellung in der Firma plane, die seine Arbeitszeit reduzieren und nur gelegentlich längere Fahrten nötig machen würde. Es wurde ein Plan für kleine tägliche Fahrten ausgearbeitet, damit er in Übung bliebe.

Der Klient hatte einen technischen Zugang zum Problem vorgeschlagen, dem entsprochen wurde. Er hatte aber aus der Darstellung seiner Lebensumstände zu einer weitergehenden Deutung seiner Krise eingeladen, die ihm als eine Analyse des Lebensskripts im

Sinne einer Expertise angeboten wurde. Damit war es ihm möglich die Angst als sinnvoll zu akzeptieren und zugleich Schritte zu ihrer Beseitigung zu unternehmen.

Zusammenfassung

Insgesamt haben sich die Konfrontationstechniken als erfolgreich erwiesen, und zwar gleichrangig oder besser als die Desensibilisierung. Dies insbesondere, weil sie kürzer sein können, insofern sie auf eine Hierarchie der angstauslösenden Situationen verzichten. Die In-vivo-Darbietung der angstauslösenden Situation ist besonders effektiv. Die Wirksamkeit übersteigerter Vorstellungen von phobischen Reizen (Implosion) ist zweifelhaft. Eine gewisse Dauer der Konfrontation scheint die Voraussetzung für die Wirksamkeit zu sein (etwa eine Stunde). Interessant ist, daß es in Tierexperimenten nach forcierter Extinktion, mit der die Reizüberflutung vergleichbar ist, leicht zum Rückfall kommt. Benline und Simmel (1967) fanden, daß Ratten, die in dem Elektroschock-Käfig die Vermeidungsreaktion gelernt hatten und anschließend z. B. 80 mal in Käfig gehalten wurden, ohne daß sie einen Schock erlebten. Am fünften Tag jedoch zeigte sie wieder genausoviele Vermeidungsreaktionen wie andere Tiere, die eine Reaktionsverhinderung nicht mitgemacht hatten.

Es sieht demnach so aus, als wenn es wichtig sein könnte, das Verhaltensrepertoire der Klienten zu ergänzen und die Lücken, die durch die Beseitigung des Vermeidungsverhaltens entstehen, durch positive Verhaltensalternativen aufzufüllen.

Es sind eine Reihe von kognitiven Variablen im Zusammenhang mit der Konfrontationstherapie manipuliert worden. Einmal war es die Erfolgserwartung auf Seiten des Klienten, die bei Instruktion manipuliert wurde (die Therapeuten priesen das Verfahren als das Beste aller möglichen). Stern und Marks (1973) fanden ebenso wie Gelder et al. (1973) keinen Einfluß der Erwartung auf den Erfolg. Diese Ergebnisse sind schwer mit jenen von Efron und Marcia (1967) zu vereinbaren, die weiter oben zitiert wurden und auf die Möglichkeit eines Erwartungseffektes hinweisen. Neben der Erwartung ist die kognitive Komponente der internen Attribution schon genannt worden (s.o.). Darüber hinaus scheint Ermutigung eine Rolle zu spielen – und zwar einmal, wenn sie verbal oder nonverbal vom Therapeuten für Fortschritte gegeben werden, zum anderen aber auch Selbstermutigungen im Sinne von Suggestionen. Fast alle Therapeuten

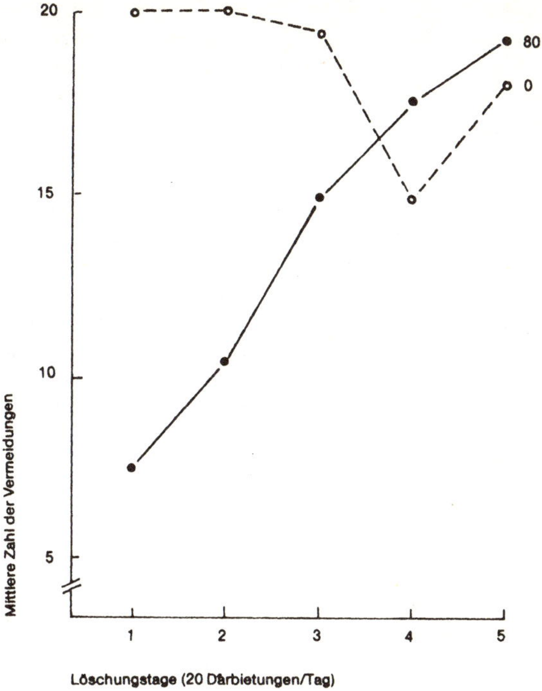

Abb. 7.10: Zunahme der Vermeidung nach forcierter Extinktion (80 Durchgänge) verglichen mit einer Gruppe, die keine Extinktion erhielt (nach Butollo 1979).

verwenden neben der Entspannung und dem hierarchischen Vorgehen bzw. der massiven Konfrontation mit dem angstauslösenden Stimulus ermutigende Selbstgespräche des Klienten. So wird der Klient angehalten, sich Anweisungen zu geben wie: »das schaffe ich« ... »tief durchatmen und einfach durchstehen« ... »ich weiß, was ich zu tun habe, und mir kann nichts passieren«.
Eine weitere Variable zur Erhöhung des Therapieerfolgs könnte die Ablenkung sein, die insbesondere bei Streßuntersuchungen eine Rolle gespielt hat. Kanfer et al. (1973) zeigten Personen, die ihre

Hand in kaltes Wasser hielten, Farbdias, deren Abfolge sie selbst steuern konnten. Unter dieser Bedingung hielten die Versuchspersonen die Kälte besser aus als unter neutralen Bedingungen. Allerdings scheint die Übertragung auf die phobische Situation nicht vielversprechend, da die Abwendung vom phobischen Stimulus gerade das ist, was der Klient von Haus aus macht: nämlich Vermeidung. Vielmehr scheint ein Aufmerksamkeitstraining auf die verschiedenen Manifestationen der Angst und deren Bewältigungsmöglichkeiten in den eigenen Reaktionen sinnvoll. Hiervon geht insbesondere das Selbstinstruktionstraining nach Meichenbaum (siehe Kapitel 8) aus. Es wird insgesamt klargeworden sein, daß bei den Verfahren der Angstbewältigung die Kognitionen eine erhebliche Rolle spielen – angefangen mit der Tatsache, daß die Desensibilisierung eine Vorstellungsübung ist. Ebenso spielt der Aufbau von Verhaltensalternativen eine große Rolle. Man kann daher die drei verhaltenstherapeutischen Ansätze nur im Verbund sehen und gemeinsam anwenden.

Empfohlene Literatur

Bandura, A. (1969) Principles of Behavior Modification, New York: Holt, Rinehart und Winston

Bartling et al. (1979) Reizüberflutung, Stuttgart: Kohlhammer

Bergin, A. E. Garfield & S. L. (1992) Handbook of psychotherapy and behavior change. Kap. 9. New York: Wiley

Bellack, A. S., Hersen, M. & Kazdin, A. E. (1982) International handbook of behavior modification and therapy. Kap. 13, 16 und 20. New York: Plenum Press

Frankl, V. E. (1978) Der Wille zum Sinn, Bern: Huber

Hautzinger, M. (Hrg.) (1995) Kognitive Verhaltenstherapie bei psychischen Erkrankungen. München: Quintessenz

Kallinke, D. et al. (1979) Die Behandlung von Zwängen, München: Urban und Schwarzenberg

Kanfer, E. H. & Schefft, B. K. (1988) Guiding the process of change. Champain: University of Illenois Press

Lazarus, A. A. (Hrsg.) (1972) Angewandte Verhaltenstherapie, Stuttgart: Klett-Cotta

Margraf J. & Schneider S. (1990) Panik, Angstanfälle und ihre Behandlung. Berlin: Springer

O'Leary, D. K. & Wilson, G. T. (1987) Behavior Therapy, Application and Outcome (2nd ed.). Englewood Cliffs, N. J.: Prentice Hall, Inc.

Wolpe, J. (1965) Verhaltenstherapie, Bern: Huber

Anhang 1

Fear Survey Schedule (FSS) nach Wolpe und Lang 1968

Ich habe Angst (da)vor . . .	1	2	3	4	5
1. dem Geräusch des Staubsaugers					
2. offenen Wunden					
3. dem Alleinsein					
4. lauten Stimmen					
5. Leichen					
6. in der Öffentlichkeit zu sprechen					
7. eine Straße zu überqueren					
8. Geisteskrankheiten					
9. fremder Umgebung					
10. hinzufallen					
11. Automobilen					
12. Prüfungssituationen					
13. dem Zahnarzt					
14. Donner					
15. Sirenen					
16. im Leben zu versagen					
17. Mißerfolg im Studium					
18. Mißerfolg beim anderen Geschlecht					
19. einen Raum zu betreten, in dem andere Menschen bereits sitzen					
20. hohen Gebäuden					
21. vom Balkon hoher Gebäude herabzusehen					
22. Würmern					
23. Fabelwesen					
24. einer Spritze					
25. Fremden					
26. Fledermäusen					
27. einer Reise in der Bahn					
28. Gespenstern					
29. selbst wütend zu sein					
30. Autoritätspersonen					
31. fliegenden Insekten					
32. zuzuschauen, wie andere eine Spritze bekommen					
33. plötzlichem Lärm					
34. Reisen im Auto					

	1	2	3	4	5
35. Unwetter					
36. Menschenmassen					
37. Katzen					
38. Naturkatastrophen					
39. wenn eine Person eine andere einschüchtert					
40. brutal aussehenden Menschen					
41. Vögeln					
42. an tiefen Gewässern zu stehen					
43. bei der Arbeit beobachtet zu werden					
44. toten Tieren					
45. Waffen					
46. Schmutz					
47. Reisen im Bus					
48. kriechenden Insekten					
49. bei einer Rauferei zuzuschauen					
50. häßlichen Menschen					
51. Feuer					
52. kranken Menschen					
53. Kritik anderer					
54. Berühren durch andere					
55. im Fahrstuhl zu fahren					
56. bei einer chirurgischen Operation zuzuschauen					
57. wütenden Menschen					
58. Mäusen und Ratten					
59. tierischem Blut					
60. dem Abschied von vertrauter Umgebung					
61. in engen Räumen eingeschlossen zu sein					
62. einer bevorstehenden Operation					
63. dem Gefühl, von anderen abgelehnt zu werden					
64. Reisen im Flugzeug					
65. dem Geruch von Medikamenten					
66. dem Gefühl, von anderen nicht anerkannt zu werden					
67. harmlosen Schlangen					
68. Friedhöfen					
69. von anderen nicht beachtet zu werden					
70. Dunkelheit					
71. Herzstolpern					
72. nackten Frauen					
73. Blitzen					

	1	2	3	4	5
74. Ärzten					
75. Krüppeln oder verwachsenen Menschen					
76. selbst Fehler zu machen					
77. dumm auszusehen					
78. die Selbstkontrolle zu verlieren					
79. Ohnmachtsanfällen					
80. nackten Männern					
81. Übelkeit					
82. harmlosen Spinnen					
83. die Verantwortung zu übernehmen					
84. dem Anblick von Messern oder scharfen Gegenständen					
85. geisteskrank zu werden					
86. schriftlichen Prüfungen					
87. mit einer Person des anderen Geschlechts zusammen zu sein					
88. großen freien Plätzen					
89. Hunden					
90. Bazillen					
91. unbekleidet gesehen zu werden					
92. selbst Medikamente einzunehmen					
93. sexuell erregt zu sein					
94. der Strafe Gottes					
95. homosexuellen Vorstellungen					
96. in einer Gesellschaft unpassend gekleidet zu sein					
97. Geistlichen					
98. die Gefühle anderer zu verletzen					
99. dem Küssen					
100. Leichenbestattern					
101. Polizisten					
102. Fischen					
103. Masturbation					
104. das Elternhaus zu verlassen					
105. körperlichen Untersuchungen					
106. der Ehe					
107. Erbrechen					
108. andere in sexueller Erregung zu sehen					
109. in eine Rauferei verwickelt zu werden					
110. an psychologischen Experimenten teilzunehmen					

	1	2	3	4	5
111.					
112.					
113.					
114.					
115.					
116.					
117.					
118.					
119.					
120.					

Anhang 2: Maudsley Zwangs-Inventar (MOC)

(nach Hodgson und Rachman aus Kallinke et al. 1979)

Bitte beantworten Sie jede Frage mit »Ja« oder »Nein«.
Es gibt keine richtigen oder falschen Antworten und keine Fangfragen. Arbeiten Sie zügig und denken Sie nicht zu lange über die genaue Bedeutung jeder Aussage nach.

1. Ich vermeide es, öffentliche Telefone wegen möglicher Beschmutzung zu benutzen.
2. Häufig kommen mir scheußliche Gedanken in den Kopf, und ich finde es schwierig, sie wieder loszuwerden.
3. Mir liegt mehr an Ehrlichkeit als den meisten Leuten.
4. Ich verspäte mich häufig, da ich anscheinend mit nichts rechtzeitig fertig werden kann.
5. Ich mache mir nicht übermäßige Gedanken um Ansteckung, wenn ich ein Tier anfasse.
6. Häufig muß ich Dinge (z. B. Gas- oder Wasserhahn, Türen etc.) mehrmals kontrollieren.
7. Ich habe ein sehr strenges Gewissen.
8. Ich stelle fest, daß ich fast jeden Tag durch unangenehme Gedanken, die mir gegen meinen Willen in den Sinn kommen, beunruhigt werde.
9. Es macht mir nicht übermäßig viel aus, wenn ich zufällig mit jemandem zusammenstoße

10. Gewöhnlich habe ich ernstliche Zweifel wegen einfacher alltäglicher Dinge, die ich tue.
11. Keiner meiner beiden Eltern war während meiner Kindheit sehr streng mlt mir.
12. Ich neige dazu, mit meiner Arbeit in Verzug zu geraten, da ich Dinge immer und immer wiederhole.
13. Ich verbrauche nur eine durchschnittliche Menge an Seife.
14. Es gibt einige Zahlen, die äußerst unglücksbringend sind.
15. Ich kontrolliere Briefe nicht mehrfach, bevor ich sie in den Briefkasten werfe.
16. Ich brauche nicht lange, um mich morgens anzukleiden.
17. Ich bin nicht übertrieben um Sauberkeit bemüht.
18. Eines meiner Hauptprobleme ist, daß ich zu sehr auf Einzelheiten achte.
19. Ich kann sauber gepflegte Toiletten ohne Zögern benutzen.
20. Mein Hauptproblem ist wiederholtes Kontrollieren.
21. Ich bin nicht übermäßig um Krankheitskeime und Krankheiten besorgt.
22. Ich neige nicht dazu, Dinge mehr als einmal zu kontrollieren.
23. Ich halte mich nicht an eine strikte Routine, wenn ich alltägliche Dinge erledige.
24. Meine Hände fühlen sich nicht schmutzig an, nachdem ich Geld angefaßt habe.
25. Gewöhnlich zähle ich nicht, während ich eine Routinetätigkeit verrichte.
26. Ich brauche ziemlich lange, um morgens mit dem Waschen fertig zu werden.
27. Ich verbrauche keine größeren Mengen an Desinfektionsmitteln.
28. Ich verbringe täglich eine Menge Zeit damit, Dinge immer wieder zu kontrollieren.
29. Das Auflhängen und Zusammenfalten meiner Kleider am Abend nimmt nicht viel Zeit in Anspruch.
30. Sogar wenn ich etwas sehr sorgfältig tue, habe ich oft das Gefühl, daß es nicht ganz in Ordnung ist.

8. Kognitive Therapien

8.1 Einleitung

Das Aufkommen kognitiver Ansätze

Die traditionelle Verhaltenstherapie versuchte ihre Methoden auf ein stringentes Fundament zu stellen und wählte eine Theorie der externen Kontrolle. Stimulus (S) und Konsequenz (C) steuern hiernach das Verhalten (R). Der Organismus (O) beherbergt neben individuellen Differenzen in organischen Variablen (körperliche Beeinträchtigungen, Empfindlichkeiten und andere Dispositionen), einen oder mehrere Mechanismen zur Verknüpfung von Reiz und Reaktion (Diskrimination, D) sowie von Reaktion und Konsequenz (Kontingenz, K). Das resultierende S_D-$R_{(O)}$-C_K Modell ist linear, operationalisierbar und scheinbar deterministisch. Es enthält drei beobachtbare Komponenten (S-R-C) und zwei manipulierbare Größen (D, K) sowie eine dehnbare Restgröße (O), gewissermaßen die Verlegenheitslösung für die unbestimmbare Fehlervarianz in den Beobachtungen. Die Sparsamkeit dieses Modells Newtonscher Wissenschaftsauffassung wurde zugleich zum schärfsten Vorwurf gegen die Verhaltenstherapie. Das Modell scheint im Sinne einer humanistischen Anthropologie ärmlich, eine »Verkarstung« der Psyche. Als programmatischer Ansatz, um die Analyse des Verhaltens auf eine kontrollierte Basis zu stellen, ist es methodisch vertretbar – eine zeitlang. Die Vielzahl der experimentellen Befunde führte zu einer ständigen Veränderung der Methodik und der theoretischen Annahmen, so daß diese Strategie längst ihren heuristischen Wert erwiesen hat.

Das darf aber nicht über die Tatsache hinwegtäuschen, daß Fortschritte nur durch Veränderung grundsätzlicher Annahmen erzielt werden. Es liegen viele Phänomene auf der Hand, die das Modell der externen Kontrolle als unzureichend ausweisen und die Richtung, in die sich die Verhaltenstherapie erweitern würde, war offensichtlich. Im klinischen Bereich fallen Phänomene auf wie »Erwartungseffekte« in der Therapie, »Glauben an die Kompetenz«, »Selbstwert«, »irrationale Einstellungen zu sich und der Umwelt«, »interne/externe Kontrollattributionen«, »Selbstkontrolle«, »Imi-

tationslernen«, »Informationslernen«, »Entscheidungsverhalten«, um nur einige Phänomene zu nennen, bei denen Veränderung nicht nur extern gesteuert wird. Die Technik der Desensibilisierung (Kapitel 7) selbst –eine der frühesten und am weitesten verbreiteten Arten der Verhaltenstherapie – könnte als kognitiver Prozeß charakterisiert werden, da dabei interne Bilder (Vorstellung der phobischen Situationen) durch andere interne Bilder (Ruhebilder) und Gefühle (Entspannung, Gelassenheit) kompensiert werden.
Meichenbaums Versuch (1977), die Begrifflichkeit von Gedanken zu klassifizieren, zeigte zugleich die Uneinheitlichkeiten innerhalb des theoretischen Rahmens der kognitiven Therapie (siehe Jaeggi 1979). Danach gelten Gedanken als:

1) Verdeckter Teil einer beobachtbarenVerhaltenskette ;
2) Mechanismus der Beriffsbildung und Attribution;
3) handlungsbegleitender Selbstkommentar;
4) Mechanismus des Problemlösens;
5) Mechanismus des Schlußfolgerns;
6) Mechanismus Bewertung;
7) Probehandeln (verdecktes Verhalten).

Unzureichend wird dabei die Unterscheidung zwischen deklarativem und imaginativem Denken diskutiert. Das deklarative Denken benutzt eine digitale Abbildung in Form von Propositionen, in denen beschreibende Aussagen über Einzelheiten der Realität gemacht werden. Die Vorstellung dagegen soll nach einigen Autoren über analoge Abbildungsfunktionen verfügen. Das wird beispielsweise an Aufgaben deutlich, in denen Bilder mental durch Rotation ineinander überführt werden sollen: die Bearbeitungszeit entspricht in etwa dem Winkel, der bei mechanischer Rotation in der Realität nötig wäre (vgl. Rollins 1979). Die Unterscheidung zwischen analoger und digitaler Informationsverarbeitung findet sich auch in Paivios Theorie des szenischen und verbalen Gedächnisses (Paivio 1971).

zu 1) *Verdecktes Verhalten:* Skinners Schüler Homme (1965) betrachtete zuerst Gedanken als verdeckte, d. h. nicht beobachtbare Verhaltensweisen, als die »mentale Operanten« (sog. Coveranten). Entsprechend schlug er eine Technologie der koveranten Kontrolle des Verhaltens vor (s.u.). Analog, aber mit einem Blick auf die klassische Konditionierung im Gegensatz zur instrumentellen, kreierte Cautela (1966) eine Reihe von kognitiven Verfahren, die er verdeckte Konditionierung nannte («covert sensitization, covert reinforcement, covert extinction»).

zu 2) *Konstrukte und Attribution:* Als eigentliche Väter der kognitiven Verhaltenstherapie sind Frankl, Rotter, Kelley, Beck und Ellis zu bezeichnen (vgl. auch Mahoney und Arnkoff 1978). Rotter (1954) hatte insbesondere bei Kindern den Einfluß sozialer Faktoren auf das Verhalten beschrieben und unterschied dabei zwischen internaler und externaler Attribution. Erweitert wurden diese Überlegungen durch den Aspekt der stabilen/zufälligen sowie der globalen/speziellen Attribution. Eine stabile, internale und globale Ursachenattribution entspricht als Modell der Depression, die dem Phänomen der (durch unvermeidbare elektrische Schocks) gelernten Hilflosigkeit im Tierversuch (Seligman 1975) nur bedingt entspricht, da hier die Attribution external wäre. Typischerweise werden die positien Ereignisse vom Depressiven eher als instabil, nichtverallgemeinerungsfähig und external wahrgenommen.

Kelley (1955) führte den Konstruktivismus in die Psychotherapie ein. Mit einer psychometrisch ausgearbeiteten Methode versucht er die innere Welt des Individuums als ein Bezugssystem zwischen dem Selbst und verschiedenen bedeutsamen Personen der Umwelt als persönliches Rollenrepertoire zu rekonstruieren («personal cunstruct repertoire»).

zu 3) *Selbstkommentare*: Die therapeutische Wirkung begleitender Selbstinstruktion hat Meichenbaum (1972) für unterschiedliche Störungen und Klientenpopulationen untersucht.

zu 4) *Problemlösen*: D'Zurilla und Goldfried (1971) haben psychologische Probleme durch rationale Analyse und Planung anzugehen versucht.

zu 5) *Schlußfolgern* und 6) *Bewertung*: Frankl (1939) prägte den Begriff der noetischen Neurose, d. h. der psychischen Störung als Sinnkrise und setzte dem als kurative Intervention die Logotherapie entgegen, in der es um Umbewertung der Fakten geht. Beck (1963) entwickelte aus einer psychodynamischen Perspektive die Möglichkeiten der kognitiv gesteuerten Verhaltensänderung. Er beobachtete, daß neben den freien Assoziationen, die in der Analyse gefördert werden, der Klient andere Gedanken hat, die der Therapeut im allgemeinen übersieht. Die entscheidende Änderung gegenüber der psychoanalytischen Auffassung liegt darin, daß diese Gedanken als Selbstinstruktionen aufgefaßt werden, die man modifizieren kann, ohne einen kindlichen Konflikt zu erörtern. Man kann ihre Unrichtigkeit und ihre Verzerrung darstellen und den Klienten zu anderen,

weniger hinderlichen Überzeugungen und Kommentaren führen. Ellis (1962) hat sich mit seiner Rational-Emotiven Therapie (RET) für eine nachdrückliche Korrektur kognitiver Fehlhaltungen gegenüber der Umwelt ausgesprochen.
zu 7) *Probehandeln*: Bandura (1976, 1986) lenkte die Aufmerksamkeit auf die Möglichkeiten des Modell-Lernens. Das heißt, Verhalten kann erworben und verändert werden, indem das Idividuum ohne motorischen Vollzug einem Modell zusieht. Ähnlich hatte auch schon Tolman (1932) unter Verweis auf Tierexperimente zum latenten Lernen argumentiert, daß durch Stimulus-Stimulusverknüpfungen kognitive Landkarten enstehen, die der Organismus konsultiert, um sich zu orientieren. Hierbei dürfte die erwähnte nonverbale Repräsentation eine Rolle spielen.

Ein weiterer Beitrag zur kognitiven Therapie sind Kanfers Überlegungen zur Selbstkontrolle (1971), wo davon ausgegangen wird, daß Stimulus und Konsequenz nach individuellen Maßstäben bewertet werden. Damit kann der Stimulus umgedeutet und Verhaltensablauf sowie Konsequenz intern vorweggenommen und umgedeutet werden. Durch den Vorgang dieser Selbstbeobachtung wird der Ablauf in einzelnen Komponenten kontrollierbar und vorhersehbar.

Historische Grundlagen

Es gibt eine Reihe historischer Vorläufer für die kognitive Beeinflussung von psychischen Störungen. Zunächst ist die Philosophie der griechischen und römischen Klassik prinzipiell eine Lebensphilosophie, mit der eine Minimierung des menschlichen Leidens angestrebt wird. Sie entwickelte sich etwa im 500 Jahre vor Christi Geburt im Anschluß an die Naturphilosophie, in der es um die Erklärung der kosmischen Gesamtheit ging (etwa Thales, Pythagoras, Heraklit, Empedokles, Demokrit). In den Stadtstaaten Griechenlands traten die Sophisten auf, die die Flexibilität der Sprache nutzten, um die Beliebigkeit politischer Meinungen nachzuweisen und die Relativität einer rethorisch geschickten Argumentation zu zeigen (etwa Prothagoras oder Georgias). Diese Redekunst wurde von Sokrates in den durch Platon überlieferten Dialogen dazu verwendet, die Bürger Athens auf den Pfad der Tugend zu bringen.
Nach Sokrates Auffassung besteht Tugend in der liebevollen Bemühung um die Wahrheit, die aber niemals erreicht wird. Wenn einer

nun meinte, er sei bereits im Besitz der Wahrheit und damit der Tugend, dann zerstörte Sokrates diese vordergründige Gewißheit durch geschickte Verdrehung der Wortbedeutungen und selektive Wahl der Beispiele. Etwa trifft er den Priester Eutyphron auf den Stufen des Tempels und fragt ihn in aller Öffentlichkeit: »Du weißt doch gewiß, was Frömmigkeit ist ?« Der meint dies bestätigen zu müssen zu und antwortet: »Frömmigkeit, das ist die Beschäftigung mit den Göttern.« Darauf spottet Sokrates: »So wie die Landwirtschaft die Beschäftigung mit den Ochsen sei?«. Da in der kognitiven Therapie häufig auf den sogenannten «Sokratischen Dialog» Bezug genommen wird, sei der Dispuationsstil des Sokrates am Beispiel des Charmides verdeutlicht (Platon 1991).

Charmides hat Kopfschmerzen, und Sokrates bietet sich als Heiler an. Er argumentiert psychosomatisch, indem er sagt, man könne die Kopschmerzen nur heilen, wenn man den Geist geheilt hat – so wie man den Körper heilen nicht kann ohne den Kopf zu berücksichtigen. Und der gesunde Geist sei im Besitz der Tugend – in diesem Fall geht es um die Besonnenheit, für die Charmides bekannt war. Aber Sokrates fragt: Wenn die Besonnenheit eine Tugend ist, dann muß sie wie alle Tugenden schön und gut sein. Und die Besonnenheit, ja das sei doch Ruhe, also müsse die Ruhe auch schön und gut sein. Dem allem stimmt Charmides zu. Ja und die Ruhe beim Laufen z. B., das sei doch Langsamkeit – aber die ist doch nicht schön oder gut. Der Klient muß seinem Therapeuten recht geben. Und die Ruhe beim Lernen, Rechnen, Lesen das sei doch Dummheit und Ungeschicklichkeit. Auch dies muß der zunehmend irritierte Klient zugeben. Also dann sei Ruhe nicht schön und nicht gut und demnach die Besonnenheit, deren die Ruhe ein Teil ist, auch keine Tugend. Der Klient ist nun verwirrt und Sokrates hat es leicht zu sagen, daß Charmides wider aller Meinung wohl doch nicht die Tugend der Besonnenheit kenne. Der Klient muß sein Nichtwissen eingestehen, was für Sokrates der Beginn der Tugend ist. Diese Argumentation läßt sich als destruktiver Syllogismus zusammenfassen:*

Prämisse 1: Tugend ⇒ schön und gut
p_1: (Besonnenheit = schön/gut) ⇒ q : (Besonnenheit = Tugend)

Prämisse 2: Ruhe ⇒ Besonnenheit
p_2: (Ruhe = schön/gut) ⇒ p_1 : (Besonnenheit = schön/gut)

* Die Syllogismen gab es allerdings in der Form noch nicht zu Sokrates Zeiten; sie wurden erst zwei Generationen später von Aristoteles systematisiert.

Induktive Prüfung:

$\neg p_2$: Ruhe = $\neg$ (schön oder gut)

z. B. beim Laufen, Denken,Schreiben, Rechnen

Widerlegung:

Also $\neg p_1$: Besonnenheit ist nicht schön (und gut)

also $\neg q$: Besonnenheit ist offenbar keine Tugend

Wie man sieht, verwendet Sokrates in seiner Argumentation systematisch willkürliche Einengungen von Begriffen (Besonnenheit sei Ruhe) und passende Beispiele zur induktiven Beweisführung auf Plausibilitätsniveau (Laufen, Rechnen), d. h. keine stringente sondern sehr suggestive Beweisführung. Er strukturiert den Dialog so, daß sein Gesprächspartner immer nur mit Ja oder Nein antworten kann. Er erreicht durch diese rethorischen Kniffe, daß der andere verwirrt ist und seinen Standpunkt aufgibt. Genau dies wollen die kognitiven Therapeuten von ihren Klienten bezüglich der sog. irrationalen Ideen erreichen.

Sokratischer Dialog als destruktiver Syllogismus

	Direkt	**Indirekt**
Beweis	$p = q$ q ——— p	$p \Rightarrow q$ q ——— q
Widerlegung	$p = q$ $\neg q$ ——— $\neg p$	$q \Rightarrow p_1$ $p_1 \Rightarrow p_2$ ——— $\neg p_2 \Rightarrow \neg p_1$ $\neg p_1 \Rightarrow \neg q$ **Also: $\neg q$** **(Destruktiver Syllogismus)**

Tabelle 8.1: Sokrates «Destruktiver Syllogismus» im Dialog des Charmides als indirekte Form der Widerlegung.

Andere Philosophen der Antike, insbesondere die Stoiker, wurden ebenfalls bemüht, um die Strategie der kognitiven Therapie zu untermauern. Tatsächlich ergeben sich vielfache Argumente aus der klassischen Lebensphilosophie, um eine Leidenshaltung zu korrigieren. Dies kann u. a. durch Relativierung, Eingeständnis des Nichtwissens, Hedonismus, Verzicht oder Gleichmut erreicht werden. Tabelle 8.2 gibt eine Auswahl davon wieder.

Kognitive Therapie in der Antike	
Relativismus:	Sophisten (z. B.Protagoras): »Der Mensch ist das Maß aller Dinge.«
Nichtwissen:	Sokrates z. B. Tugend erlangt man durch liebendes Bemühen und Zweifel an der Gewißheit: »Ich weiß, daß ich nichts weiß.«
Vermeidung des Unglücks	Hedonismus (z. B.Epikur): »Genieße das Angenehme.Vermeide das Unangenehme und wenn es nicht zu vermeiden ist, ignoriere es.«
Verzicht:	Kyniker (z. B.Diogenes): Bedürfnislosikeit schafft Unabhängigkeit »Geh mir aus der Sonne, Alexander.«
Gleichmut:	Stoiker z. B. (Epiktet, Seneca): »Das Gute an beständigem Unglück ist, daß es abhärtet.«

Tabelle 8.2: Antike Lebensphilosophien in Beispielen.

Die Macht des Gedankens für das Seelenheil zu nutzen, wird in einem eingeschränkten Sinn auch von religiösen Autoren genutzt. Alle Heilslehren propagieren Doktrinen – von Laotses Vereinigung der Gegensätze im Tao über Buddahs Weg der Mitte zur christlichen Tradition (vgl. Jaspers 1951). Und es fragt sich, inwieweit Psychotherapie heute ähnliche Funktionen hat wie Beichte oder Erwekkung von früheren Zeiten. Diese Diskussion würde den Rahmen des Buches sprengen. Aber methodisch interessant sind die Einreden der mittelalterlichen Mönche, die sowohl den Coverantentechniken Cautelas als auch den Selbstinstruktionen Meichenbaums zur Streßbewältigung ähneln (s.u.). So finden sich bei Euagrios Ponticos 600 negative Selbsteinreden, die an Ellis irrationale Ideen erinnern (Jäger 1996). Der Mönch spekuliert in seinem «Antirretikos» aus dem 4. Jh. n. Chr., daß die Laster durch solche Einreden aufrechterhalten werden und man ihnen durch entsprechende Gegeneinreden abhelfen kann, wie sie sich etwa als Psalmen in der Bibel finden. Er geht davon aus, daß immer nur ein Gedanke den Geist besetzen kann und empfiehlt ein stringentes Vorgehen: Durch Schweigen auf den lasterhaften Gedanken warten und dann eine bündige Gegenrede finden, die fortan zu häufig auftretenden Alltagsbegebenheiten wiederholt wird (siehe Tabelle 8.3).

Zu den historischen Vorläufern der kognitiven Therapie zählt auch Coues positives Denken (1920), das als autosuggestive Methode an die Hypnoseschule von Nancy aus dem letzten Jahrhundert anknüpft. (siehe Band III). Dabei geht es um tägliche, aufmunternde Selbsteinreden, die denen der Mönche ganz ähnlich sind, etwa: *»Es geht mir von Tag zu Tag besser.«*

Diese Art der suggestiven Problembearbeitung hat etwas irrationales, durch den Verstand nicht vollständig aufklärbares. Das zeigt sich schon an der Nähe zur christlichen Mystik und zum Gebet. Trotzdem können sie uns subjektiv bedeutsam erscheinen, manch-

Kognitive Therapie im Mittelalter

Lasterhafte SelbstEinreden:

Völlerei:	Ich brauche unbedingt diese Nahrung, sonst schade ich meiner Gesundheit.«
Habsucht:	»Du hast doch selbst nicht genug, warun sollst Du etwas geben.«
Unzucht:	»Es hat keinen Zweck gegen den Trieb anzukämpfen, er ist doch viel zu groß.«
Traurigkeit:	» Ich kann nicht mehr, es geht doch alles bei mir schief, ich bin ein Versager.«
Zorn:	»Der ander gibt sich keine Mühe, er lebt verkehrt«
Lustlosigkeit:	»Wozu soll ich mich anstrengen, es ist doch alles sinnlos.«
Ruhmsucht:	»Die Menschen warten alle auf meinen Rat.«

Therapie: Antirretikos

1. Schweigen, damit die lasterhaften Gedanken in den Kopf treten
2. Eine passende Gegenrede finden; sie soll
   persönliche Schlüsselworte enthalten
   prägnant kurz und sein sowie Freude, Liebe Gelassenheit, Geduld herrufen (Früchte des Glaubens),
   z. B. *»In Deine Hände lege ich meinen Geist.«* (Psalm 31),
   »Wie's kommt, so wirds gefressen« (vor schweren Aufgaben).
3. Den Tag schon mit der frommen Einrede beginnen
4. Die Einrede mit einer ganz gewöhnlichen Tätigkeit verbinden (Premackprinzip): z. B. beim durch eine bestimmte Türe gehen, beim Läuten der Glocken.
5. Häufig wiederholen (Übungsprinzip).

Tabelle 8.3: Selbsteinreden und deren Behandlung durch Gegenreden bei den mittelalterlichen Mönchen (Euagrios Ponticos, 4. Jh. n. Chr.).

mal bedeutsamer als die Entscheidungen und Bewertungen der Vernunft. Auf der anderen Seite ist unsere alltägliche Denkweise, wenn es ernst wird, etwa wenn wir etwas öffentlich vertreten müssen, oder uns zu rechtfertigen versuchen, wenn eine technisch umsetzbare Begründung für einen Vorgang gesucht wird oder gar wenn es um wissenschaftliche Erklärung und Beweis geht – von einer anderern Art der Informationsverarbeitung bestimmt. Sie wird Vernunft genannt und genießt ein hohes gesellschaftliches Ansehen – in unserer Kultur. Und natürlich finden sich auch therapeutische Ansätze, die diese Weltsicht ansprechen und sie zur Grundlage der Intervention machen – eben gerade die in diesem Band diskutierten Verfahren.

Am Anfang der kulturellen Wende, die die Vernunft auf ihre Fahnen geschrieben hat, stand der Rationalismus, die Aufklärung, in der das Mystisch-Magische aus dem Denken verbannt werden sollte. Natürlich hat dies eine Gegenbewegung hervorgebracht, die Romantik, aber auf die folgte der Technizismus unseres Jahrhunderts und vielleicht wird diese Philosophie im nächsten Jahrhundert durch eine «New Age»-Philisophie abgelöst, in der Vernunft wieder eine untergeordnete Rolle spielt. Jedenfalls begann der Rationalismus etwa so: Im Jahre 1620 schaute Descartes aus dem Fenster und sinnierte dabei:

»Wenn ich so die Leute auf der Straße anschaue, dann komme ich nicht umhin zu sagen, daß ich Menschen sehe. Und doch sehe ich nur Hüte und Mäntel, die genausogut Geister oder Automaten bedecken könnten, die durch eine Mechanik bewegt werden.«

Und tatsächlich hat Descartes dann eine Betrachtungsweise eingeführt, die Menschen zu bewegten Automaten macht. Nach seiner Auffassung nämlich gibt es zwei Substanzen: Eine für das Körperliche (res extensa), das sind die Automaten, die wissenschaftlich untersucht werden können, und eine Substanz für das Denken (res cogitans), die über die Zirbeldrüse, wie er meinte, auf den Körper übertragen wird. Das Denken wird in der richtigen Form von der Vernunft beherrscht: Die Vernunft der systematischen Analyse, des Schlußfolgerns und Problemlösens. Alle diese Ansätze wurden später in der Psychotherapie aufgegriffen (s.u.).

Von der Psychotherapieforschung unabhängig hatte es immer schon eine umfangreiche kognitive Psychologie gegeben. Der Behaviorismus hatte die Rolle bewußter Kognitionen eine zeitlang zurückgedrängt, insbesondere der pragmatische Ansatz Skinners

(1953), der auf die Arbeiten von Hull (1943) aufbaut, läßt Lernen als einen Vorgang erscheinen, der ohne bewußte Denkleistung des Individuums abläuft. Es gab dagegen von jeher eine Opposition. Tolman (1932) hat schon der Hullschen S-R-Theorie entgegengehalten, daß es Lernen ohne Verhalten gibt (latentes Lernen), bei dem Tiere und erst recht Menschen Zusammenhänge von Stimulusgegebenheiten begreifen und kognitive Landkarten herstellen (S-S-Theorie). So lernen Ratten durch passives Hindurchführen durch Labyrinthe den Weg zur Zielbox mit Futter (vgl. Revenstorf 1967). Später ist das Konzept eines »denkenden Menschen« von Miller, Galanter und Pribram der eher mechanistischen Lerntheorie (1961) gegenübergestellt worden. Diese Autoren haben das sog. TOTE-Modell der Informationsverarbeitung formuliert. Mit einer Problemsituation konfrontiert überprüft ein Individuum zunächst die Situation (T, Test), handelt nach einer Hypothese (O, operate) und überprüft diese Situation dann neu in Bezug auf den Erfolg seiner Handlung (T, Test). Wenn die Handlung noch nicht oder noch nicht endgültig zum Erfolg geführt hat, wird dieser Ablauf wiederholt durchlaufen, bis die Überprüfung einen Erfolg verbucht. Dann wird diese Rückkoppelungsschleife verlassen (E, Exit). Dieses ganz allgemeine Problemlösemodell umfaßt sowohl die kognitive Theorie der Emotionen von Lazarus (s.u.) als auch rational explizite Entscheidungsvorgänge (Entscheidungstheorie) wie auch den Reflexbogen als biologisches Prinzip.

Kritik des nichtkognitiven S-R-Modells

Es gibt eine Vielzahl von Experimenten aus der Lerntheorie, die sich mit verdeckten Prozessen beschäftigen. Beispielsweise konditionierte Miller (1935) auf die Darbietung des Symbols T mit Hilfe eines elektrischen Schocks eine autonome Schreckreaktion. Abwechselnd mit dem T wurde eine 4 dargeboten, auf die kein Schock folgte. Wurde später die Versuchsperson aufgefordert, abwechselnd T und 4 zu denken, so ließ sich immer an Stellen, wo sie T dachte, die autonome Schreckreaktion nachweisen (im PGR).

Shaw (1940) zeigte, daß Vorstellungen körperliche Reaktionen hervorrufen können. Eine Versuchsperson stellte sich verschieden schwere Gewichte an den Armen vor. Die Armmuskulatur erhöhte ihren Muskeltonus entsprechend der vorgestellten Schwere. Daß

Träume oder Vorstellungen starke körperliche Reaktionen auslösen können, ist allgemein bekannt und ist etwa für sexuelle Erregung im Traum empirisch belegt worden (vgl. Band I). Oder man denke an die Vorfreude der Kinder bei dem Gedanken an Weihnachten.

In den vorangehend genannten Beispielen löst jeweils ein interner (kognitiver) Stimulus eine körperliche Reaktion, die beobachtbar ist, aus. Andererseits können externe Stimuli durch kognitive Variablen verändert werden. Nottermann et al. (1952) konditionierten z. B. eine Erhöhung der Herzrate durch Schock auf ein Lichtsignal. In der Extinktionsphase wurde eine Gruppe von Probanden über das Ausbleiben des Schocks instruiert. Bei diesen verminderte sich plausiblerweise die Herzrate sehr viel schneller als bei der Extinktionsprozedur ohne Instruktion. Hier geht es offenbar um Vorgänge, die in der Umgangssprache als Bewußtsein, Risikoeinschätzung, Bewertung usw. bezeichnet werden. Ebenfalls dem Bewußtsein entstammen Phänomene, die wir als »Absicht« bezeichnen und für die es in der Lerntheorie ebenfalls keine Formalisierung gibt, wohl aber in dem genannten TOTE-Modell.

Die Wirksamkeit der Umstrukturierung externer Ereignisse wies Dulany (1968) nach. In einem heißen Raum mußten die Probanden Sätze bilden und wurden, ohne daß sie darüber informiert waren, dafür belohnt, wenn sie das Wort »ein« darin vorkommen ließen. Sie wurden darüber informiert, daß auf richtige Sätze ein Luftstoß folgen würde. Danach erhielt eine Gruppe heiße (unangenehme) und eine andere Gruppe kühle Luftstöße. Die Anzahl der Sätze mit »ein« veränderte sich aber nicht entsprechend der physikalischen Eigenschaft des Verstärkers (heiße Luft: Bestrafung, Abnahme der Reaktion. Kühle Luft: Verstärkung, Zunahme der Reaktion). Vielmehr wurden die unangenehmen und angenehmen Luftstöße gleichermaßen im Sinne von Verstärkung und Bestrafung umgedeutet, je nachdem ob man die Person instruierte, der Luftstoß würde den richtigen oder den falschen Satz anzeigen. Hier wirkt das Etikett, eine kognitive Variable, stärker als die physikalische Variable (Temperatur).

Die Wirkung semantischer Faktoren bei der Konditionierung wies Maltzmann (1968) nach. Nachdem das Wort »Hase« mit Schocks assoziiert wurde und so eine konditionierte Schreckreaktion auslöste, wurde geprüft, ob diese Schreckreaktion auf Haare (phonetisch ähnlich) oder Kaninchen (semantisch ähnlich) generalisierte. Das letztere war der Fall.

Kognitive Theorien der Angst

R.S. Lazarus (1968) setzte sich näher mit dem kognitiven Bewertungsprozeß bei der Entstehung der Angst auseinander. Bei ihm hat dieser Entscheidungsprozeß mehrere Stufen, die zu unterschiedlichen emotionalen Begleiterscheinungen führen.

Stufe 1 Sttuationsbewertung:
Die wahrgenommene Situation wird in Bezug auf ihre möglichen Folgen eingeschätzt. Wenn sie als bedrohlich empfunden wird, wird die zweite Stufe mobilisiert. Dabei tritt die physiologische Streßreaktion *(Aktivierung)* begleitend auf.

Stufe 2 Reaktionsbewertung:
Das Reaktionsrepertoire wird im Hinblick auf die Bewältigung der Situation geprüft, ist Flucht die angemessene Reaktion, dann entsteht begleitend *Furcht.* Ist Angriff die angemessene Reaktion, dann entsteht begleitend *Ärger.* Ist keines der beiden möglich, so wird auf kognitive Bewältigungsstrategien zurückgegriffen. Dazu gehört die Aufmerksamkeitsveränderung (etwa stärkere Zuwendung oder Abwendung vom Objekt), zur Reduktion der Unsicherheit. Hier entsteht als Begleitemotion *Angst.*

Stufe 3 Neubewertung der Situation:
Nachdem eine der drei Bewältigungsformen initiiert wurde, wird eine neue Bewertung der Bedrohlichkeit vorgenommen. Bei noch bestehender Bedrohung kehrt das System zu Stufe 2 zurück. Dieser Vorgang wiederholt sich, bis die Bedrohung verschwindet.

Wie man sieht, handelt es sich bei diesem Modell um einen komplexen Spezialfall des Tote-Modells. In die Situationsbewertung gehen eine Reihe von Variablen ein. Persönlichkeitsvariablen: Intellektuelle Ausstattung und Erfahrung sind dominante Motive. Die Stimuluskonfiguration zeichnet sich durch die Variablen: Gefährlichkeit, Zeitpunkt des Eintreffens und mit der Situation verbundene Unsicherheit aus. Bei der Reaktionsbewertung spielen Variablen, wie: die Lokalisierbarkeit der Gefahrenquelle, Realisierung von Verhaltensalternativen und Situationszwänge eine Rolle. Bei der Lokalisierung der Gefahrenquelle können unterschiedliche Attributionen vorgenommen werden. Ist die Bedrohung nicht lokalisierbar, so kann eine Fehlattribution vorgenommen werden, um eine Handlungsgrundlage zu schaffen, die möglicherweise falsch ist, aber zumindest das Auftreten massiver Angst verhindert.
Epstein (1976) ist durch seine Untersuchungen an Fallschirmspringern und deren Angstbewältigungsstrategien bekannt geworden. Er befaßt sich mit dem Konzept der Hemmung. Die Beobachtungen

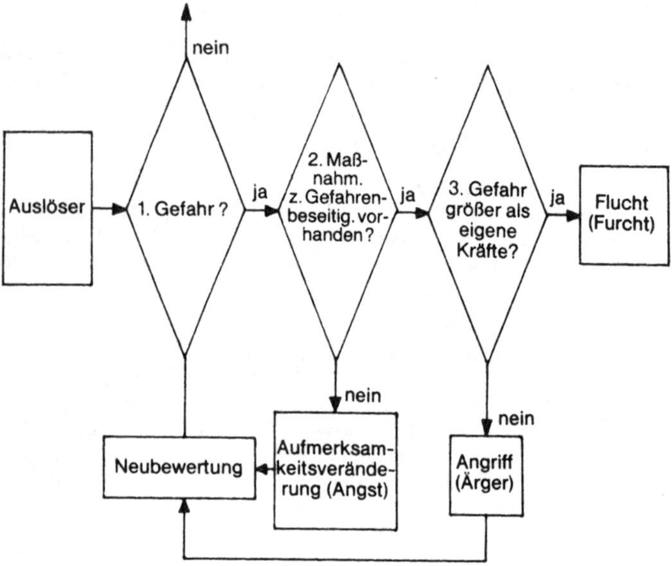

Abb. 8.1: Kognitive Theorie der Angst nach R. S. Lazarus.

bestanden darin, daß es routinierten Fallschirmspringern gelang, im Augenblick der aktuellen Bedrohung (beim Absprung) relativ angstfrei zu bleiben. Dafür erlebten sie den Höhepunkt ihrer Angst weit vorher (im Casino). Unerfahrenen Fallschirmspringern dagegen ging es so, daß sie den Höhepunkt der Angst unmittelbar vor dem Absprung erlebten, was sich für dessen Ausführung als hinderlich erweist. Epstein vermutet, daß kognitive Bewältigungsstrategien in der Lage sind, die Angstreaktion zu unterdrücken. Das Bewußtsein, die Bewältigung leisten zu können, kann im aktuellen Einsatz dazu verwendet werden, sich situationsgerecht zu verhalten. Epstein unterscheidet wie Lazarus zu diesem Zweck zwischen Furcht und Angst. Furcht tritt als Motivation zur Bewältigung der Bedrohung auf (durch Vermeidung oder Flucht). Angst dagegen tritt auf, wenn das Fluchtmotiv blockiert wird und die Lösung unmöglich scheint.

In Übereinstimmung mit den Vorstellungen von Lazarus, daß die Angst durch die Unfähigkeit ausgelöst wird, auf eine relevante Situation Einfluß zu nehmen, sind die Überlegungen von Seligman

(1975). Wenn traumatische Ereignisse nicht abwendbar sind, so ist die Situation für das Individuum unkontrollierbar. Das Individuum reagiert mit Angst und später womöglich mit Depression und Inaktivität (Hilflosigkeit). Angstreduzierend wirkt in solchen Situationen, wenn das traumatische Ereignis angekündigt wird – ein Signal. Das heißt, neben der Unkontrollierbarkeit ist die Unvorhersagbarkeit als zweite Komponente der Angstentstehung in Betracht zu ziehen.

Die geschilderten Ansätze zur Theorie der Angst machen deutlich, daß mit kognitiven und physiologischen Anteilen bei dem Entstehen und entsprechend auch bei der Verhinderung von Angst zu rechnen ist. Folgerichtig haben sich therapeutische Ansätze entwikkelt, die auf die physiologische Regulation (siehe Kap. 7) und solche, die auf die kognitive Regulation der Angst abzielen (s.u.).

Kognitive Therapie und traditionelle Einsichtstherapie

Die exemplarischen Untersuchungen, die genannt wurden, ebenso wie die allgemein bekannten Alltagsbeobachtungen, von denen weiter oben die Rede war, machen deutlich, daß ein umfassendes Modell des Verhaltens nicht ohne die Berücksichtigung verdeckter, kognitiver Ereignisse auskommt. Wenn man aber so etwas wie Emotionen, Attributionen, Konzeptbildung Umstrukturierungen, Vorstellungen u.ä. einbezieht, unterscheidet sich eine solche Theorie dann noch von traditionellen psychotherapeutischen Standpunkten, die Einsicht zum Vehikel der therapeutischen Bemühungen machen? Ja. Und zwar gewinnt man den Eindruck als ob nicht so sehr die behavioristische Ideologie für den weiteren Fortschritt der Therapieentwicklung entscheidend ist, als die behavioristische Methode: Sie besteht darin, Interpretationen aus der Grundlagenforschung abzuleiten, Maßnahmen zu konzipieren und Therapieformen experimentell zu überprüfen. Das geschieht durch den Versuch der kontrollierten Manipulation und der systematischen Beobachtung der Folgen. Es wird versucht unabhängige und abhängige Variablen meßbar zu machen. Die Effekte werden kurzfristig und langfristig nachgeprüft und zusammen mit Vergleichsdaten analysiert.

Welche Möglichkeiten hat man bei kognitiven Prozessen, objektive Daten zu erheben? Einmal kann die Folge kognitiver Prozesse ein langfristiger Leistungsunterschied sein, der sich im beobachtbaren Verhalten niederschlägt. Gelegentlich muß man sich auch auf sub-

jektive Berichte verlassen. Oft aber ist es möglich, einzelne Glieder der teils kognitiven Kette beobachtbar zu machen (S, R, C). Teilweise sind diese Kettenglieder physiologische Reaktionen, die man direkt erfassen kann. So wären private Ereignisse beobachtbar, vielfach sind sie es jedoch nur indirekt.
Die behavioristische Methode unterscheidet sich also von einer ganzheitlich humanistischen Methode dadurch, daß sie einen relativ simplen Ansatz unter großem Aufwand versucht zu durchleuchten. Damit können die Grenzen und die Tragweite dieses Ansatzes ausgelotet werden, um ihn gegebenenfalls zu erweitern. Die humanistische Vorgehensweise versucht, der Komplexität der Phänomene oft schon durch entsprechend komplexe Begriffe und theoretische Beziehungen im ersten Anlauf gerecht zu werden. Dadurch entzieht sich eine solche Theorie aber häufig der Überprüfbarkeit und nimmt sich die Chance der Revision. Denn die Bewertung kann nur noch sehr global vorgenommen werden – und bleibt daher oft Anschauungssache. Ob allerdings das simple S-R-C-Modell durch Einbeziehung kognitiver Vorgänge nicht seinen grundsätzlichen Rahmen in Frage stellt, wird die Betrachtung der entsprechenden Therapien auf den folgenden Seiten deutlich machen.
Im folgenden werden die unterschiedlichen Ansätze kognitiver Verhaltenstherapie in drei Abschnitten diskutiert: Verdeckte S-R-C-Therapien, kognitive Therapien und Modell-Lernen.

8.2 Verdeckte Konditionierung

Allgemeines

Im Anschluß an Homme (1965) sind Lernprozesse untersucht worden, bei denen Teile der S-R-C-Kette intern, also kognitiv, ablaufen und nur einzelne Kettenglieder der Verhaltenskette beobachtbar sind. Abbildung 8.2 gibt mit Beispielen verschiedene Möglichkeiten wieder, in denen unterschiedliche Kettenabschnitte verdeckt sind.

Der Auslöser (S) kann kognitiv sein, etwa die Vorstellung, in ein bestimmtes Land zu reisen, und der Rest des Verhaltens und die Belohnung sind beobachtbar. Es können sich aber auch Auslöser und Verhalten intern abspielen, etwa die Vorstellung einer baldigen Prüfung, daran anschließend Wiederholen des Stoffes in Gedanken (S-R). Hier ist nur die Folge beobachtbar: Die Unausgeschlafenheit am nächsten Morgen. Manchmal kann allein die Reak-

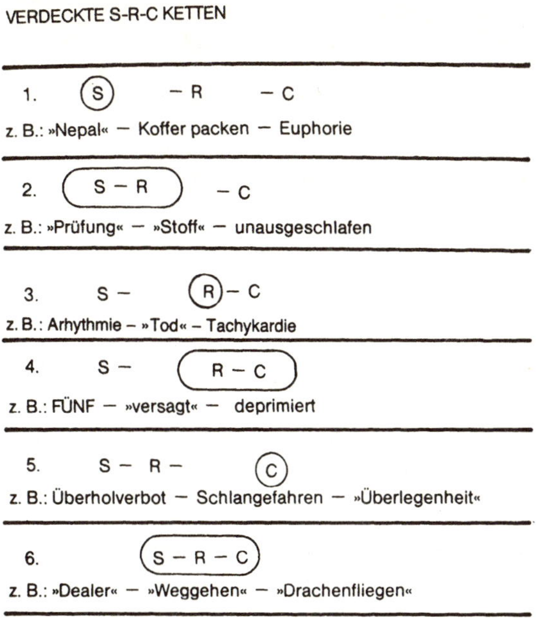

Abb. 8.2: Ganz oder teilweise verdeckte S-R-C-Ketten mit fiktiven Beispielen (Gedanken in »...«).

tion als intern verstanden werden: Der Auslöser sei eine beobachtbare Arhythmie des Herzschlages, die Reaktion darauf der Gedanke an das Sterben (R) und die Konsequenz hiervon eine (beobachtbar) erhöhte Herzrate. Es können aber auch Reaktion und Konsequenz auf einen externen Auslöser hin kognitiv sein: Eine schlechte Zensur geschrieben haben (fünf) löst intern die Reaktion aus »Du hast versagt«, was eine Niedergeschlagenheit zur Folge hat, die ebenfalls intern ist (RC). Es kann auch lediglich die Konsequenz kognitiv sein, etwa ich sehe ein Überholverbotsschild, fahre deswegen in der Reihe und überhole nicht und belohne mich nachher mit dem Zuspruch »... daß mich das alles überhaupt nicht aufregt« (C). Schließlich kann die ganze Verhaltenskette (S-R-C) kognitiv ablaufen, wie etwa in der verdeckten Belohnungsprozedur, bei der kognitiv trainiert wird, wie man sich in bestimmten Situationen zu verhalten hat und wie man sich kognitiv für den kognitiven Ablauf belohnt: Ein Drogenabhängiger soll sich beispielsweise vorstellen, er begegne seinem Dealer. Er reagiert darauf in der Vorstellung ganz anders als sonst, nämlich jetzt mit Verlassen der Szene. Und ihm wird dann mit zunehmender Entfernung von der kritischen Situation eine angenehme befreiende Vorstellung suggeriert (z. B. Drachenfliegen).

Diese Möglichkeiten erscheinen systematisch und sinnvoll. Allerdings wird sofort einiges aus der Aufstellung klar: Bei internen Ereignissen läßt sich schwer sagen, ob man sie besser als Reaktion (R), als Auslöser (S), oder als Konsequenz (C) bezeichnet. Diese Kategorien weichen im kognitiven Bereich auf und gehen ineinander über. Hieran zeigt sich dann möglicherweise der Substanzverlust der Verhaltenstherapie im kognitiven Bereich. Zunächst aber zu den wichtigsten Verfahren.

Gedankenstop: Verdeckte Stimuluskontrolle

Das Verfahren des Gedankenstops geht auf Bain (1928) zurück. Es ist eine besondere Art von Reizkontrolle. Menschen, die zwanghaft immer wieder von denselben Gedanken beunruhigt werden, kann man folgende Prozedur empfehlen. Man bittet die Person, die Augen zu schließen und sich eine typische Folge von diesen unerwünschten Gedanken vorzustellen und laut zu schildern. Im Verlauf der Schilderung ruft der Therapeut irgendwann »Halt« und macht auf die Tatsache aufmerksam, daß die Gedanken tatsächlich aufhören. Nach wiederholten Durchführungen sagt der Klient das Halt selbst, erst laut und dann später leise. Man kann auch für diesen Hinweisreiz noch einen zusätzlichen Hinweisreiz vorschalten, etwa einen Glockenton oder ein anderes Signal (Schlag auf die Tischplatte). Praktisch ist in solchen Fällen das Schnappen eines Gummibandes, das man am Armgelenk trägt. Wolpe (1972) berichtet von einem rapiden Absinken der Zwangsgedanken innerhalb einer 15-minütigen Behandlungsperiode von 20mal auf 2mal pro Minute.
Da hier ein interner Reiz gesetzt wird, (das Denken des Wortes »Halt«) auf den hin eine interne Reaktion (Zwangsgedanken) unterbrochen wird mit einer internen Erleichterung als Konsequenz, könnte man dies Verfahren als verdeckte Stimuluskontrolle bezeichnen. Allerdings ist damit der Mechanismus der Wirksamkeit keineswegs geklärt. Handelt es sich um Ablenkung? – Handelt es sich um eine mit anderen Gedanken inkompatible Reaktion? – oder wird der Zwangsgedanke beispielsweise einfach ersetzt durch einen anderen Inhalt, der mit großem Aufmerksamkeitswert ausgestattet ist? Der Gedankenstop wurde von Wolpe aufgegriffen und gehört zum Standardrepertoire des Verhaltenstherapeuten. Es gibt eine Reihe von Einzelfallstudien und zwei Gruppenuntersuchungen hierzu. Mahoney (1974) kommt zu dem Schluß, daß die Methode

wenig empirische Unterstützung gefunden hat und allein aufgrund ihrer Tradition so beliebt sein muß.

Desensibilisierung: Verdeckte Gegenkonditionierung?

Die bekannteste kognitive Methode überhaupt ist zugleich die erste systematisch untersuchte Technik der Verhaltenstherapie, nämlich die systematische Desensibilisierung. Hier werden interne Abläufe von Auslösern und phobischen Reaktionen durch Vorstellungen geändert. Statt der entspannenden Vorstellung als inkompatible Reaktion sind von Lazarus und Abramowitz (1963) bei Kindern Comic-Vorstellungen gewählt worden. Bei Schlangenphobien haben Hekmat und Vanian (1971) nicht die bildliche, sondern die semantische Vorstellung der Schlange mit Entspannung gegenkonditioniert. Eine interessante Untersuchung zur Gegenkonditionierung hat Efron (19S7) gemacht. Ein Epileptiker, dessen Anfälle durch den Duft von Jasmin unterbunden wurden, konditionierte sich darauf, daß dieser Duft mit dem Anblick seines Armbandes assoziiert wurde. Der Blick auf das Armband unterband daraufhin die epileptischen Anfälle. Wilson (1973) instruierte einen Klienten mit Harnverhaltung, sich im Falle der Harnverhaltung das Gefühl vorzustellen, sich kurz vor dem Moment des Wasserlassens zu befinden. Die Gegenkonditionierung wird durch klassische Konditionierung, also Stimuluskontrolle und nicht durch Konsequenzkontrolle erklärt. Der Auslöser (Stimulus) ist dabei verdeckt, da er in der Vorstellung auftritt. Die Reaktion ist bei den genannten Fällen physiologisch leicht nachweisbar, also nicht rein kognitiv.
Davison (1968) versuchte eine Gegenkonditionierung homosexueller Erregung durch heterosexuellen Auslöser. Er ließ seinen Proband durch die ihm gewohnten Auslöser in sexuelle Erregung geraten (nackte Männer) und bot ihm dann weibliche Akte dar. Im Laufe der Therapie verschob er die Darbietung des weiblichen Aktes zeitlich immer weiter nach vorne, bis schließlich dieser der Auslöser der sexuellen Erregung wurde.

Verdeckte Kontrolle (Koverantenkontrolle)

Unter diesem auf Homme (1965) zurückgehenden Ausdruck versteht man die Etablierung von gedanklichen Abläufen, die als Reaktionsketten verstanden werden können. Dabei wird etwa eine Reaktion vorgestellt, die gedanklich bestraft wird, für die dann gedanklich eine Alternative vorgestellt wird, die dann gedanklich belohnt wird. Dies ist beispielsweise bei Suchtverhalten häufig gemacht worden. Etwa werden mit dem Alkoholiker Vorstellungsabläufe der Art trainiert wie in Tabelle 8.4 dargestellt.

Koveranten-Kontrolle
Problemverhalten: Kneipe (S) – »Hingehen« (R) -»Leberschaden« (C-);
Alternative: Kneipe(S) – »Geldsparen« (R) – Zigarette anzünden (C+)
zusammengefaßt: Kneipe (S) – »Nichthingehen« (RV) – »Keine Leberschäden«(¢-) - »Geldsparen« (R) – Zigarette anzünden (C+)

Tabelle 8.4: Gedankenketten als verdecktesVerhalten.

Das Prinzip bei diesem Vorgehen ist es, den Auslöser zum Suchtverhalten mit den negativen Konsequenzen zu assoziieren und zugleich die positiven Konsequenzen der Vermeidung zu suggerieren und sich schließlich diese Belohnung zuzuführen. In der Praxis wird das Verfahren oft in der Form ausgeführt, daß Argumente gegen das Suchtverhalten und für die Abstinenz gesammelt werden, die in häufiger Wiederholung gelernt werden. Zum Beispiel:

Wenn ich trinke
- verliere ich meinen Job;
- geht meine Leber kaputt;
- leidet die Beziehung zu meinem Partner;
- mache ich wieder Schulden;
- fühle ich mich am nächsten Tag beschissen.

Ohne Alkohol
- kann ich mich beruflich verbessern;
- werden meine Leberwerte bald wieder besser sein;
- mögen mich mein Partner und meine Kinder;
- können wir uns ein neues Auto leisten;
  fühle ich mich stark.

Die einzelnen Argumentenpaare werden auf Kärtchen geschrieben, die Kärtchen werden gemischt und jeweils das oben liegende wird bei häufig auftretenden Anlässen wie Türöffnen (Premackprinzip) laut vorgelesen und danach wird eine kurze angenehme Tätigkeit durchgeführt (Schluck Kaffee, Zug an der Zigarette, Schluck Limo). Die Selbstbelohnungsstrategie ist dabei insofern kritisch, als

daß der Gedanke an das Suchtverhalten (Rauchen, Drogenmißbrauch, Alkohol) selbst belohnt wird und daher in seiner Häufigkeit sich möglicherweise steigert. Im übrigen wird die schon genannte Ähnlichkeit zu den mittelalterlichen Einreden deutlich.
Eine Untersuchung zur Behebung von Zwangsgedanken schildert Mahoney (1975). Die Klientin mit selbstkritischen Zwangsgedanken wurde zunächst aversiv im Sinne eines Gedankenstops konditioniert, indem sie immer ein Gummiband am Handgelenk schnappen ließ, wenn die Gedanken auftraten. Nach Abbruch der Gedanken jedoch zog sie eine von mehreren Karten aus der Tasche, in denen positive Selbstbeschreibungen standen. Eine dieser Karten die relativ spät folgte, enthielt keine konkrete Beschreibung, sondern die Aufforderung, sich spontan solche Selbstbeschreibungen auszudenken. Die Zwangsgedanken nahmen ab, die positive Selbsteinschätzung nahm zu. Trotzdem machte die Klientin einige Jahre später einen Selbstmordversuch. Insgesamt hat diese Art von Therapie wenig empirische Untersuchungen gesehen und scheint nicht besonders vielversprechend zu sein (Mahoney 1977).

Verdeckte Sensibilisierung, Verstärkung und Extinktion

Cautela (1966) hat systematisch alle Prozesse des Konditionierens versucht in verdeckter Form anzuwenden. Am bekanntesten ist die verdeckte Sensibilisierung (covert sensitization), die besonders bei Suchtverhalten angewendet wurde. Hierbei handelt es sich um die assoziative Koppelung der vorgestellten Bestrafung mit dem Suchtverhalten. Etwa stellt sich der übergewichtige Klient folgende Situation vor:

»Stellen Sie sich vor, Sie hätten gerade ihre Hauptmahlzeit beendet und wären dabei, als Nachtisch einen Strudel zu essen. Wie Sie nach der Gabel greifen, stellen Sie fest, daß Sie ein merkwürdiges Gefühl haben. Sie beginnen sich sehr übel und fast seekrank zu fühlen. Wie Sie die Gabel anrühren, spüren Sie die Brocken von Essen in Ihrer Kehle kratzen. Sie haben fast das Gefühl, als müßten Sie sich erbrechen. Wie Sie die Gabel in den Strudel hineinstecken, merken Sie, daß Ihnen tatsächlich das Essen hochkommt. Sie versuchen, ihren Mund geschlossen zu halten, weil Sie Angst haben, daß Sie auf den Tisch spucken müssen und alles verunreinigen. Sie versuchen aber weiterhin zu essen und bringen das Stück vom Strudel zu Ihrem Mund. Sie öffnen den Mund, um zu essen, und da geht es los. Sie spucken über den ganzen Tisch und über die Hände und die Gabeln und das Essen und Ihren Anzug und es sieht furchtbar aus – der ganze Tisch ist verunreinigt, die anderen

Leute am Tisch haben ebenfalls etwas abgekriegt. Ihre Augen fangen an zu tränen, Schnodder läuft Ihnen aus der Nase. Ihre Hände fühlen sich klebrig und ekelhaft an. Alles riecht unangenehm. Wie Sie sich die Schweinerei angucken, müssen Sie sich wieder und wieder erbrechen, bis Sie nur noch Wasser und Galle von sich geben. Jeder guckt Sie schockiert an. Sie wenden sich ab von dem Essen und wie Sie dem Tisch den Rücken zudrehen, fühlen Sie sich schon besser. Sie rennen aus dem Raum und fühlen sich besser und besser. Sie kommen zum Waschraum und Sie spüren das kalte kühle Wasser, reinigen sich Ihre Kleidung und die Hände und es geht Ihnen wunderbar. Sie treten an die frische Luft und Sie sind erleichtert und atmen tief durch, Ihnen geht es wirklich gut jetzt, der Himmel ist blau und die Sonne scheint und Sie gehen weit weg und sind richtig entspannt und glücklich.»

Solche und ähnliche Szenen sind bei Alkohol- und Drogenmißbrauch, Übergewicht und sexuellen Perversionen (siehe Mahoney 1977, S. 11, 116) eingesetzt worden.
Die aversiven Szenen können Erbrechen beinhalten, unangenehme Tiere wie Spinnen, Ratten, die über einen kriechen, zerstochene und kaputte Arme und Beine (bei Drogenmißbrauch), Krebsgeschwüre und Raucherbeine (beim Rauchen) usw. Technisch wird von Cautela empfohlen, 20mal in einer Sitzung solche Vorstellungen durchzugehen und dem Klienten als Hausaufgabe 10malige Wiederholung solcher Szenen pro Tag zuzumuten. Das scheint nicht ganz einfach zu verordnen und schwer überprüfbar zu sein. An kontrollierten Untersuchungen zur Überprüfung der Effektivität dieser Therapieform fehlt es noch weitgehend.
Die verdeckte Verstärkung sieht etwa bei einem Kandidaten mit Examensangst folgendermaßen aus: Zunächst wird ein verbaler Stimulus »Verstärkung« mit einer angenehmen Vorstellung gekoppelt (Talfahrt mit Skiern). Dann wird dieser konditionierte (sekundäre) Verstärker »Verstärkung« zur Selbstbelohnung eingesetzt:

Wir wollen jetzt an der Examenssituation arbeiten. Es ist der Tag der Prüfung und Sie fühlen sich zuversichtlich. Verstärkung. Sie betreten das Gebäude, in dem die Prüfung stattfinden wird. Verstärkung. Denken Sie daran, daß Sie versuchen sollten, sich in allen Szenen zuversichtlich zu fühlen. Jetzt betreten Sie das Gebäude und treten in den Seminarraum. Verstärkung. Sie setzen sich hin und blödeln etwas mit den anderen Studenten, die ebenfalls an der Prüfung teilnehmen. Sie haben ein gutes Gefühl, Sie wissen, daß Sie vorbereitet sind. Verstärkung. Der Aufsichtsführende verteilt die Prüfungsaufgaben. Verstärkung. Sie lesen die Fragen, können alles beantworten. Verstärkung. Jetzt machen wir das noch einmal, diesmal schauen Sie die Fragen durch und Sie sind sich bei einer Frage nicht ganz sicher, aber Sie sagen sich »ach ja, ich kann die Prüfung auch noch bestehen, wenn ich diese Frage nicht beantworte«. Verstärkung. Also gut, diesmal schauen Sie sich die Prüfungsaufgaben an und entdecken zwei Fragen, über die Sie sich nicht ganz sicher sind und Sie sagen zu sich »ach ja, ich kann die Prüfung auch noch bestehen, wenn ich mir etwas Zeit lasse und mich entspanne«. Verstärkung. (Cautela 1970, S. 39).

Nach 10 Therapiestunden bestand der Klient die Prüfung. Das Verfahren der verdeckten Verstärkung wird mit dem der verdeckten Sensibilisierung häufig kombiniert. Etwa mit dem Beispiel des Drogenabhängigen, der das Bedürfnis hat, sich Heroin zu kaufen, auf die Straße geht, sich auf die »Scene« zubewegt, den Dealer sieht. Und an dieser Stelle wird die aversive Vorstellung eingeblendet (etwa die »Bullen« im Nacken, die zerstochenen Beine, das Übelwerden auf der dreckigen Toilette). Danach kommt dann ein Alternativerhalten mit verdeckter Verstärkung: Er verläßt die Szene, geht in die freie Natur, fühlt sich frei und gut und stellt sich vor, er würde ein großes Vergnügen erleben, etwa Motorradfahren oder etwas ähnliches. Auch dieses Verfahren ist bisher experimentell noch nicht in seiner Wirksamkeit belegt.
Als verdeckte Extinktion kann einmal bei Phobien die Reizüberflutung in sensu aufgefaßt werden, die schon besprochen wurde. Bei Suchtverhalten haben Gotesdam und Melin (1974) die Vorstellung von Heroininjektionen mit dem völligen Ausbleiben des »flashs« versucht, zu assoziieren (der Abhängige nahm keine Drogen mehr, aber trank dafür später mehr!).

8.3 Selbstinstruktion und Problemlösen

Selbstverbalisierung und verbale Kontrolle

Es gibt zahlreiche Beobachtungen, daß Kinder ihre Tätigkeiten mit Selbstgesprächen begleiten. Vygotsky (1962) und Luria (1968) haben untersucht, wie sich die inneren Monologe bei abnormem und effizientem Verhalten unterscheiden. Zum Beispiel sprechen Kinder laut oder leise zu sich selbst, und zwar aufgabenbezogen; weniger effektive Kinder dagegen sprechen mehr an die Umwelt gewendet, weniger zusammenhängend und weniger aufgabenbezogen. Das entspricht einer niederen Stufe der kindlichen Entwicklung, wie sie von Piaget beschrieben wurde: Selbstgespräche entwickeln sich bei Kindern von lauten, unzusammenhängenden Äußerungen zu lei-

sen, aufgabenbezogenen Selbstanweisungen. Derartige Beobachtungen belegen noch keinen kausalen Zusammenhang zwischen Selbstgespräch und Handeln. Die Tatsache, daß die effektiveren Kinder jedoch mehr im Sinne von Selbstanweisungen sprechen, ist von Interesse.
Meichenbaum und Goodman (1971) haben versucht, die Monologe bei impulsiven Kindern, die unter Leistungsdefiziten litten, im Training in der angedeuteten Richtung zu ändern. Dabei konnte der Arbeitserfolg gesteigert werden; das macht eine kausale Bedingtheit des Handelns durch die Selbstinstruktionen plausibler. Bei der Verbesserung des Arbeitsverhaltens durch Selbstgespräche werden vermutlich drei Prozesse wirksam:

- die *Analyse* der Situation kann effektiver werden;
- die *Produktion* von Lösungsmöglichkeiten und Handlungen, und
- die *Vermittlung* zwischen richtiger Selbstanweisung und sinnvollen Bestandteilen des Handlungsrepertoires ist zu verbessern.

Das Training der impulsiven Kinder bestand aus fünf Schritten:

1. *Kognitives Modellverhalten:*
   Ein Erwachsener führte als Modell eine Aufgabe aus und sprach laut zu sich selbst.
2. *Fremdanleitung:*
   Das Kind führte die gleiche Aufgabe aus, angeleitet durch die Anweisungen des Modells.
3. *Beobachtbare Selbstanleitung:*
   Das Kind bearbeitete die Aufgabe und gab sich selbst laut Anweisungen.
4. *Abgeschwächt beobachtbare Selbstanleitung:*
   Das Kind flüsterte die Selbstanweisungen bei der Bearbeitung der Aufgabe und schließlich:
5. *Verdeckte Selbstanweisung:*
   Das Kind bearbeitete die Aufgabe, während es sich durch privates Sprechen anleitete.

Zur Unterstützung der Selbstanweisung wurden von verschiedenen Autoren optische Hilfen in Form von Comics verwendet, wie sie in Abbildung 8.3 wiedergegeben sind. In den genannten Untersuchungen verbesserten sich die impulsiven Kinder durch das Training gegenüber der Kontrollgruppe in verschiedenen Problemlöseaufgaben und einer Reihe akademischer Tests. Israel und O'Leary (1973)

Abb. 8.3: Visuelle Hilfen für konstruktive Selbstgespräche beim Trainung hyperaktiver Kinder (nach Meichenbaum 1977).

verglichen in einem ähnlichen Training die Abfolge: Sprechen – Handeln mit der umgekehrten Abfolge: Handeln – Sprechen. Die Überlegenheit der ersten Gruppe bestätigt die kausale Bedingtheit des effektiven Handelns durch geeignete Selbstanweisungen.
In diesem Zusammenhang ist ein anderes Experiment von Meichenbaum (1977, S. 110) von Interesse. Hier ging es um die Behandlung phobischer Reaktionen (vor Schlangen). Die folgende Tabelle zeigt zwei Abfolgen, in denen bestimmte Sequenzen gegensätzlich sind.

Erweiterte Behandlung:	*Umgekehrte Behandlung:*
(1) Therapeut sagt »Schlange«	(1') Therapeut sagt »Schlange«
(2) Klient sagt »Sie ist widerlich, ich möchte sie nicht ansehen«	(2') Klient sagt »Ich entspanne mich, ich kann sie anfassen«
(3) Therapeut schaltet den Schock ein.	(3') Therapeut schaltet den Schock ein.
(4) Klient sagt »ich entspanne mich, ich kann sie anfassen«	(4') Klient sagt »Sie ist widerlich, ich möchte sie nicht ansehen«
(5) Therapeut schaltet den Schock ab.	(5') Therapeut schaltet den Schock ab.
(6) Klient entspannt sich.	(6') Klient entspannt sich.

Die erweiterte Abfolge entspricht einer sogenannten Aversionsbefreiung nach dem Prinzip der negativen Verstärkung: Die phobische Reaktion (2) wird bestraft (3) und die Bestrafung wird erst beseitigt (¢-), wenn die »antiphobische« Entspannungs- und Zuwendungsreaktion (4) erfolgt. Die umgekehrte Behandlung auf der rechten Seite dürfte nach der klassischen Lerntheorie nicht zu einer Verminderung der phobischen Reaktion führen. Denn die negative Verstärkung (¢-) erfolgt bei Auftreten der phobischen Reaktion – diese müßte also eher gelernt werden. Die Entspannungsreaktion (2) dagegen wird bestraft. Tatsächlich waren beide Behandlungsabfolgen gleich wirksam (!). Die Erklärung findet sich in den Kommentaren der Probanden: Die Reaktionen (2) und (2') dienten den Probanden als (selbstgesetztes) Signal, daß ein Schock zu erwarten ist. Sie waren inhaltlich ganz irrelevant. Vielmehr lösten sie beim Probanden intern eine rege kognitive Tätigkeit aus, um Selbstanweisungen zu formulieren, die den Schock erträglicher machten. Ebenso waren die Reaktionen (4) und (4') inhaltlich ohne Bedeutung und wurden vom Probanden als Signal an den Versuchsleiter verwendet, den Schock abzuschalten. Unter der Oberfläche von explizitem Stimulus und Reaktion spielen sich hier offenbar kognitive Umstrukturierungen ab, die vom Versuchsleiter gar nicht beabsichtigt waren und die die explizite Hypothese entkräften.

Es sieht also so aus, als ob verbale Äußerungen und Verhalten nicht einfach gleichrangige Aspekte eines Vorganges sind, sondern als ob das Sprechen das Handeln beeinflussen kann. Das ist damit in Zusammenhang zu sehen, daß natürlich das Denken das Handeln beeinflußt. Das Denken können wir auch ohne das Sprechen – jedoch gibt die Sprache dem Denken eine erheblich gesteigerte Effizienz. Die Sprache muß als besonders effektives Werkzeug des Menschen angesehen werden, das ihn im Laufe der Evolution sämtlichen Tierarten überlegen machte. Würde man die Sprache und das durch die Sprache geprägte Denken für das menschliche Verhalten außer acht lassen, so wie es der klassische Behaviorismus tut, so würde man ganz sicher eine wesentliche Handlungsdeterminante ignorieren. Eine derartige Argumentation ist immer wieder gegen die Lerntheorie vorgebracht worden (vgl. Miller, Galanter und Pribram 1961).

Streßimpfung

Bei der Streßimmunisierung steht die Ausarbeitung von Strategien für den Fall im Vordergrund, daß das Individuum durch externe Umstände (Streß) in unangenehme Situationen gebracht wird. Dieser Streß, gegen den immunisiert werden soll, kann körperlicher Art sein (Schmerzen) oder psychischer Art sein (Prüfungsangst, Ärger). Wie wirksam kognitive Strategien gegen Schmerzen sind, zeigt der Bericht einer Folterung aus dem Jahre 1629 während der Inquisition (zit. nach Meichenbaum und Turk 1979).

Einige Gauner vertrauten so stark auf die Geheimnisse, über die sie verfügten, um sich schmerzunempfindlich zu machen, daß sie sich freiwillig in Gefangenschaft begaben, um sich von gewissen Sünden zu reinigen. Einige benutzen bestimmte, leise gesprochene Worte, andere Geschriebenes, das sie bei irgendeinem Körperteil versteckt halten. Der erste, bei dem ich den Gebrauch einer Art von Zauber erkannte, überraschte uns durch seine nicht mehr natürliche Standfestigkeit, denn nachdem er zum erstenmal auf die Folterbank gespannt wurde, schien er so ruhig zu schlafen, als befände er sich in einem guten Bett, ohne zu jammern, zu wehklagen und zu schreien: Und als das Spannen zwei- oder dreimal wiederholt wurde, blieb er immer noch so regungslos wie eine Marmorfigur. Das veranlaßte uns zu dem Verdacht, daß er mit irgendeinem Zauber ausgestattet sei, und um die Zweifel aufzulösen, zog man ihn splitternackt aus. Doch nachdem man ihn sorgfältig durchsucht hatte, fand man nichts weiter bei ihm als ein kleines Stück Papier, auf dem sich die Abbildungen von drei Königen befanden, und auf der anderen Seite standen diese Worte: »Schöner Stern der du den Magi von Herodes Verfolgung erlöst hast, erlöse mich von aller

Marter.« Dieses Stück Papier hatte er in sein linkes Ohr gestopft. Obwohl man ihm nun das Papier weggenommen hatte, war er offenbar immer noch unempfindlich gegen die Folter, weil er, als sie angewandt wurde, Wörter zwischen den Zähnen murmelte, die wir nicht hören konnten, und indem er weiter leugnete, war es notwendig, ihn ins Gefängnis zurückzuschicken (S. 85).

Das Streßimpfungsprogramm teilt sich ähnlich der weiter oben skizzierten Umstrukturierung und der rational emotiven Therapie in mehrere Phasen (Meichenbaum 1977) auf.

I. *Informationsphase:*
vermittelt theoretische Grundlagen der Angst und die Einzelheiten der erhöhten autonomen nervösen Aktivierung.
II. *Einübungsphase:*
Hier werden verschiedene Bewältigungsmaßnahmen trainiert, Entspannung, Informationssammlung über das phobische Objekt, günstige Selbstaussagen usw.
III. *Anwendungsphase:*
Es wird die Bewältigungsstrategie auf phobische oder streßerzeugende Situationen angewendet.

Im einzelnen enthalten die Phasen folgende Inhalte:
I. *Information:*
Hierzu gehört die Darlegung der Cannonschen Emotionstheorie, wie sie in den Experimenten von Schachter und Singer (1962) veranschaulicht wurden (vgl. Kap. 7). Der Proband sammelt exemplarisch negative Selbstgespräche, um die Wirkung auf die physiologischen Reaktionen zu beobachten. Es wird das Vorurteil ausgeräumt, daß psychische Probleme nach dem Alles-oder-Nichts-Prinzip gelöst würden. Der kognitive Prozeß der Auseinandersetzung mit dem Streß wird in die Abschnitte der Bewertung, der Erwartung, der Attribution von Ursachen und der Selbstwahrnehmung zerlegt.
II. *Einübung:*
In dieser Phase werden Informationen gesammelt, Fluchtwege geplant und Entspannungstechniken geübt (tief einatmen und bei Begegnung mit dem Stressor ausatmen). Dabei wird darauf hingewiesen, daß die auftretende Erregung nicht als Quelle der Irritation gewertet wird, sondern als Signal dafür, daß Gegenmaßnahmen gegen den Streß zu ergreifen sind.

Meichenbaum sieht insgesamt 4 Schritte zur Bewältigung der phobischen oder streßvollen Situation vor.

1. Vorbereitung auf den Stressor:
   »Was habe ich zu tun? Ich denke einmal nach, das ist besser als nervös werden. Ich will mich nicht verrückt machen. Das Ganze vernünftig angehen. Vielleicht bin ich nur gespannt auf das Ergebnis und habe gar keine Angst.«
2. Konfrontation und Umgang mit dem Stressor:
   »Ich schaffe es schon. Schön langsam. Eins nach dem anderen, nicht über die Angst nachdenken, sondern über das, was zu tun ist. Bleib beim Wesentlichen. Die Angst, die ich jetzt spüre, ist genau das, was ich erwartet habe. Nur keine Panik. Ich bin energiegeladen.«
3. Bewältigung des Gefühls überwältigt zu werden:
   »Wenn es zu stark wird, einfach Pause machen. Schön in der Gegenwart bleiben. Mal sehen, was zu tun ist. Klar, daß die Angst steigt, also wozu mich darüber aufregen. Gleich ist es vorbei. Es gibt Schlimmeres. Lenk Dich ruhig ab.«
4. Selbstverstärkende Aussagen:
   »Es klappt. Ich habe es geschafft! Die anderen werden Augen machen. Eigentlich war es gar nicht so schlimm. Immer nur diese Befürchtungen. Das ist das Problem, es wird von Mal zu Mal besser. Ich habe allen Grund mich über den Erfolg zu freuen.«

Bei dieser Selbstinstruktion wird zum Teil auch Ablenkung von der Angst betrieben. Es ist unterschieden worden, ob die Angst vor externen Ereignissen oder eigenen Verhaltensweisen besteht – oder ob es sich um einen Mangel in bestimmten Bewältigungsmechanismen handelt. Im ersten Fall führt die totale Konfrontation zu dem Ergebnis, daß die Angst unberechtigt war. Im zweiten Fall könnte die Konfrontation zum Ergebnis führen, daß die Angst berechtigt war. Es kommt daher im zweiten Falle darauf an, daß eine Bewältigungsstrategie vorgeschlagen wird, die gut strukturiert ist und u.U. Angst, wo sie störend wirkt, vermeidet.
In der Übungsphase sollten Streßsituationen künstlich eingeführt werden, um die Wirksamkeit des Programms zu erproben (phobische Obiekte, künstliche Schmerzreize, sozialer Streß). Die Stärke des Stressors sollte hierarchisch gestuft werden, um einen allgemeinen Erwerb von Kompetenz in der Auseinandersetzung mit dem Streß zu ermöglichen.
III. *Anwendungsphase:*
Hier wird die Wirksamkeit der Streßimpfung an dem eigentlichen Problem geübt. Außerdem wird die Generalisierung auf die unterschiedlichsten Lebenssituationen vorgenommen.

Anwendungen

Wie hier deutlich wird, kann man angsterregende Situationen von zwei Seiten angehen: Es kann versucht werden, die Angst als vegetative Reaktion zu unterbinden, indem man durch Entspannung das autonome Nervensystem entsprechend beeinflußt. Oder es kann die Interpretation der angstauslösenden Situation kognitiv beeinflußt werden, um die vegetative Angstreaktion bzw. die möglicherweise vorgeschalteten kognitiven Angstreaktionen zu unterbinden.

Ein Beispiel für die Anwendung der Streßimpfung ist die Untersuchung zur Schmerztoleranz von Turk (1975). In der *Aufklärungsphase* wird zunächst einiges über die Theorie des Schmerzes gesagt. Turk greift dabei auf die Melzacksche »Schleusen-Theorie« zurück. Hiernach kommt der Schmerz durch drei Komponenten zustande (Melzack 1973):

1. die sensorisch-diskriminative Komponente,
2. die affektiv-emotionale Komponente,
3. die kognitiv-evaluative Komponente.

Entsprechend gibt es auch drei Formen der Auseinandersetzung mit dem Schmerz.

(1) Strategien ohne Vorstellung:
   - Somatisierung (»Was passiert mit meinem Arm?«).
   - Ablenkung (Betrachten der Umgebungsdetails).
   - Entspannung durch Atemtechnik
(2) Vorstellungsstrategien:
   - Zielgerichtetes inkompatibles Phantasieren
   - (Vorstellung von Strand und anderen schönen Szenen).
   - Umwandlung (»Der Arm ist ganz taub«).
   - Einbeziehung (»Ich bin in den Arm geschossen worden, werde jetzt verfolgt und will entkommen«).
(3) Kognitive Strategien:
   Hier gibt es eine Reihe von Selbstinstruktionen, die denen der Streßimpfung im allgemeinen (s.o.) entsprechen. Das Schema in Tabelle 8.5 gibt einen Überblick über die Inhalte der Streßimmunisierung zur Schmerzbewältigung.

Schmerzimmunisierung

I. *Information*
Cannons und Lazarus Emotionstheorie
Melzacks Schmerztheorie
1. Sensorische Komponente: Entspannung, Konzentration/Somatisierung, Ablenkung.
2. Affektive Komponente: Inkompatible Vorstellung (Strand), Einbeziehung (Flucht), Umwandlung (taub).
3. Kognitive Komponente: s.u. II.
Exemplarische Fehlerfahrungen: Verspannt – Angst – Erwartung Fehlkognitionen:
Alles-oder-Nichts: »Hoffentlich tut es nicht weh.«
Katastrophisierung: »Schmerzen sind unerträglich.«

Falscher Syllogismus:
Regel: »Schmerzen sind unerträglich.«
Beobachtung: »Ich habe Schmerzen.«
Schluß: »Ich werde es nicht ertragen.«

Zerlegung des Schmerzvorganges:
- Bewertung der Situation
- Erwartung
- Attribution
- Selbstwahrnehmung

II. *Übung* (Bereitstellung und Lernen)
1. Vorbereitung
2. Begegnung
3. Überwältigt werden
4. Selbstverstärkung

III. Anwendung

Tabelle 8.5: Schmerzimmunisierung als Spezialfall der Streßimpfung nach Turk (1975).

Anwendung und Überprüfung (experimentell/real)

Turk (1975) verwandte als Schmerzreiz Blutleere am Arm durch angelegte Armmanschette (wie beim Blutdruckmessen). Das Abklemmen der Blutzufuhr wirkt auf längere Zeit sehr schmerzhaft. Seine Versuchspersonen konnten das vor dem Streßimpfungstraining im Durchschnitt 17 Minuten aushalten, unter Zuhilfenahme der Streßimpfungsstrategien stieg die Toleranzzeit auf 32 Minuten. Dabei wurde der Schmerz als subjektiv weniger stark empfunden. Eine Kontrollgruppe erreichte bei der ersten und zweiten Messung 18 und 19 Minuten. Durch das Streßimmunisierungsprogramm gelang es also, die Toleranzdauer um etwa 15 Minuten zu verlängern. Zum Vergleich wird erwähnt, daß eine Dosis von 10 mg Morphin im allgemeinen 5 bis höchstens 10 Minuten die Toleranzdauer verlängert.

Eine weitere Anwendung zur Streßimpfung ist die Untersuchung von Novaco (1975) zur Ärgerkontrolle. Teilnehmer des Versuchs waren 34 Personen gemischten Geschlechts, die mit ihrem Ärger nicht zurechtkamen und als aggressiv eingestuft werden dürfen. In der Aufklärungsphase wird zunächst die komplexe Natur der Ärgerreaktion erläutert. Es werden drei Ebenen der Äußerung von Ärgerreaktionen angenommen, die motorische im Sinne von Rückzug oder Wendung gegen den anderen, die emotionale durch Anspannung und Unruhe gekennzeichnete Ebene und die kognitive Ebene, auf der Ärger als eine Funktion von Einschätzungen, Ursachenzuschreibungen, Erwartungen und Aussagen über sich selbst entstehen kann. Zu den Erwartungen gehören einige irrationale Annahmen, die aus der Ellisliste (s.u.) stammen, nämlich

- intolerante Einstellung gegenüber Fehlern (3);
- Überzeugung von der Notwendigkeit, Erfolg zu haben (2);
- Es muß immer so klappen, wie man es sich vorstellt (4) u. a.

Derartige Einstellungen bringen den Klienten dazu, daß er sich in seinem Selbstwertgefühl bedroht sieht und zu sich selbst Dinge sagt wie:

»Wer zum Teufel glaubt er eigentlich, daß ich bin«,
»Mit mir kann man so etwas nicht machen«,
»Das kann man ja nicht aushalten«, usw.

Die folgende Übung mag die Möglichkeiten zur Umstrukturierung veranschaulichen. Stellen Sie sich vor, Sie kommen zu spät nach Hause und Ihre Frau sagt zu Ihnen: »Du kommst immer zu spät«. Dann können Sie so oder so reagieren:

Minus	Plus
- Wie kann sie einfach behaupten *immer!* - Schon wieder derselbe Ärger ! - Da muß man ja verrückt werden. - Das hält kein Mensch aus. - Solche Ungerechtigkeiten laß ich mir nicht mehr länger bieten. - Mit mir kann man das nicht machen.	- Sie hat vielleicht einen schweren Tag gehabt. - Ich hätte mich auch geärgert. - Aber sie macht ja auch mal Mist. - Vielleicht hat sie mich heute ganz besonders gebraucht. - Jeder Mensch hat das Recht sich zu ärgern. Ich ärgere mich auch manchmal über sie. - Sie kann nicht wissen, wie ich heute in Bedrängnis war. - Vielleicht hatte sie sich auf einen gemeinsamen Abend gefreut.

In der Trainingsphase werden wieder die vier Stufen der Auseinandersetzung mit dem Streß unterschieden, die in den vorangehenden Beispielen schon genannt wurden. Die Wirksamkeit der Streßimpfung wurde an vorgestellten Provokationen, Provokationen im Rollenspiel und in der Realitat erprobt.
In dem Experiment von Novaco wurde der Streßimpfung ein Entspannungstraining gegenübergestellt. Dabei erwies sich die Streßimpfung sowohl in einem Ärger-Fragebogen wie auch in Selbstberichten und physiologischen Merkmalen der Entspannungstechnik als überlegen. Tendenziell war eine Kombination beider Verfahren noch etwas besser. Die nächste Tabelle zeigt exemplarisch die Werte des Blutdrucks. Hier ist eine deutliche Erniedrigung der Werte durch Selbstinstruktion ablesbar, während die anderen beiden Bedingungen keinerlei Effekt zeigen.

	kombiniert	kognitiv	Relaxation	Kontrollgr.
Systolisch	-2.00	- .44	+6.00	+5.00
Diastolisch	- .67	+1.56	+4.25	+5.00

Tabelle 8.6: Veränderungen im Blutdruck vor und nach kognitiver Therapie bei direkter Provokation (Gruppenmittelwerte der Differenzen in mmHg)

Als eine kognitiv-imaginative Auseinandersetzung mit somatischem, internem Streß kann die adjuvante Karzinombehandlung von Simonton (1978) gelten (Band III). Die Autoren lassen Krebspatienten den Heilungsprozeß durch Chemo- oder Radiotherapie imaginativ unterstützen. Dazu werden Bilder gezeichnet, die die Auseinandersetzung der Strahlen, Chemikalien und der körpereigenen weißen Blutkörperchen (Immunsystem) mit den kranken Krebszellen allegorisch darstellen. Je überzeugender und detaillierter der Sieg der Gegenkräfte über die chaotischen Krebszellen in den Bildern der Klienten zum Ausdruck kommt, desto besser ist der Heilungserfolg. Simonton geht von einer psychosomatischen Ätiologie des Krebses aus. Er klärt mit dem Klienten auch die vorausgehenden Streßsituationen und Konflikte, die er als Mitverursachung des Krebses ansieht, und läßt den Klienten alternative Lösungen dafür finden. Der Ansatz ist zwar höchst interessant, aber bisher noch ungenügend empirisch untersucht worden.

Problemlösetraining

Emotional gestörte Personen unterscheiden sich dadurch von normalen, daß sie mehr irrationalen Gedanken nachhängen. Ein weiterer Unterschied liegt darin, daß »normale« Personen Bewältigungsstrategien zur Verfügung haben, ähnlich denen, der Selbstverbalisierung bei Kindern oder der Streßimpfung. In einem frühen Artikel machen d'Zurilla und Goldfried (1971) folgende Bemerkung: »Vieles was wir als klinisch abnormes Verhalten oder emotionale Störung klassifizieren, kann als ineffektives Verhalten angesehen werden, bzw. als dessen Konsequenzen, indem das Individuum mit bestimmten Lebensproblemen und Situationen nicht fertig wird, weil es inadäquate Versuche unternimmt. Dies hat unerfreuliche Folgen wie Angst, Depression und zusätzliche weitere Probleme«. Zur besseren Lebensbewältigung schlagen die Autoren daher ein fünfstufiges Programm vor (vgl. auch Goldfried und Goldfried 1975), in dem Problemlösen systematisch geübt wird.

1. *Allgemeine Einstellung zum Problem.*
   Hier wird dem Klienten klargemacht, daß Probleme im Leben normal sind, daß man solche Situationen aktiv meistern kann, daß man im Augenblick des Auftretens sich mit ihnen auseinandersetzt, daß man in kritischen Situationen plant und nicht impulsiv handelt. Etwa bei Partnerschaftsproblemen wäre hier zu sagen, daß harmonische Beziehungen nicht ohne Streit abgehen. Daß Beziehungen ohne Streit eine irreführende gesellschaftliche Norm sind. Daß sich Beziehungen genau wie die Individuen in den Beziehungen ständig verändern und man daher die Beziehung gelegentlich hinterfragen muß, dabei kann es zu Meinungsverschiedenheiten kommen. Daß gerade dieses Hinterfragen der Beziehung

die Partnerschaft stabilisiert, weil jeder weiß, woran er ist und sich auf sicherem Grund fühlt.

2. *Definition und Formulierung des Problems.*
   Hier geht es darum, die vagen Befindlichkeiten in fest umrissene und konkrete Beispiele zu übertragen. Im Partnerschaftsproblem sollen beide Partner Gelegenheit haben, ohne vom anderen gestört zu werden ihre Problemsicht und ihre emotionale Beteiligung zu formulieren. Da es sich oft um Kritik am Partner handelt, wird hier günstigerweise die Strategie der nichtanklagenden Kritik verwendet (»mich ärgert, daß Du nicht abgewaschen hast« anstelle »Du bist eine alte Schlampe, nie wäschst Du ab«). Frage- und Zuhörtechniken ähnlich denen der Gesprächstherapie können die Verständigung in diesem Punkt sehr erleichtern. Am Ende sollten beide sich einig sein, worin das Problem liegt und wie die Wünsche der beiden Partner aussehen.
3. *Finden von Alternativen.*
   An dieser Stelle werden Lösungen gesucht. Dazu verwendet man die Technik des »brainstorming«, eine Art fokussierte freie Assoziation, bei der jede Bewertung zurückgestellt wird und die Hoffnung besteht, daß Quantität Qualität schafft(?).
   Beim Partnerproblem könnte es sich beispielsweise um gemeinsam zu verbringende Zeit handeln. Jeder macht Vorschläge über Freizeitaktivitäten und gemeinsame häusliche Betätigung usw. Danach werden die Lösungsvorschläge sortiert und zunächst unmögliche Alternativen ausgeschieden. Der nächste Abschnitt heißt dann:
4. *Entscheidung.*
   Hier werden die einzelnen Alternativen in ihrem subjektiven Nutzen für die Beteiligten wie auch in ihrer Wahrscheinlichkeit bewertet, so daß sie realisiert werden können. Für komplizierte Lebenskrisen, etwa für berufliche Entscheidungen, läßt sich die Entscheidungstheorie heranziehen. Sie versucht, genaue Bewertungen für jede Lösungsmöglichkeit vorzunehmen und zu überprüfen. Unter Berücksichtigung der Wahrscheinlichkeit von Realisation und Störung von außen wird ein erwarteter Nutzen für jede Handlungsalternative berechnet.
5. *Überprüfung.*
   Nach der vorangehenden Phase hat sich der Klient (oder das Paar) für eine Lösung entschieden. Um ihre Brauchbarkeit zu überprüfen, wird zwischen Handeln und Planen eine Korrekturmöglichkeit vorgesehen. Das genannte Tote-Modell (Test-Operate-Test-Exit) wird angewendet, bis nach wiederholtem Tote-Gliedern ein »Exit« mit dem befriedigenden Ausklang erreicht wird.

Diese Problemlösetherapie ist bei Drogenabhängigen, in Lebenskrisen (Depressionen), Eheproblemen und Studienproblemen angewendet worden. Sie kann jedoch nicht als eigenständige Therapieform angesehen werden. Als Strategie im engeren Sinne ergibt sich aus ihr ein rationaler Zugang zu bestimmten umrissenen Problemen. Als Metastrategie stellt sie einen Rahmen der gesamten Therapieplanung dar, um einzelne Interventionen abzuwickeln und aneinanderzureihen.

8.4 Diskursive Therapie

Emotion und Selbstgespräch

Im vorangehenden Abschnitt wurde beschrieben, daß Selbstverbalisierungen und Pläne Handlungen beeinflussen können. Auch Emotionen werden durch Selbstkommentare beeinflußt. Ein Pessimist glaubt, daß er sowieso keinen Erfolg hat und wird sich eher niedergeschlagen fühlen und aufgeben als der Optimist, der meint, daß es irgendwie doch klappen könnte. Ein Gefängnisinsasse wurde mit seinem Einverständnis unter Hinweis auf die Möglichkeit des tödlichen Ausgangs zu folgendem Experiment bewegt: Er wurde instruiert, daß man seinen körperlichen Zustand untersuchen wolle, während er aus der Pulsader Blut verlöre. Man verband ihm die Augen und ritzte sein Handgelenk oberflächlich – und ließ zur gleichen Zeit einen Eimer hörbar voll Wasser laufen. Nach kurzer Zeit war der Teilnehmer dieses makabren Experiments tot. Er starb aus Angst vor einer eingebildeten Gefahr. Ebenso wird von Eingeborenen verschiedener Stämme berichtet, daß sie starben, nachdem man sie darauf aufmerksam machte, daß sie sich unverzeihlich gegen eine Gottheit vergangen hätten (Tabubruch). Derartige Beobachtungen dokumentieren in drastischer Weise die stoische Weisheit, die auf Epiktet (50–138 n. Chr.) zurückgeht: »Was den Menschen bewegt sind nicht die Dinge selbst, sondern die Ansichten, die er von ihnen hat« (s. o.).
Beck (1963) berichtet aufgrund von klinischen Beobachtungen darüber, wie Selbstgespräche Emotionen hervorrufen und verstärken können. Das Entscheidende ist dabei, daß diese Gedanken automatisch auftreten und normalerweise nicht bewußt werden; so daß dem betroffenen oft nicht klar ist, wie es zu der Verstimmung kommt.

Zum Beispiel wird jemand, der sich auf ein Klassentreffen sehr gefreut hat, mit dem Näherrücken des Termins immer niedergeschlagener. Er kann nicht sagen warum, aber die genauere Exploration ergibt eine plausible Erklärung: innerlich hat er sich selbst gesagt, daß er sich dann mit seinen Freunden vergleichen wird und daß er sich bestimmt als Versager einschätzen müsse.

Für die verschiedenen Grundemotionen scheint es unterschiedliche Ausgangssituationen und entsprechend verstärkende Selbstkommentare zu geben. In freudige Erregung beispielsweise gerät jemand, dessen Selbstwert sich unerwartet erhöht. Das kann durch den Erwerb konkreter Objekte oder das Erreichen eines Ziels geschehen. Dabei kann die *Euphorie* durchaus unrealistische Ausmaße annehmen. Etwa stellt jemand fest, daß er die Wertschätzung einer bestimmten Person und vielleicht weiterer Personen erlangt hat und fühlt sich in sehr gehobener Stimmung, indem er innerlich zu sich sagt, daß ihn alle Leute mögen. *Traurigkeit* dagegen entsteht meistens in einer Verlustsituation. Der Verlust kann konkret sein, kann verminderte Selbstachtung sein, kann aber auch die Vorstellung eines künftigen Verlustes darstellen. Die Traurigkeit kann unrealistisch werden, wenn beispielsweise ein hypothetischer Verlust oder Pseudoverlust dadurch entsteht, daß man ein unrealistisch hohes Anspruchsniveau glaubt nicht erfüllen zu können. Als Resultat sagt der Betreffende dann möglicherweise zu sich selbst Dinge, wie »ich schaffe überhaupt nichts, ich bin überhaupt nichts wert«. *Angst* entsteht in einer Situation der Bedrohung, wobei körperlicher oder psychischer Schaden erwartet wird. Dabei findet man bei unrealistisch überhöhten Ängsten oft eine Katastrophisierungstendenz, die sich etwa in Selbstgesprächen wie: »Das wird furchtbar, das überlebe ich nicht, ich werde sterben oder einen Herzanfall bekommen«, ausdrücken. *Ärger* schließlich scheint vornehmlich dann zu entstehen, wenn sich der Betroffene in unberechtigter Weise beeinträchtigt fühlt, ohne sich aber hilflos zu fühlen (dann würde er ängstlich oder traurig werden). Eine solche Situation könnte z. B. sein: Jemand drängelt sich vor, und ich verpasse dadurch meinen Zug. Oder jemand, von dem ich glaube, daß er weniger leistet als ich, bekommt eine Beförderung oder eine bessere Note oder mehr Geld. Die Beeinträchtigung kann auch hypothetisch sein: Ich sehe ein Auto bei »Rot« über eine Fußgängerüberquerung fahren und ärgere mich über den möglichen Schaden, den der Fahrer durch seine Unvorsichtigkeit anrichten könnte. Bei unrealistischer Steigerung des Ärgers treten häufig Kommentare auf wie: »Das ist ja unerhört! Das lasse ich mir nicht bieten! Das ist unerträglich«.

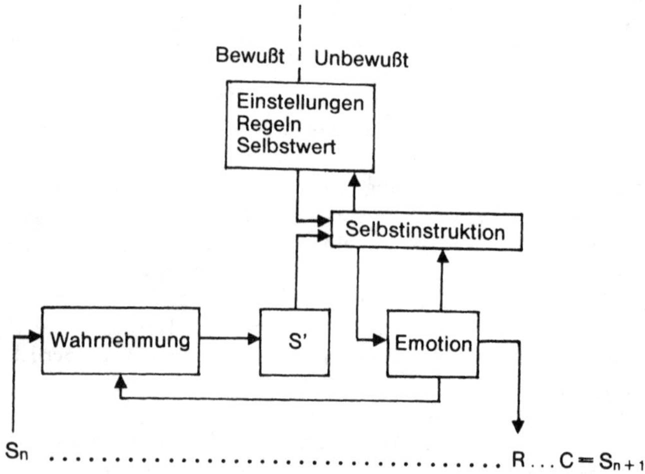

Abb. 8.4: Kognitiv-emotionales Verhaltensmodell. Selbstinstruktion und Emotion beeinflussen sich gegenseitig. Ebenso besteht eine Wechselwirkung zwischen übergeordneten Einstellungen und Selbstwert mit diesen kognitiven Prozessen. Die Emotion beeinflußt außerdem die Wahrnehmung.

Die Selbstkommentare haben gemäß dem erwähnten Emotionsmodell von Lazarus (Abbildung 8.1) die Funktion einer Situationsbewertung, die zu bestimmen Emotionen führen; andererseits sind sie auch Resultuat eines entsprechenden Gefühls. Das Zusammenwirken von Selbstkommentar und Gefühl ist zirkulär, woraus sich die Neigung zur Eskalation ergibt. Die Abbildung 8.4 zeigt wie man sich das Zusammenwirken von Selbstwert, Selbstinstruktion und Emotion vorstellen kann.

Ohne geeignete Gegensteuerung entsteht durch die Zirkularität von Gedanke und Gefühl leicht Wut aus Ärger, Panik aus Angst und Depression aus Traurigkeit. Autoren wie Beck oder Ellis vertreten daher die Ansicht, daß auch die sog. emotionalen Störungen entscheidende kognitive Komponenten enthalten, die sich therapeutisch beeinflussen lassen. Dabei werden einige der primären Affekte (Freude, Angst, Ärger, Traurigkeit) zunächst als »Sollbruchstellen« der Psyche aufgefaßt, an denen es bei Überbelastung zu Eruptionen kommt. Sie haben eine *Signalfunktion* sowohl für das Individuum als auch für die Umwelt, daß sich hier eine Krise anbahnt. Darüber hinaus werden Überreaktionen durch Selbstinstruktionen gefördert

und im Sinne der genannten Zirkularität verstärkt. Es kommt zu einer Fehleinschätzung der Situation, zu einer Steigerung der Emotionen und in der Folge zu einer weiteren Einengung und Verzerrung der Wahrnehmung. Es kommt zu Blockaden des Verhaltensrepertoires, zur Bindung der Aufmerksamkeit und zur selektiven Abstraktion. In der Folge bilden sich aus den übersteigerten emotionalen Reaktionen die typischen klinischen Bilder psychischer Störungen: Manie (Euphorie), Depression (Traurigkeit), Phobien und Panik, Ängste (Angst), Paranoia (Aggression).
Bei der *Manie* herrschen übertriebene Vorstellungen und entsprechende Kommentare bezüglich der eigenen Möglichkeiten vor. Bei der *Depression* beobachtet man die sog. *kognitive Trias* von negativem Selbstbild, negativer Interpretation der Umwelt und nihilistischer Sicht der Zukunft. Bei der *Angstneurose* wird jeder unerwartete Situationswechsel als Signal einer Katastrophe gedeutet. Den *Phobiker* plagen Vorstellungen von höchst unwahrscheinlichen Katastrophen wie etwa, daß Balkone abbrechen oder Tunnel einstürzen. *Zwangsgedanken* und *Zwangshandlungen* treten zusammen mit der Vorstellung auf, daß man nur durch wiederholte Maßnahmen wie Säuberungen und Kontrollen einem Unglück entgehen kann. Eine weitere Spezialform der Angstneurose sind *hypochondrische* Reaktionen, wo Wahrnehmungen des eigenen Körpers verzerrt sind und sich in Selbstkommentaren über bevorstehende Erkrankungen ausdrücken. Der *Paranoide* denkt, daß er zu Unrecht behindert oder beeinträchtigt wird.

Irrationale Denkschemata und irrationale Ideen

Derartige Beobachtungen zeigen, daß ebensowenig wie die Schizophrenie eine reine Denkstörung ist (vgl. die Affektlogik von Ciompi 1982), auch die sogenannten affektiven Störungen umgekehrt durch gestörte Denkprozesse charakterisiert sind, die fast immer eine starke Personalisierung und egozentrische Färbung aufweisen. Beck (1991) spricht daher von typischen Denkschamata, die in Tabelle 8.7 wiedergegeben sind. Der Begriff des Schemas wird verwendet, um eine einseitige Kausalität (Gedanken verursachen Gefühle oder umgekehrt) zu umgehen. Ein Schema ist ein Grundmuster aus Verhalten, Gefühl Gedanke und physiologischen Komponenten, das aus Erfahrung auf der Basis genetischer Disposition (die vier Grundemotionen: Freude, Ärger, Angst und Traurigkeit finden sich in vielen höheren Säugern gleichermaßen) individuell erworben wurde. D.h. est ist ein ganzheitliches und zugleich systemisches Konzept – zumal die Beziehungsgestaltung bei den Hauptstörungen eine wesentliche Rolle spielt (Depression, Phobie, Zwang, Schizophrenie oder Psychosomatik sind immer auch Beeinträchtigungen der Beziehung). Das depressive Schema, auf das sich Beck hauptsächlich bezieht, drückt sich in der genannten kognitiven Trias aus, die in der dreifach negativen Sicht von sich selbst, der Zukunft und der Umwelt besteht. Man könnte lakonisch bemerken, eine solche Sichtweise sei realistisch; dagegen läßt sich allerdings einwenden, daß die Attribution des Depressiven meist global, stabil und internal im negativen Sinne ist (»Ich bin immer an allem schuld«) und eher external, labil und individuell bei positiven Erfahrungen (»Mal Glück gehabt.«). Es besteht daher ein deutlicher negativer Einschlag – so wie beim Optimisten ein positiver besteht.

Übergeneralisierung »Ich hatte keinen Erfolg, also bin ich in jeder Hinsicht ein Versager!«
Selektive Abstraktion »Wenn etwas schief geht, ist es mein Fehler!«
Dichotomes Denken »Ich habe nicht die beste Beurteilung erhalten, dann bin ich ganz schlecht!«
Negative Übertreibung »Daß mich mein Partner verlassen hat zeigt, daß ich nichts wert bin.!«

Tabelle 8.7: Irrationale Denkschemata in der Depression.

Unter Mithilfe dieser Mechanismen werden Erfahrungen und Fakten interpretiert, und das endet bei Depressiven beim zentralen Glaubenssatz »Ich bin nichts wert!«. Beck nimmt an, daß solche Gedanken früh geprägt werden und dann latent im Vorbewußtsein lauern. Insbesondere sind zwei Typen von Individuen dafür anfällig. Die autonome Persönlichkeit setzt ganz auf Unabhängigkeit, Mobilität und die Fähigkeit, für sich selbst zu sorgen. Versagt dieses Plansystem – etwa durch Konformitätsdruck oder Immobilisierung – neigt sie zur Depression. Auf der anderen Seite geht es soziotropen Persönlichkeit ebenso, wenn ihre Bedürfnisse nach Nähe und Gemeinsamkeit enttäuscht werden – etwa durch Zurückweisung oder Verlust.

Verzerrungen des Denkens führen zu regelrecht falschen Schlüssen. Es werden implizite Regeln angenommen, die dem Betroffenen nicht bewußt sind, wie z. B.: »Wenn man mich nicht beachtet, dann bin ich unsympathisch!« Oder: »Wenn mich mein Partner nicht mehr liebt, dann bin ich wertlos!«. Solche Regeln nennt Ellis *irrationale Ideen* und hat unabhängig von einzelnenen Störungsbildern eine Liste von irrationalen Gedanken zusammengestellt, die er häufig in normalen, aber auch neurotischen Fällen fand (Ellis 1962). Die wichtigsten elf sind in Tabelle 8.9 zusammengestellt. Zu diesen Prämissen kommt eine möglicherweise verzerrte Beobachtung hinzu wie beispielsweise statt »Jemand hat mich nicht gesehen: Ich werde nicht beachtet«. Daraus ergibt sich dann ein pathogener »Syllogismus«:

Regel:	»Wenn man mich nicht bewundert, bin ich nichts wert«
Beobachtung:	»X hat mich nicht beachtet«
Schlußfolgerung:	»Also bin ich nichts wert«.

Tabelle 8.8: Depressiver »Syllogismus«

Sowohl die Regel, als auch die Beobachtung können falsch sein; aber schon eines der beiden reicht aus, um zu einer falschen Schlußfolgerung zu gelangen, die in Form einer Selbstinstruktion (»Ich bin nichts wert«) den emotionalen Zustand beeinflußt und damit die Handlungsfähigkeit und in der Folge dann auch die Reaktionen der Umwelt. Viele Autoren haben die erstaunliche Hartnäckigkeit konstatiert, mit der emotional gestörte Personen an der Irrationalität festhalten. Goldfried und Sobcincki (1975) stellten fest, daß Angst und Reizbarkeit mit dem Bestehen solcher irrationalen Gedanken korrelieren.
Abbildung 8.4 enthält die bisher beschriebenen grundsätzlichen Überlegungen in schematischer Darstellung. Es geht daraus hervor, daß das verhaltenstheoretische S-R-C-Schema hier eine prinzipielle Erweiterung erfahren hat, indem zwischen der Situation (S) und der Reaktion (R) eine kognitive Struktur angenommen wird, in der sich viel abspielen kann. Wie die Darstellung andeutet, gibt es innerhalb der Kognitionen und Emotionen eine Reihe von geschlossenen Rückkoppelungskreisen. Diese Rückkoppelungskreise können zur Eskalation von Emotionen, Selbstinstruktionen, Selbstwertminderungen und Wahrnehmungsverzerrung führen.

Irrationale Gedanken nach Ellis

1. *Liebe:*
Ich muß unbedingt von jeder wichtigen Person meiner Umwelt geliebt und geschätzt werden.

2. *Kompetenz:*
Ich muß durchgängig kompetent sein, an jedem Platz meinen Mann stehen und in jeder Hinsicht tüchtig sein, wenn ich vor mir selbst bestehen möchte.

3. *Katastrophisierung:*
Es ist eine Katastrophe, wenn etwas nicht so läuft, wie ich es gerne hätte.

4. *Ausgleichende Gerechtigkeit:*
Manche Menschen sind schlecht, boshaft oder kriminell, dafür sollten sie hart angefaßt und bestraft werden. Ich muß sie jedenfalls unbedingt auf ihre Fehler hinweisen.

5. *Des anderen Schuld:*
Ein Unglück kommt immer von außen, und ich kann wenig oder gar nichts gegen meine Sorgen und Nöte tun.

6. *Panik:*
Wenn etwas gefährlich oder beängstigend ist, muß man es schrecklich ernst nehmen und immer daran denken, daß es prompt eintreten könnte.

7. *Vermeidung:*
Es ist leichter, sich gewissen Schwierigkeiten und Verpflichtungen zu entziehen, als ihnen ins Auge zu sehen.

8. *Hilflosigkeit:*
Ich bin von anderen abhängig und brauche jemanden starkes, auf den ich mich verlassen kann.

9. *Schicksal:*
Meine Vergangenheit bestimmt entscheidend mein gegenwärtiges Leben, weil etwas, was mich einmal sehr betroffen hat, unauslöschlich ist.

10. *Bestürzung:*
Wenn jemand anderes Probleme oder Krisen hat, so betrifft mich das sehr stark, und ich muß bestürzt sein.

11. *Eindeutige Lösungen:*
Es gibt für alle menschlichen Probleme eine ein und für alle Mal genaue und richtige und perfekte Lösung und es bedeutet eine Katastrophe, wenn diese Lösung nicht gefunden wird.

Tabelle 8.9: Irrationale Ideen (Ellis), die die Befindlichkeit beeinträchtigen.

Rational-Emotive Therapie

Die Therapie der rationalen Umstrukturierung (Ellis, Beck) zielt darauf ab, das Leben des Individuums dadurch zu erleichtern, daß die Fehlhaltungen ausgeräumt werden, die zu emotionalen Schwierigkeiten und zur Verzweiflung bzw. Eskalation von Affekten führen. Im Unterschied zu Meichenbaums Selbstinstruktionsansatz, bei dem der Akzent auf der aktuellen Problembewältigung liegt, werden bei Ellis' rational emotiver Therapie grundsätzliche Einstellungsänderungen angestrebt, indem alte Probleme und interne Auslöser dafür (irrationale Annahmen) beseitigt werden.
Ellis versichert in Anlehnung an Epiktet, daß es nicht die Realität ist, die einen beunruhigt, sondern die Interpretation, die Idee über diese Realität. Er verwendet ein verändertes S-R-C-Schema zur Analyse der Prozesse, die durch irrationale Ideen geprägt sind und nennt es A-B-C-Analyse:

A: *Activating Event:* Ein reales Ereignis, zum Beispiel der Verlust einer Person (Auslöser).
B: *Belief:* Irrationale Gedanken zu diesem Ereignis, zum Beispiel »Es ist furchtbar, ich kann nicht so weiterleben« (Reaktion).
C: *Consequence:* Verstimmung, Depression, Verzweiflung (Konsequenz).

Die irrationalen Ideen (Tabelle 8.9) und die negativen emotionalen Konsequenzen verstärken sich gegenseitig und bilden so eine Rückkopplungsschleife (positive Rückkopplung im kybernetischen Sinn), die man als Mechanismus der Panik- und der Depressionsvertiefung ansehen kann. Sie ist in Abbildung 8.5 und 8.6 dargestellt.
Dieser Prozeß gilt sowohl für die übergreifenden Lebenseinstellungen, wie sie die »irrational beliefs« von Ellis darstellen, wie auch für die aktuellen Detailprozesse des Lebensvollzuges, in denen sich die irrationalen Eskalationen abspielen: Etwa die Enttäuschung bezüglich der eigenen Leistung oder der Reaktion des Partners. Die Therapie besteht nun darin, die spezifischen irrationalen Gedanken im Individuum aufzudecken und ihre negative Konsequenz zu verdeutlichen. An diese Stelle wird dann eine rationale Problemanalyse gesetzt, die Ellis den *Disput* (D) nennt. Der Klient erkennt die nachteilige Wirkung irrationaler und die vorteilhafte Wirkung rationaler Selbstgespräche und dies ist der *Effect* (E) der Therapie. Das Schema der Ellis'schen ABCDEs wird in Abbildung 8.7 dargestellt. Die Therapie ist im ersten Schritt disputativ. Die Argumentation

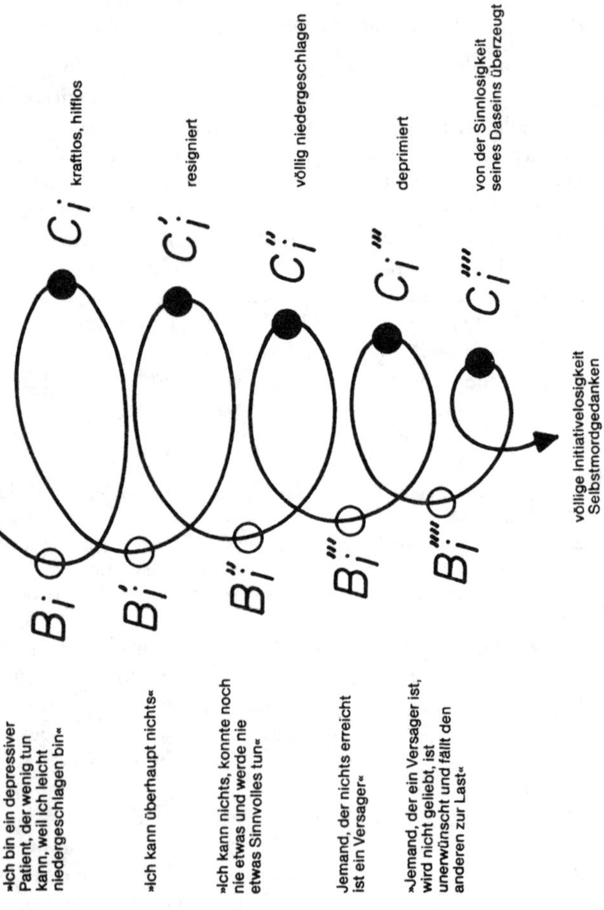

Abb. 8.5: Panikschleife für einen depressiven Gedankengang.

wird häufig irreführenderweise «sokratisch» genannt; sie hat mit dem destruktiv-verwirrenden Vorgehen des Sokrates wenig zu tun. Vielmehr handelt es sich um eine quasi-wissenschaftliche Untersuchung der impliziten Prämissen und Schlußweisen des Klienten. Der folgende Auszug veranschaulicht die disputative Vorgehensweise:

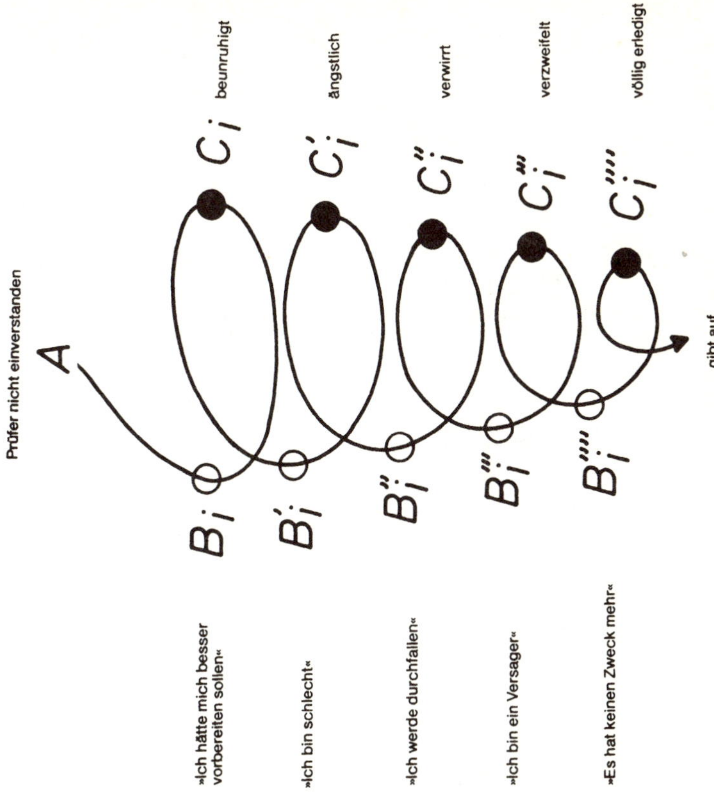

Abb. 8.6: Panikschleife für eine Prüfungsangst-Reaktion.

Eine 23jährige Frau ist von ihrem Freund verlassen worden. Sie war mehrere Wochen lang depressiv und hatte genau durchdachte Selbstmordpläne. Im Rahmen eines diagnostischen Gesprächs mit ihr fand folgende Diskussion statt:
(Th = Therapeut, Kl = Klient)

1) Th: »Warum wollten Sie sich umbringen?«
2) Kl: »Ich konnte es mir nicht vorstellen, ohne R. zu leben.«
3) Th: »Warum meinten Sie, daß R. so wichtig für Ihr Leben ist?«
4) Kl: »Ich glaube, daß ich ohne R. nichts bin.«
5) Th: »Könnten Sie das bitte wiederholen?«
6) Kl: »Ohne R. bin ich nichts.«
7) Th: »Was halten Sie von diesem Gedanken?«

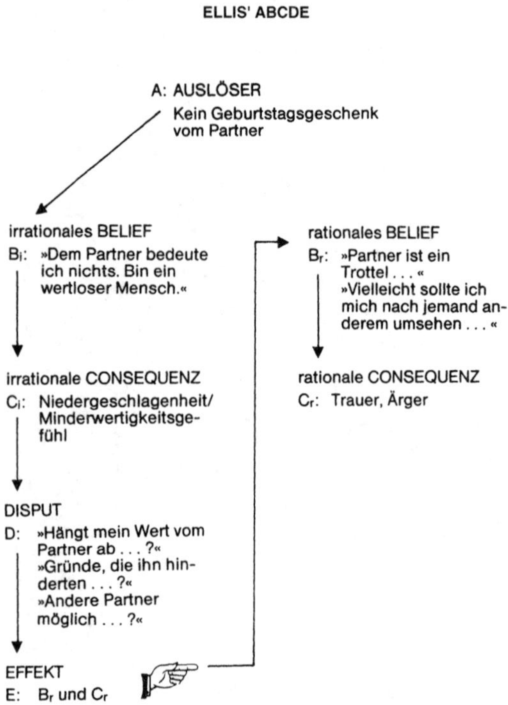

Abb. 8.7: Schema des rationalen Disputs nach Ellis
A = Auslöser, B = Gedanke (belief), C = Konsequenz (consequence), D = therapeutischer Disput, E = Effekt (nämlich Ersetzung des irrationalen durch einen rationalen Gedanken).

8) Kl: »Na ja, wenn ich so darüber nachdenke, dann glaube ich, daß es nicht ganz wahr ist.«
9) Th: »Wollen Sie damit sagen, daß es für Sie möglich ist, auch etwas ohne R. zu sein?«
10) Kl: »Ich glaube das stimmt. Ich kann auch ohne R. etwas sein.«
11) Th: »Sie haben angedeutet, daß Sie ohne R. nicht weiterleben können.«
12) Kl: »Ja, ich glaube, ich kann einfach niemanden finden, der so ist wie er.«
13) Th: »Waren Sie vorher schon mal verliebt?«
14) Kl: »Oh ja, mehrere Male.«
15) Th: »Hatten Sie Schwierigkeiten, Männer kennenzulernen?«
16) Kl: »Nein, das nicht. Aber ich weiß nicht, ob ich jemals wieder einen Mann wie R. finden könnte.«
17) Th: »Glauben Sie, daß es andere Männer gibt, die so gut sind wie R.?«

18) Kl: »Ich glaube, daß es Männer gibt, die besser sind als R.«

19) Th: »Wenn ich Sie richtig verstehe, dann waren Sie in der Lage, sich in andere Männer zu verlieben, und andere Männer haben sich in Sie verliebt.«

20) Kl: »Ja.«

21) Th: »Wie schätzen Sie dann Ihre Möglichkeiten ein, jemand anderen zu finden?«

22) Kl: »Ich weiß, worauf Sie hinauswollen, und ich weiß, daß Sie recht haben. Ich habe auch schon daran gedacht. Es gibt eigentlich keinen Grund, aus dem ich mich so auf R. fixieren muß, wenn er mich gar nicht will. Ich glaube, was ich tun sollte, ist die Beziehung eindeutig abzubrechen.«

23) Th: »Wenn Sie die Beziehung abbrechen glauben Sie, daß Sie dann eine andere Beziehung mit einem anderen Mann aufbauen können?«

24) Kl: »Ich war früher in der Lage, mich in andere Männer zu verlieben.«

25) Th: »Und was meinen Sie, können Sie es wieder?«

26) Kl: »Ich glaube, ich werde es wieder können.«

An diesem Punkt wurde es deutlich, daß die Klientin nicht mehr depressiv reagiert, und sie hatte auch keine Selbstmordabsichten mehr. Die Therapie konzentrierte sich darauf, ihr klarzumachen, daß sie durch ein Abbrechen der Beziehung mit R. nichts verlor, da diese Beziehung schon längst abgebrochen war. Außerdem wurde ihr klar, daß es für sie andere Möglichkeiten gab.

Der Klient lernt also, rationale anstelle von irrationalen Gedanken zu setzen und diese Denkweise auf andere Bereiche zu generalisieren. Dabei werden verschiedene Argumentationslinien verfolgt:

1)	*Empirische Bewertung:* Sind die behaupteten **Fakten** eindeutig? Ist die **Wahrscheinlichkeit** der angenommenen Katastrophe groß?
2)	*Logische Bewertung:* Ist die Begründung **schlüssig**? Ist die Generalisierung haltbar?
3)	*Emotionale Bewertung:* Führt die Haltung zu **angenehmen** Gefühlen?
4)	*Pragmatische Bewertung:* Führt die Haltung zu positiven **Ergebnissen** (bezüglich Leistung oder Beziehung)? Lohnt sich diese Haltung?
5)	*Ethische Bewertung:* Ist der Imperativ zwingend?

Tabelle 8.10: Argumentationsstrategien im therapeutischen Diskurs.

In dem vorangehenden Beispiel wurden haupsächlich die ersten beiden Formen der Argumentation genutzt. Es werden verschiedenen rethorische Figuren verwendet um die Verzerrung im Denkprozeß des Klienten zu entlarven: Die «Und-wenn-Technik» und die «Advokatus-Diaboli-Technik» sind die geläufigsten (s.u.). Sowohl Goldfried und Goldfried (1975) als auch Beck (1979) geben für die Anwendung dieser Art von Disput folgende systematische Schritte an.

1. *Klärung der Grundannahmen:*
Hier erklärt der Therapeut, daß das Programm dem Abbau von Ängsten gilt. Daß diese Ängste häufig irrational überhöht sind. Daß die Ängste durch Selbstinstruktion zustande kommen und durch Selbstinstruktion gelindert werden können. Es wird deutlich gemacht, wie stark die Macht der Gedanken über unser Handeln und die Interpretation der Umwelt ist. Zum Beispiel, zwei Leute gehen auf eine Party. Der Ängstliche sagt zu sich selbst: »Das wird bestimmt ein furchtbarer Abend, die Leute habe ich nie gesehen, ich weiß gar nicht, was ich sagen soll, wie ich mich bewegen soll. Wenn ich nun blöd aussehe. Was werden die sagen, die mich kennen, wenn ich so dumm rumstehe, schrecklich!« Die Person gerät natürlich in helle Aufregung. Eine andere Person würde dagegen sagen: »Da sind viele unbekannte Leute, wie interessant! Ich werde neue Freunde gewinnen. Wie schön, auch meine alten Bekannten wieder zu treffen.«
Solche unterschiedlichen Interpretationen finden wir in vielen Leistungssituationen, sozialen Situationen, aber auch Lebenskrisen, wie Verlust oder Trennung von geliebten Menschen.

2. *Irrationale Selbstverbalisierungen*
im allgemeinen. An dieser Stelle geht der Therapeut einzelne der von Ellis genannten irrationalen Annahmen durch. Er wird sie auf den Klienten, den er behandeln möchte, zuschneiden. Dabei vertritt er den Standpunkt des *Advocatus diaboli*, indem er versucht, die Richtigkeit der übertriebenen irrationalen Behauptungen nachzuweisen. Dadurch wird der Klient in die Rolle gedrängt, die irrationalen Behauptungen zu dementieren:

Kl: »Wenn ich irgendwo versage, denke ich: »Du bist total unfähig!«.«
Th: »Sie sagen, sie wüßten, daß das verkehrt ist.«
Kl: »Ich weiß, ich kann nicht vollkommen sein. Ich muß mich so akzeptieren.«
Th: »Warum kann man nicht vollkommen sein?«

Kl: »Das ist eben unmöglich. Es ist von Natur aus nicht möglich.«
Th: »Wieso, kennen sie niemand, der perfekt ist?«
Kl: »Es gibt immer welche, die das besser können, als ich und solche, die das etwas schlechter können als ich...«

3. *Rationale Problemanalyse.*
Hier wird zunächst die »natürliche« Interpretation des Klienten untersucht. Etwa der Mann hat den Geburtstag der Frau vergessen. Die Frau sagt sich: »Er liebt mich nicht, ich habe mein Leben verschwendet, es war alles umsonst.«.
Da kann zunächst gefragt werden, gibt es noch andere mögliche Erklärungen dafür, daß er den Geburtstag nicht erwähnt hat:

»Vielleicht hat er eine Überraschung vorbereitet.«
»Vielleicht ist er beruflich überlastet.«
»Vielleicht findet er Geburtstage nicht wichtig ...«

Man kann aber in einer zweiten Analyse fragen: selbst wenn er meinen Geburtstag regelrecht vergessen hat und er mich möglicherweise nicht in der Form und dem Ausmaß liebt, wie ich es erwarte: was bedeutet das für mich. Kann ich mit einem solchen Mann nicht zusammenleben, ist mein Leben deswegen verpfuscht, oder hat das Zusammenleben genügend Vorzüge, um es trotzdem aufrechtzuerhalten? *(Und-Wenn-Technik).* Wenn man auf einer Katastrophenskala das Ereignis vor und nach der Analyse skaliert, so stellt sich typischerweise heraus, daß beispielsweise der Wert vom Maximum (10) auf die Hälfte (5) sinkt.

4. *Modifikation der Selbstverbalisierungen.*
In diesem Abschnitt wird der Klient trainiert, seine Selbstverbalisierungen so zu ändern, daß sie ermutigend und erleichternd wirken. Dazu ist zweckmäßig, daß man wie bei der Desensibilisierung in einer Hierarchie vorgeht, um den Klienten in seinen Bewältigungsstrategien nicht zu überfordern. Hier scheint der graduelle Erfolg die Ermutigung für das Herangehen an die nächste Situation zu garantieren. Therapeut und Klient gehen eine Situation durch, und der Klient gibt seine Selbstverbalisierungen und die damit verbundenen Emotionen wieder. Überschreitet die Traurigkeit oder Angst einen bestimmten Grad, so wird die Sequenz unterbrochen, und der Klient muß analysieren, was gerade die Katastrophenstimmung ausgelöst hat. Um den Klienten dann bei der Umformulierung seiner Selbstverbalisierungen zu helfen, kann der Therapeut modellhaft Vorgaben machen, um auf das Partnerproblem zurückzukommen, etwa:

»Viele glauben, daß der gefundene Partner der einzig Mögliche ist und er 100%ig zu einem paßt. Tatsächlich gibt es für jeden Menschen eine Vielzahl von möglichen Lebensgefährten. Alle haben kleine Vorteile und kleine Nachteile. Wenn ich alle Vorzüge und Nachteile meines Mannes zusammenzähle, so kann ich eigentlich sehr zufrieden sein. Er ist zwar sehr nachlässig. Aber er hat so viele nette Seiten. Er sorgt so gut für die Kinder, wir machen zusammen Reisen ...«

An dieser Stelle kann natürlich auch der umgekehrte Schluß gezogen werden, daß eine Trennung besser ist und auch nicht katastrophal wäre, weil es viele andere Partner gibt, mit denen schließlich auch eine Chance besteht, glücklich zu werden (*Alternativen*-Technik).

5. *Überprüfung.*
Dem Klienten wird ein Protokollbogen mit nach Hause gegeben, der am Kopf folgende Titel enthält (*Spaltentechnik*, Tabelle 8.11)

Datum	Situation	vorher* 1–10	Irrationale Gedanken	Rationale Bewertung	nachher* 1–10

* Hier das Ausmaß an empfundener Depression, Angst oder Ärger eintragen

Tabelle 8.11: Protokollblatt zur Aufzeichnung von täglichen Erfahrungen

In der nächsten Therapiestunde werden die Situationen durchgesprochen und dem Klienten wird Rückmeldung über die Qualität seiner Umstrukturierungen gegeben, Alternativen werden diskutiert.
Während Ellis sich mehr mit dem Nachweis irrationaler Ideen, d. h. der ersten Prämisse (Regel) im pathogenen Syllogismus der Tabelle 8.8 im Denken des Klienten befaßt, versucht Beck die Verzerrung in den Beobachtungen des Klienten, also der zweiten Prämisse zu zeigen. Nach der disputativen Phase mit den nötigen Umstrukturierungen folgt die Einübung des Klienten, sein »eigener Wissenschaftler« zu werden. Darauf werden verschiedene VT-Techniken eingesetzt um die positiven Lebenserfahrungen wieder häufiger werden zu lassen und die selbst gesetzte Einengung des Klienten schrittweise zu überwinden.

8.5 Modell-Lernen und Selbstkontrolle

Arten des Modell-Lernens

Lernen am Modell ist der passive Erwerb von Reaktionstendenzen, der zu den klassischen S-R-Theorien (responsives und operantes Lernen) eklatant in Widerspruch steht. Bandura (1969, 1976, 1978) hat seine Aufmerksamkeit diesen Vorgängen gewidmet, in denen Verhaltensänderungen stattfinden, ohne daß ein Lernprozeß mit sichtbaren Verhaltensweisen vorausging. Organismen lernen vom Zuschauen und von anderen Informationsquellen. Diese Art des Lernens ist u. a. Imitation, stellvertretendes Lernen, Modell-Lernen, soziales Lernen genannt worden. Dieses stellvertretende Lernen kann von einer Zeitungsnotiz ausgehen (Flugzeug abgestürzt) oder es kann von einem lebenden Modell vorgeführt werden (der Lehrer schreibt an die Wandtafel wie man eine Gleichung auflöst). Bandura sieht zwischen diesen beiden Möglichkeiten der Informationsvermittlung ein Kontinuum, auf dem sich die verschiedenen Arten des Modell- bzw. Imitationslernens anordnen lassen.

Instruktion -------- *Imitations-Lernen* -------- Modell
Das Modell-Lernen selbst wird in zwei Phasen unterteilt: Der *Erwerb* und das *Ausführen*. Bandura unterscheidet vier Arten von Vorgängen, die im Modell-Lernen unterzuordnen sind.

1. *Beobachtungslernen:*
   neue Fähigkeiten werden durch Nachahmung eines Modells (oder einer Instruktion) erworben: etwa der Zusammenbau eines komplizierten Gerätes nach Anleitung oder durch einen Vorarbeiter.
2. *Ent-/Hemmung:*
   insbesondere die Beseitigung von Angst ist mit Modell-Lernen beschleunigt worden. Etwa die Überwindung von Schlangen- und Hundephobien (Bandura und Menlove 1968, Bandura, Blanchard und Ritter 1969). Hier geht das Modell furchtlos mit dem angsterregenden Stimulus um und ermutigt so den Beobachter zur Nachahmung. Heldentum wird vermutlich in ähnlicher Weise gelernt. Umgekehrt können auch Hemmungsprozesse stattfinden: Etwa wenn das Modell schwer bestraft wird (verunglückt) oder erfolglos bleibt.
3. *Reaktionserleichterung:*
   Hierbei werden Reaktionsweisen ausgelöst, die normalerweise schon ausgebildet sind, aber nicht verwendet werden. Etwa nah-

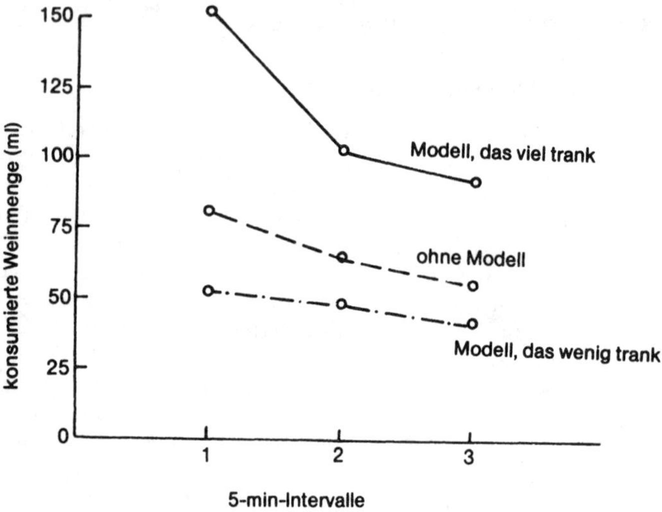

Abb. 8.8: Die Wirkung von Modellverhalten beim Alkoholkonsum (nach Caudill und Marlatt).

men Versuchspersonen bei einer simulierten Weinprobe entsprechend ihrem Modell größere oder kleinere Schlucke zu sich und tranken langsamer oder schneller (Caudill & Marlatt 1975, siehe Abbildung 8.8).

4. *Vermittlung von Verhaltensnormen:*
   in sozialen Situationen, in denen sich das Individuum unsicher fühlt, richtet es sich eher nach anderen, die es für kompetent hält. So lernt das Kind die Menge der Speisen, die Abfolge und die Geschwindigkeit des Essens usw., die gesellschaftlich angemessen sind, indem es auf Eltern oder Gastgeber schaut. White (1975) stellte fest, daß Leute, die andere viel spenden sahen, ihre eigenen Spenden deutlich steigerten. Auktionen sind ein anderes Beispiel dafür, wo sich offenbar ähnliche Vorgänge abspielen.

Komponenten des Modell-Lernens

Im einzelnen sind folgende Komponenten des Modell-Lernens untersucht worden: Die Aufmerksamkeit des Beobachters muß geschult und auf das Modell gelenkt werden – es sollte weder langweilig noch verwirrend sein. Die Erinnerung an das Modellverhalten

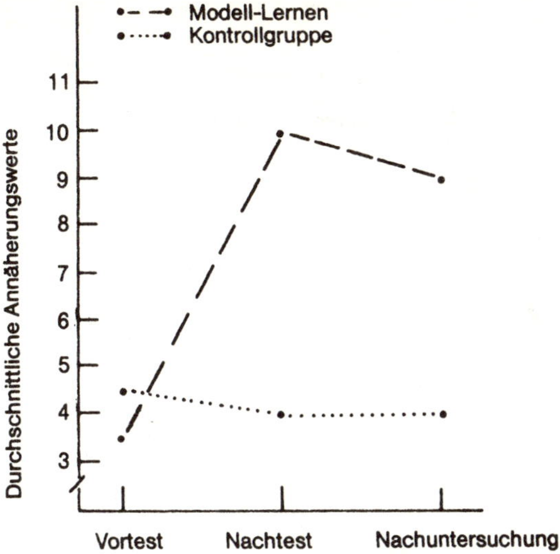

Abb. 8.9: Wirkung des Modellverhaltens bei der Überwindung einer Hundephobie. Durchschnittliche Annäherung an den Hund für Experimental- und Kontrollgruppe (nach Bandura und Menlove 1968).

kann durch Codierungshilfen erleichtert werden. Etwa über verbale Beschreibungen oder ikonische Darstellungen. Dabei kommt es auf mnemotechnische Hilfen wie z. B. Spitznamen an. Motorisches und gedankliches Probehandeln verbessern den Lerneffekt deutlich (Jeffery 1976). Belohnungen, die das Modell erfährt, steigern die positiven Erwartungen des Lernenden und damit seine Lernfortschritte – obwohl es viele Beispiele gibt, in denen unmittelbare Belohnung des Modells wie auch des Lernenden offenbar keine Rolle spielen (Zimmermann und Rosenthal 1974). Vielmehr scheint gut gelenkte Praxis und Rückmeldung von Bedeutung zu sein – wie bei offenen Lernprozessen. Multiple Modelle sind besser als ein einzelnes, wie die Untersuchung von Bandura et al. 1968 zeigt.
Die Übernahme der vom Modell gezeigten Verhaltensweisen wird erleichtert, wenn das Modell mit hohem Prestige ausgestattet ist und wenn außerdem Relevanz und Glaubwürdigkeit der zu lernenden Verhaltensweise gegeben sind. Das Charakteristikum der emotionalen Wärme hat offenbar wenig Bedeutung.
Es sind zwei Arten von Modellen unterschieden worden. Zum einen solche, die das Modellverhalten in perfekter Manier vorspielen

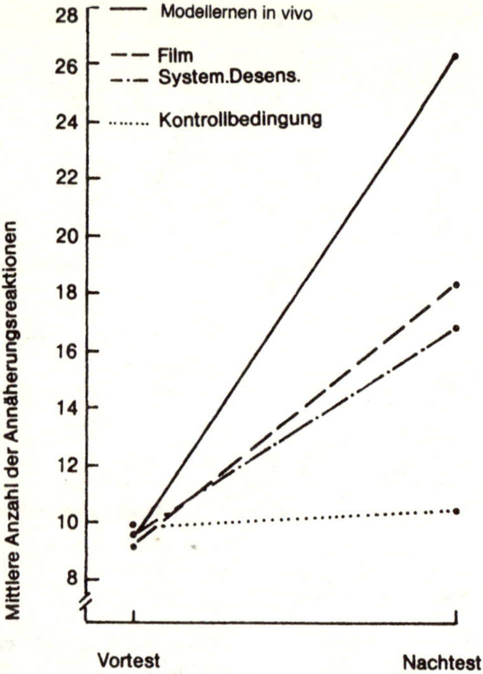

Abb. 8.10: Wirkung von Film-Modell und Vivo-Modell, verglichen mit systematischer Desensibilisierung bei der Überwindung einer Schlangenphobie (nach Bandura, Blanchard und Ritter 1976).

(Mastery-Modell). Diese Art von Modell erscheint zweckmäßig beim Erlernen von Fertigkeiten wie Autofahren, Zusammenstellen komplizierter Konstruktionen usw. Die andere Art Modell hat selbst Schwierigkeiten und zeigt sie auch, bewältigt diese aber während der Modellszene (Coping-Modell). Solche Modelle scheinen dann vorteilhaft zu sein, wenn es sich um emotional getönte Prozesse handelt – wie etwa die Bewältigung von Angst.

Anwendungen des Modell-Lernens

Das Modell-Lernen ist in verschiedenen Therapiebereichen angewendet worden, z. B. in der Behandlung von Phobien. Besonders wirksam ist Modellverhalten im Sozialtraining eingesetzt worden, wo es darum geht, soziale Fertigkeiten zu erlangen, durchsetzungsfähiger zu werden und seine Rechte zu wahren (Twentyman 1975, Zimmer 1980). Ebenfalls angewendet worden ist Modell-Lernen im schulischen Bereich (Anleitung zu neuen Verhaltenssequenzen), im Bereich von Retardierten (ein ebenfalls Retardierter, aber nicht so stark Behinderter zeigt anderen das Telefonieren). Bei autistischen Kindern ist es erforderlich, jede Stufe des Spracherwerbs modellhaft vorzumachen. Auch bei psychotischen Klienten ist Modell-Lernen immer wieder angewendet worden. Schließlich in Gruppentherapien spielt die Modellwirkung eine erhebliche Rolle, um schüchterneren Teilnehmern die Überwindung zur Selbstdarstellung und zum Ausprobieren neuer Verhaltensweisen zu erleichtern. Die Wirkung eines Modells ist in der Auseinandersetzung mit phobischen Reizen untersucht worden. Bandura, Blanchard und Ritter (1968) untersuchten bei Schlangenphobikern die Wirkung eines Modells, und zwar in Form einer lebenden Vorführung als auch in Form eines Films. Das lebende Modell erwies sich der einfachen Desensibilisierung (ebenso wie der Filmvorführung) als überlegen. Allerdings ist hier die Modellwirkung mit der In-vivo-Auseinandersetzung konfundiert, so daß nicht ganz klar ist, worauf die Wirkung zurückgeht. Die Untersuchungen zeigen, daß die systematische Desensibilisierung nicht die einzige Methode zur Behandlung von Ängsten sein kann.

Verdecktes Modell-Lernen

Im Anschluß an Banduras Untersuchungen zum Imitations- bzw. Modell-Lernen (s.u.) ist das Verfahren auch in verdeckter Form ausprobiert worden. Beispielsweise versuchte Kazdin (1973) Schlangenphobikern die Annäherung an das phobische Objekt dadurch zu ermöglichen, daß er mit ihnen die Vorstellung probte, die Phobiker sähen einem Modell zu, das mit den Schlangen umgeht (siehe Abbildung 8.11). Die Wirkung des vorgestellten Modells reduzierte die Phobie erheblich gegenüber einer Wartelistenkontrollgruppe. Dabei stellte sich heraus, daß ein bewältigendes Verhaltensmodell (coping model), das anfängliche Schwierigkeiten erfolgreich hinter sich brachte, besser wirkte als ein meisterndes Verhaltensmodell (mastery model), das überhaupt keine Schwierigkeiten mit der Situation hat. Das Verfahren des verdeckten Modell-Lernens, das einer Desensibilisierung in der Vorstellung gleichkommt, ist in seiner Wirksamkeit von allen verdeckten Verfahren am besten belegt.

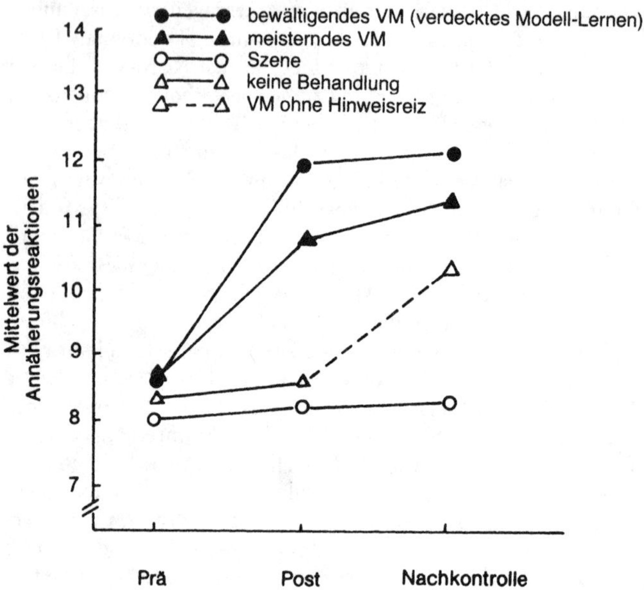

Abb. 8.11: Verdecktes Modell-Lernen mit bewältigendem und meisterndem Modell (nach Kazdin 1973).

Im Anschluß an die Diskussion verdeckter Verfahren bemerkt Mahoney übrigens spaßig, daß es wohl demnächst auch andere verdeckte Techniken geben wird, die uns sehr viel Unannehmlichkeiten ersparen könnten, beispielsweise verdeckte Lobotomie oder verdeckter Nacktmarathon. Möglicherweise sei sogar mit verdeckten Artikeln in verdeckten Zeitschriften zu rechnen, phantasiert Mahoney weiter, womit er wohl darauf hinweisen möchte, daß ein allzu großer Verlaß auf die verdeckten Techniken auch nicht optimal sei- obgleich sehr bequem.

Insgesamt muß gesagt werden, daß die verdeckten Konditionierungsverfahren sich zwar großer Beliebtheit erfreuen, bisher aber nur durch klinische Fallstudien belegt sind, kaum jedoch durch kontrollierte Gruppenexperimente. Es bestehen wahrscheinlich unberechtigte Erwartungen an die Wirksamkeit dieser Methoden; jedenfalls können sie nicht als empirisch bestätigt angesehen werden.

8.7 Diskussion

Effektivität

Zu den einzelnen kognitiven Verfahren liegt eine Vielzahl von empirischen Untersuchungen zur Überprüfung der Wirksamkeit vor (Ellis und Grieger 1979, Meichenbaum 1977, Beck et al. 1979, Hautzinger 1994 u. a.). Für Streßimmunisierung und Problemlösetraining zählen Grawe, Donati und Bernauer (1994) bis 1984 an kontrollierten Studien über 60 (mit 2300 Klienten), von denen die Mehrheit hohe Wirksamkeit zeigt. Die Ergebnisse der Selbstinstruktion zur Ärgerkontrolle z. B. von Novaco (1978) wurden weiter oben berichtet. Zu den älteren Untersuchungen der Wirksamkeit von Selbstinstruktionen gehören die Arbeiten von Meichenbaum und Cameron (1973) an Schizophrenen und die Selbstanweisungen zum Kreativitätstraining von Meichenbaum (1975). Depression, Schmerz und Angst sind als Anwendungsgebiete hinzugekommen.

Die kognitive Umstrukturierung in der Form, wie sie von Beck bei Depressiven entwickelt wurde, hat eine gute empirische Bestätigung auch für Bereiche wie Angst-, Zwangsstörungen gefunden (Beck et al 1979, Hautzinger 1994). Beck, Rush, Shaw und Emery (1979) verglichen ebenso wie Hautzinger et al.(1992) die Wirkung kognitiver Therapie mit einer Pharmatherapie. Hier werden meist trizyklische Antidepressiva verabreicht, die bisher als effektivste Behandlungsform der Depression gelten, und vor allem eine kurzfristige Wirkung zeigen. Trotzdem erwies sich die kognitive Therapie langfristig meist als überlegen. Allerdings hat sich die Kombination von kognitiver Therapie und Pharmakotherapie bei endogenen, chronischen Depressionen als günstig erwiesen. Bemerkenswerterweise wurde die Therapie bei Beck et al. von unterschiedlichen Therapeuten durchgeführt, die zum größten Teil eine psychodynamische Ausbildung hatten. Dies spricht dafür, daß das Verfahren gut vermittelbar ist und keine spezifisch verhaltenstherapeutische Denkungsart voraussetzt.

Zur disputativen Therapie wie sie von Ellis und Beck vertreten wird, lagen nach Grawe, Donati und Bernauer bis 1984 insgesamt etwa 35 Studien (mit 1500 Klienten) vor, deren Ergebnisse die Wirksamkeit in etwa 90% als signifikant erweisen. Ansätze zur kognitiven Therapie sind bisher – wie beschrieben – auf Depression, verschiedenste Formen von Ängsten, Ärger und Schmerzprobleme

aber auch auf Leistungs-, Eß- und Schlafstörungen angewendet worden. In Ärgersituationen hat Ellis (1976) die kognitive Umstrukturierung als Alternative zu den verschiedenen Formen der kathartischen Therapie (Urschrei, Gestalt, Bioenergetik, Aggressionstraining) empfohlen. Er tritt diesen letzteren Ansätzen energisch entgegen und verweist auf die Aggressionsforschung von Berkowitz, nach der Aggression nur wieder weitere Aggression im Handelnden wie auch im Partner hervorruft, wenn sie ausgelebt wird. Anderen verhaltenstherapeutishen Interventionen erscheinen beide Therapieansätze jedoch nicht deutlich überlegen.
In einem umfassenden Überblick über die empirische Bestätigung zur rational-emotiven Therapie zog Ellis schon 1977 den selbstbewußten Schluß, die Forschungsergebnisse, die für sein Therapiesystem sprechen, seien immens. Seine optimistische Beurteilung wurde ursprünglich von Meichenbaum (1977) und Mahoney (1977) skeptisch betrachtet Inzwischen liegen hinreichend viele Untersuchungen mit positiven Ergebnissen vor (Hautzinger 1995).

Kritik

Die Verfahren der kognitiven Therapie können insgesamt in größerem Umfang als empirisch überprüft angesehen werden. Sie werden fast immer im Zusammenhang mit übenden oder exponierenden Verfahren der Verhaltensthertapie verwendet. Es bleibt daher unklar, ob die Einsichtskomponente einen entscheidenden Anteil am Erfolg hat. Es ergeben sich im allgemeinen keine Unterschiede zur Wirksamkeit der verhaltenstherapeutischen Verfahren. Die verdeckten Techniken aus Kapitel 8.3 gelten nur als Ergänzungsbausteine in größeren Therapieprogrammen und es gibt kaum Untersuchungen, die diese Maßnahme im einzelnen experimentell überprüfen (Rachman und Wilson 1980). Eine Ausnahme macht hier z. B. die Untersuchung von Sookman und Solyom (1977), hier wurde eine Reizüberflutung mit Gedankenstop bei vermischten Zwangssymptomen verglichen. Der Gedankenstop erwies sich als wirksamer, wenn es um die Behandlung von stimulusgebundenen Zwangsbefürchtungen ging. Bei generellen Zweifeln, die vom Angstniveau des Klienten abhängen, dagegen war die Reizüberflutung wirksamer. Interessant ist in dieser Untersuchung auch die Feststellung, daß eine Kombination von systematischer Desensibilisierung und Gedankenstop ungünstig ist: Offenbar sind die Reaktionen, die mit diesen beiden Techniken hervorgerufen werden, un-

Anwendungsfeld	N-Studien	N-Klienten	Prä/Post-Vergl.	Kontr.-G-Vergl	VT-Vergl.	Wirkgs-Breite	Katamn.	Therapie-Dauer
Kogn.Th. à la Ellis	17	713	+12/14	+6/10	−3+3/17	breit	kurz	15 Sitz.
Kogn.Th. à la Beck	16	767	+13/13	−1+8/9	1/9	breit	kurz	16 Sitz.
Selbstinstruktion	38	1556	+29/36	29/38	−2+2/14	breit	kurz	12 Sitz.
Problemlöse-Tr.	25	775	+19/20	21/23	–	breit	lang	24 Sitz.

Tabelle 8.12: Effektivität und Merkmale von verhaltenstherapeutischen Studien kognitiver Therapien bis 1984. In den Spalten Prä-/Post-, Kontrollgruppen- und Therapie-Vergleich findet sich im Zähler des Bruches die Anzahl der Studien mit signifikanten Verbesserungen (+) und Verschlechterungen (–) gegenüber den Vergleichsmessungen vor der Therapie, in der unbehandelten Kontrollgruppe und einer anderen Therapieform. Es wurden Messungen in der Hauptsymptomatik berücksichtigt. Die Spalte Wirkungsbreite zeigt an, ob in anderen Bereichen Verbesserungen auftraten und die Katamnesedauer wurde bei durchschnittlich mehr als 6 Monaten als lang bezeichnet.(Zuammenfassung nach Grawe, Donati und Bernauer 1994)

vereinbar. Die Systematische Desensibilisierung koppelt eine Entspannungsreaktion an das Auftauchen von Zwangshandlungen, während der Gedankenstop eine aversive Reaktion darstellt.
Die Rationale Umstrukturierung (Kapitel 8.4) trifft manchmal auf Schwierigkeiten. Einmal ist die Frage, ob rationales Vorgehen immer zum besseren Leben beiträgt. In vielen Fällen erscheint Irrationalität (z. B. Optimismus, vgl. Beck's Hedonie- bzw. Anhedonie-Prinzip; in: Mahoney & Freeman, 1985) zur Bewältigung von Lebensproblemen eher günstig. Eine andere Schwierigkeit ist die, daß Ereignisse tatsächlich manchmal sehr weitreichende Folgen für die Zukunft haben (z. B. Durchfallen in einer Prüfung, die über den Studienplatz entscheidet), so daß man leicht geneigt sein könnte, die resultierende Niedergeschlagenheit als gerechtfertigt zu empfinden. Die therapeutische Empfehlung ist hier, Ereignisse zu ersinnen, die noch katastrophaler wären, z. B. von der Schule fliegen, eine schlecht bezahlte Arbeit annehmen müssen, vielleicht arbeitslos sein, usw. Auf diese Weise soll es dem Klienten gelingen, seine Mißerfolge zu relativieren. Das eigentlich tragende Prinzip des philosophisch-therapeutischen Ansatzes von Ellis ist jedoch darin zu sehen, daß der Wert eines Menschen, d. h. sein Selbstwert, nicht von seinen Behinderungen, Mißgeschicken und Fehlern abhängen soll. Selbst wenn es einzelne Aspekte an meinem Leben oder meinem Verhalten gibt, die sich ein Stoiker anders wünschte, rüttelt dies doch nicht an meinem grundsätzlichen Wert als Mensch. Ellis möchte den Klienten mit einem abgestuften Verzicht versöhnen, wie aus folgenden Verbalisierungen zum Partnerverlust deutlich werden mag.

Irrationaler Gedanke:
0 »Ich muß von meinem Partner geliebt werden.«
Rationale Gedanken:
1 »Es gibt kein universelles Gesetz, daß mich jemand lieben muß.«
2 »Wenn ich von meinem Partner keine Liebe erhalte, vielleicht von jemand anderem.«
3 »Auch wenn ich in der Vergangenheit nicht viel Glück in der Liebe hatte, heißt das noch nichts für die Zukunft.«
4 »Es gab schon andere Zeiten, in denen ich ohne Liebe dastand und trotzdem glücklich war und zurecht kam.«
5 »Ich werde einige Freuden nicht erleben, aber ich werde mich weiter nach Liebe sehnen und anderweitig umsehen.«
6 »Ich werde vielleicht sehr lange, vielleicht ewig danach suchen.«
7 »Ich muß mich mit einem weniger glücklichen Leben abfinden und das ist schade.«
8 »Vielleicht bleibe ich die meiste Zeit allein, und das kann hart sein.«

9 »Vieles kann passieren, was sonst noch unangenehm ist – aber nichts ist schrecklich und unerträglich.«

Als positive Gedanken findet Ellis dann folgende Verbalisierungen:

10 »Ich kann mich anderen Tätigkeiten widmen, die Spaß machen und nichts damit zu tun haben, ob ich geliebt werde; etwa Kunst, Reisen usw.

11 »Ich kann es als eine Herausforderung betrachten, die Spaß macht, mir selbst beizubringen, wie ich ohne Liebe glücklich werden kann.«

12 »Ich kann daran arbeiten, eine Philosophie zu entwickeln, mich voll zu akzeptieren, auch dann, wenn die Liebe, nach der ich mich sehne, mir nicht gegeben wird.«

Es ist diese allgemeine und philosophische Indoktrination der Rational-Emotiven-Therapie, die zuweilen den Eindruck von christlicher Demut macht und die über andere Strategien der kognitiven Umstrukturierung hinausgeht. Ellis nimmt für sich deswegen in Anspruch, alle anderen Ansätze dieser Art unter seiner RET zu subsumieren. Es seien lediglich Ausformungen des Umstrukturierungsprinzips, das aber bei keinem Autor eine solche Allgemeinheit und den Anspruch philosophischer Tiefe besitzt wie bei Ellis selbst. Im Prinzip ist natürlich eine solche Philosophie, die das Leben unabhängig von den Umständen bejaht, das einzig Richtige, wenn man sich fürs Leben unter allen Umständen entschieden hat. Aber hier taucht die Frage auf, kommt die Henne erst oder das Ei: Bewirkt eine unbedingte Entscheidung fürs Leben eine solche Philosophie oder umgekehrt.

Ein Kritikpunkt ist die Tendenz der kognitiven Ansätze, den biologischen Nutzen der Emotionen mit allzuviel stoischem Gleichmut herunterzuspielen. Dies ist insbesondere für die Ärgerkontrolle beklagt worden. Ellis hat, wie erwähnt, gegen die kathartischen Therapieformen (z. B. das Aggressionstraining nach Bach und Wyden 1968) Front gemacht (1976). Es besteht allerdings die Gegenposition, daß unterdrückte Emotionen sich psychosomatisch auswirken (Verres und Sobez 1980). Die Alexithymieforschung (Alexithymie = Unfähigkeit, Gefühle zu lesen und auszudrücken) hat nämlich gezeigt, daß Psychosomatiker weniger als andere neurotische Klienten ohne psychosomatische Beschwerden in der Lage waren, ihre Gefühle differenziert zum Ausdruck zu bringen (Sifneos 1973). Aus diesem Grund legen Kommunikationsprogramme (vgl. Band 4) Wert auf adäquaten Ausdruck von Ärger und Trauer usw. (z. B. Schindler et al. 1980).

Zusammenfassung

Die kognitive Therapie, so wie sie von Ellis (1978) und Beck (1979) entwickelt wurde, ist weit mehr als Umstrukturierung. Ellis verwendet Rollenspiele zum Erlernen von sozialen Fertigkeiten, gruppendynamische und gestalttherapeutische Elemente zur Reaktivierung von Emotionen, Verhaltensverschreibungen und Hausaufgaben zur Überprüfung der Anwendbarkeit neugewonnener Erkenntnisse usw. Es handelt sich also im Grund genommen um einen multimodalen Ansatz, ähnlich dem von Lazarus (1976), bei dem es schwer wird zu sagen, welche der einzelnen Therapiekomponenten in dem Gesamtpaket wirksam geworden sind. Kritiker sagen deswegen auch, daß es der Rational-Emotiven-Therapie an einem theoretischen Fundament fehle, daß die Quintessenz lediglich die sei, daß Denkmuster Verhalten beeinflussen – und diese Erkenntnis sei trivial. Es handelt sich also um kein formales theoretisches Modell, dessen einzelne Aussagen empirisch überprüft werden können, sondern mehr um ein Therapiepaket und darüber hinaus eine Lebenseinstellung, ähnlich wie die der Gestalttherapie (vgl. Band 3). Daß außerdem die Beeinflussung der Handlung durch Denkmuster u.U. komplexer ist als von den Umstrukturierungstheoretikern angenommen, zeigte schon eine Untersuchung von Rogers und Craighead (1977). Sie fanden keine klare Beziehung zwischen physiologischen Indikatoren von emotionaler Erregung und positiven oder negativen Selbstbeschreibungen. Vielmehr spielte die Diskrepanz der experimentellen Selbstbeschreibung zum persönlich akzeptierten Selbstbild eine Rolle: Negative Selbstbeschreibungen mit geringer Diskrepanz erzeugten stärkere Erregung als positive mit gering diskrepanter Selbstbeschreibung. Neben der Valenz spielt also auch die Diskrepanz zum Selbstbild eine Rolle.

Der Zusammenhang des Therapieansatzes von Ellis mit anderen Umstrukturierungsstrategien, der psychodynamischen und der Verhaltenstherapie kann folgendermaßen gesehen werden: Es ist stets eine gegenseitige Beeinflussung von Selbstverbalisierungen und Verhalten anzunehmen. Hinter diesen Selbstverbalisierungen stehen jedoch häufig generelle Konzepte, wie etwa die elf irrationalen Annahmen von Ellis. Diese müssen nicht jederzeit präsent und bewußt sein, gehören jedoch vermutlich ursächlich zum Selbstverbalisierungsprozeß und sind durch kulturelle Erfahrungen oder die Lerngeschichte in der Kindheit entstanden. Die Transaktionsanalyse nennt dies zum Teil die sabotierenden elterlichen Injunktionen und Rezepte. Sie hat damit eine ätiologische Hypothese, die über den allgemeinen Verweis auf die kindliche Lerngeschichte bzw. kulturelle Norm hinausgeht (siehe Kapitel 5, Band 1). Die therapeutische Veränderung kann nun auf allen drei Ebenen ansetzen. Die Rational-Emotive-Therapie von Ellis und Beck tut dies. Die Verhaltenstherapie beschränkt sich mehr auf das Verhalten, während einzelne Umstrukturierungsansätze (Meichenbaum) auf dem mittleren Niveau der Selbstverbalisierung operieren (Abbildung 8.12). Die emotionale Ebene wird bei dieser Sichtweise ausgeklammert und als abhängige Variable betrachtet. Im Prinzip könnte sie als vierte Ebene einbezogen und z. B. pharmakologisch oder durch Methoden der Erlebnisaktivierung angegangen werden (vgl. auch Tunner 1981).

Interessant ist in diesem Zusammenhang ein Blick auf die Generalisierbarkeit von Verhaltenstherapie und kognitiver Umstrukturierung. Meichenbaum ergänzte das Verfahren der Desensibilisierung (Verhaltensebene) durch kognitive Bewältigungsstrategien. Hierbei wird der Klient angewiesen, sich die angsteinflößende Situation auszumalen und ebenfalls, wie er dabei angespannt und unruhig wird. Ihm wird dann suggeriert, daß er sich entspannt und daß er sich bei der Entspannung eine Selbstverbalisierung liefert. Diese Selbstinstruktion zielt auf aktive Bewältigung der Angstsituation und auf Steigerung des Selbstvertrauens ab. (»Ich kann damit fertig werden. Mir geht es schon viel besser als beim letzten Mal. Ich werde mich jetzt ganz ruhig mit der Situation auseinandersetzen«... usw.) Während die einfache Desensibilisierung kaum Generalisierungen von der behandelten Phobie auf andere Phobien zuläßt, wie viele Autoren bestätigt haben (Marks 1978), zeigen die Untersuchungen zur Streß-Impfung, daß die Klienten diese Strategien auch auf ganz andere Situationen erfolgreich übertragen konnten als die, die in der Therapiestunde geübt wurden. Dies trifft auch auf die erweiterte Form der systematischen Desensibilisierung zu. Stimmt dieses Prinzip, so müßte der kognitive Ansatz, der sich auf der Konstruktebene bewegt, die größte Generalisierbarkeit haben. Die Idee, positive Selbstgespräche zu führen, um mit Krisensituationen fertig zu werden, ist viel älter als die jetzige modische Verbreitung vermuten läßt. Bekannt sind etwa die Selbsteinreden der mittelalterlichen Mönche oder das positive Denken von Coue (1922), der seinen Klienten etwa solche Sentenzen empfahl wie »Es geht mir von Tag zu Tag besser«. Oder Bonnet (1911 zit. n. Meichenbaum 1977, S. 157) mit seiner Empfehlung gegen Lampenfieber

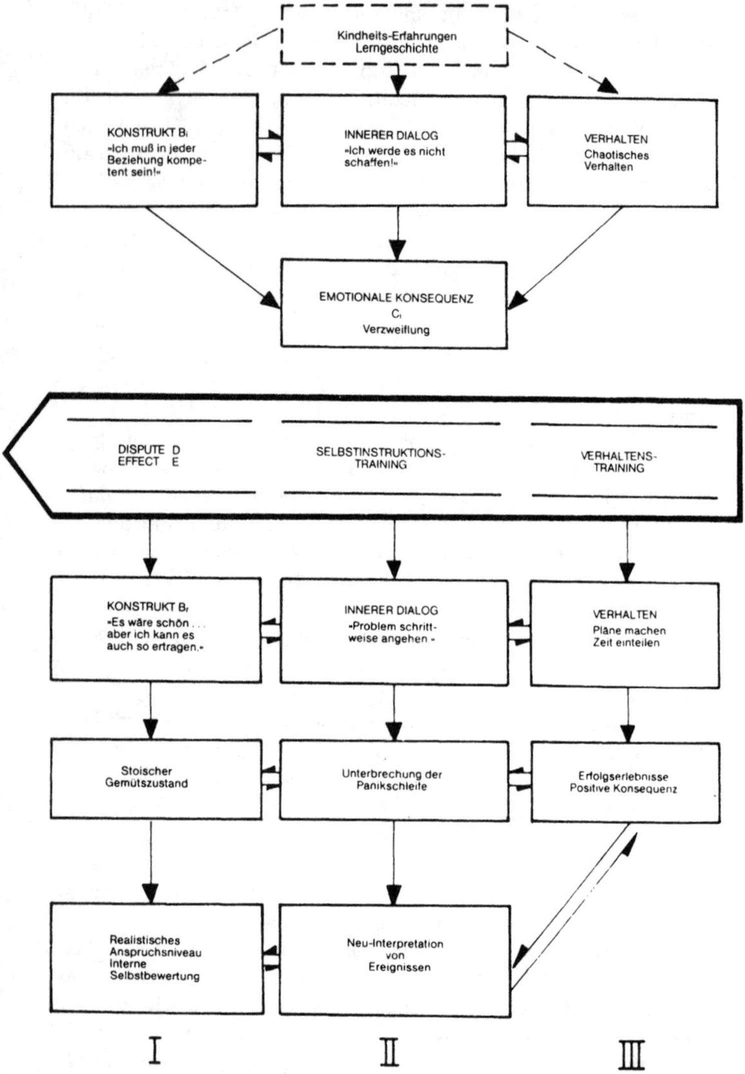

Abb. 8.12: Konstrukt (Einstellung), innerer Dialog (Selbstinstruktion) und Verhalten in ihrer gegenseitigen Wechselwirkung sowie die Möglichkeiten des therapeutischen Eingriffs (fett umrandeter Kasten).

»Ich leide nicht unter Lampenfieber, ich singe gut, ich fühle mich seelisch völlig erleichtert«. Das ständige Üben derartiger Formeln soll den Klienten Mut machen und eine generelle positive Einstellung erzeugen. Der entscheidende Unterschied jedoch zu den neueren Methoden der Selbstinstruktion und der kognitiven Umstrukturierung ist der, daß in den älteren Ansätzen wenig Angaben über die Natur der Krisensituation, über das genaue Wie, Wann und Wo der alternativen und inkompatiblen Verhaltensweisen gemacht werden: d. h. es wird keine Verbindung zur Verhaltensebene gezogen (mit Ausnahme der mönchischen Selbsteinreden). Kognitive Therapie hat demnach triviales Denken systematisiert und versucht es einer experimentellen Überprüfung der Wirksamkeit zu unterziehen. Liest man Beiträge zur kognitiven Therapie, so fällt auf, daß unterschiedliche Elemente und Interventionstechniken hervorgehoben werden: irrationale Ideen (Ellis), unlogisches Denken (Beck), Problemlösung (Goldfried), Selbstermutigung und Selbstentmutigung (Meichenbaum), negative und positive Bilder als Selbstbestrafung und Belohnung (Cautela), um nur einiges zu nennen. Was fehlt ist ein übergreifender Ansatz, der den Zusammenhang von Gefühlen, Bildern, Stimmen und rationaler Analyse darstellt und eine systematische Einordnung ermöglicht. Gehören nicht gelenkte Phantasien wie im katathymen Bilderleben (Leuner 1970, vgl. auch Lazarus 1979, »Innenbilder«) oder die Reise in die Vergangenheit, die die Transaktionsanalyse anstrebt bzw. die Altersregression in der Hypnose (siehe Band 3) ebenfalls zu den kognitiven Verfahren? Oder auch das »Focusing« von Gendlin (1969), in dem ein Problem nicht nur rational durchdacht, sondern in seiner Bewertung nonverbal, körperlich empfunden werden soll.
Es gibt m.E. bisher keinen systematischen Zugang zu einer Integration, der eine Einordnung der genannten Phänomene und Techniken ermöglichen könnte, allerdings ist er bisher wenig empirisch erforscht worden. Bandler und Grinder, die in einer pragmatischen Analyse das Vorgehen verschiedener Therapeuten verglichen (u. a. Perls, Erickson, Haley, Satir), meinen, allgemeine Muster gefunden zu haben, mit denen ein Therapeut kognitive Strukturen des Klienten besonders effektiv beeinflussen kann (»The Structure of Magic« 1976, 1977). Sie operieren mit den einzelnen Sinnesmodalitäten (Repräsentationssysteme), um Inhalte und Erlebnisse umzustrukturieren und zu erweitern. Der kognitive Verarbeitungs-Zustand ließe sich angeblich an verschiedenen Indikatoren (Verbalisierungen, Augenbewegungen, Körperhaltung) ablesen, was sich jedoch nicht be-

stätigt hat. Dieses Vorgehen, »*Neurolinguistische Programmierung*« genannt, ist ein spekulativer Ansatz, der bisher kaum an klinischen Populationen untersucht wurde (siehe Reckert 1994); es liegt nahe, die allgemeine Kognitionspsychologie und die Ergebnisse der kognitiven Therapie heranzuziehen, die von den Autoren in keiner Weise erwähnt werden. Einen Ansatz hierzu liefert die Gegenüberstellung verbaler und nonverbaler Informationsverarbeitung (vgl. Revenstorf, 1985).

Empfohlene Literatur

Bandura, A. (1986) Social Foundations of Thought and Action. New Jersey: Prentice Hall

Beck, A. T. (1979) Wahrnehmung der Wirklichkeit und Neurose, München: Pfeiffer

Beck, A. T. (1979) Kognitive Therapie der Depression, München: Urban und Schwarzenberg

Davidson, P. O. (1980) Angst, Depression und Schmerz, München: Pfeiffer

Ellis, A. (1978) Die Rational-Emotive Therapie, München: Pfeiffer

Ellis, A. und Grieger, R. (1979) Praxis der Rational-Emotiven Therapie, München: Urban und Schwarzenberg

Hautzinger, M. (Hrsg.) (1995) Kognitive Verhaltenstherapie bei psychischen Erkrankungen. Berlin: Quintessenz

Kendall, Ph. C., und Hollon, St. D. (Hrsg.) (1979) Cognitive behavioral interventions: Theory, research and procedures, New York: Academic Press

Mahoney, M. J. & Freeman, A. (1985) Cognition and Psychotherapy. New York: Plenum Press

Meichenbaum, D. (1977) Kognitive Verhaltensmodifikation, München: Urban und Schwarzenberg

Queckelberghe, R. van (1979) Kognitive Verhaltenstherapie, München: Urban und Schwarzenberg

Anhang

Depressionsfragebogen (Becksches Depressionsinventar, BDI, auszugsweise)

Im Depressionsinventar von Beck (übersetzt und bearbeitet von M. Hautzinger) werden verschiedene Bereiche der negativen Befindlichkeit abgefragt, die jeweils in unterschiedlichen Ausprägungen vorgegeben werden, so daß insgesamt ein Wert von 0 bis 63 erreicht werden kann. Im allgemeinen werden Werte höher als 18 als klinisch auffällig betrachtet.

Muster (nicht für die klinische Verwendung geeignet)

	1	2	3	4	5
1. Ich bin so traurig oder unglücklich, daß ich es kaum noch ertrage.					
2. Ich habe das Gefühl, daß die Zukunft hoffnungslos ist, und daß die Situation nicht besser werden kann.					
3. Ich habe das Gefühl, als Mensch ein völliger Versager zu sein.					
4. Ich bin mit allem unzufrieden oder gelangweilt.					
5. Ich habe immer Schuldgefühle.					
6. Ich habe das Gefühl, bestraft zu gehören.					
7. Ich hasse mich.					
8. Ich gebe mir für alles die Schuld, was schiefgeht.					
9. Ich würde mich umbringen, wenn ich es könnte.					
10. Früher konnte ich weinen, aber jetzt kann ich es nicht mehr, obwohl ich es möchte.					
11. Die Dinge, die mich früher geärgert haben, berühren mich nicht mehr.					
12. Ich habe mein ganzes Interesse an anderen Menschen verloren.					
13. Ich kann überhaupt keine Entscheidungen mehr treffen.					
14. Ich finde mich häßlich.					
15. Ich bin unfähig zu arbeiten.					
16. Ich wache mehrere Stunden früher auf als sonst und kann nicht mehr einschlafen.					
17. Ich bin zu müde, um etwas zu tun.					
18. Ich habe überhaupt keinen Appetit mehr.					
19. Ich habe mehr als acht Kilo abgenommen. Ich esse absichtlich weniger, um abzunehmen. ☐ ja ☐ nein					
20. Ich mache mir so große Sorgen über meine gesundheitlichen Problem, daß ich an nichts mehr anderes denken kann.					
21. Ich habe das Interesse an Sex völlig verloren.					

(Mit freundlicher Genehmigung des Hans Huber Verlages, Bern. Der Fragebogen ist vollständig bei Hogrefe, Göttingen, erhältlich.)

Gesamtbetrachtung

Betrachtet man die Entwicklung der Verhaltenstherapie, so wird eine zunehmend komplexere Darstellung des menschlichen Handelns erkennbar (vgl. Abb. 8.13 a–c). Aus dem Bemühen, intrapsychische Bestimmungsstücke des Handelns zu minimieren, entstand zur Zeit des Behaviorismus in erster Annäherung das Modell der Reiz-Reaktionsmaschine mit den beiden Mechanismen der klassischen und operanten Konditionierung, um Verhaltensmuster in ihrer Entstehung zu beschreiben. In der praktischen Verhaltensanalyse sind klassische und operant konditionierte Komponenten dabei kaum voneinander zu trennen. Begegnet z. B. ein Schüler seinem Mathematiklehrer auf der Straße, dann löst das bei ihm vielleicht Angst aus (CS-CR). Die Lehrerfigur liefert zugleich einen Auslöser (SD), um mit ihm über ein naturwissenschaftliches Thema zu reden. Das macht dem Lehrer erfahrungsgemäß Spaß und nimmt dem Schüler sowohl die Angst (¢-) als es ihm auch ein Erfolgserlebnis verschafft (SD-R-C+). Abbildung 8.13 a stellt diesen Sachverhalt dar.
Die Einbeziehung kognitiver Prozesse führt zu einer Transformation der Reizsituation aufgrund der Interpretation der Umwelt (Abbildung 8.13 b). Dadurch ist das Verhalten nicht mehr aus den externen Prädiktoren (S, C) allein vorhersagbar. Der Mensch als Informationsverarbeiter ist in gewissem Sinne unabhängig von der Umgebung – wird aber zugleich Sklave seiner Sichtweisen. Durch ineffektive Selbstkommentare (Katastrophisierungen) kann er sich in seiner Handlungsfähigkeit erheblich einschränken, wie bei der Analyse der Zwänge und Phobien deutlich wird. Sie können in der Therapie durch positive Kommentare ausgetauscht werden (vgl. Streßimmunisierung und RET). Auch beim Aufbau von Verhaltensrepertoire spielt die Selbstinstruktion unterstützend eine Rolle, wie die Untersuchungen von Meichenbaum zeigen. Die drei Ansätze der operanten und klassischen Konditionierung sowie der kognitiven Therapie sind daher sinnvollerweise kombiniert einzusetzen.
Negative Selbstanweisungen und irrationale Ideen charakterisieren Handlungspläne, die als Fehlhaltungen, überhöhte Normen und falsche Erwartungen das Individuum handlungsunfähig machen. Sie können im Sinne von Kanfer als unvorteilhafte Selbstregulation

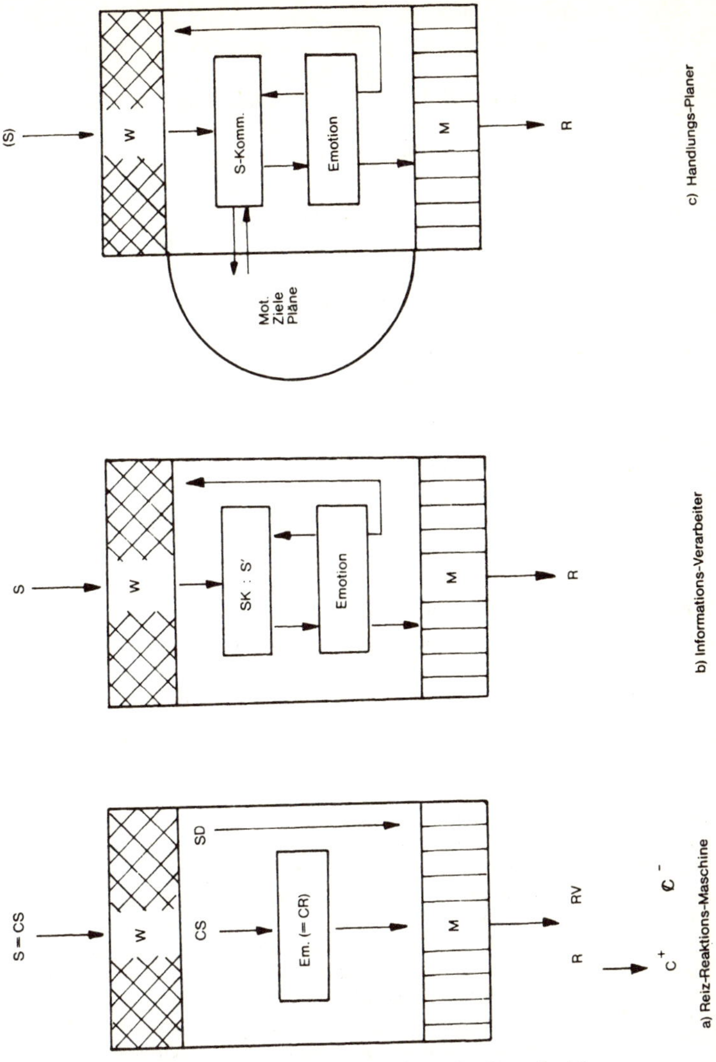

Abb. 8.13: Drei Verhaltensmodelle zunehmender Komplexität: der Mensch als Reiz-Reaktions-Maschine (a), als Informations-Verarbeiter (b) und als Handlungs-Planer mit übergeordneten Zielen und Motiven (c). S = Stimulus, W = Wahrnehmung, M = Motorik, R = Reaktion

oder im Sinne von Ellis als falsche Lebensphilosophie bezeichnet werden Sie spiegeln oft elterliche Fehlhaltungen wider, die an die Kinder weitergegeben wurden. Darüberhinaus fehlt es in der kindlichen Lerngeschichte auch häufig an positiven Erfahrungen der Unabhängigkeit, der Durchsetzung und der Kreativität.
Im Sinne der vertikalen Verhaltensanalyse handelt es sich um eine hierarchische Planstruktur. Sie führt nicht nur zu einer automatischen Umdeutung der Reizgegebenheiten (von S zu S'). Vielmehr sind Handlungspläne weitgehend unabhängig von der Umgebung und liefern eine Motivationsstruktur – eher Aktion statt Reaktion – was als Spontaneität erlebt wird. Übergeordnete Pläne repräsentieren zugleich Unbewußtes bzw. Vorbewußtes und die gesammelte Erfahrung der eigenen Vergangenheit, so daß sich hier eine Möglichkeit abzeichnet, die kindliche Entwicklung in individueller Form stärker als bisher zu berücksichtigen (Abbildung 8.13 c).
Die Verhaltenstherapien sind als Antithese auf die psychodynamischen Ansätze zu verstehen, insbesondere die Psychoanalyse (Band 1). Deren lange Therapiedauer und die Tatsache, daß der Therapieprozeß dort so schwer empirisch zu erfassen ist, haben Skeptiker veranlaßt, nach kürzeren und experimentell überprüfbaren Therapieformen zu suchen. Operante Verfahren, Desensibilisierung, Reizüberflutung und kognitive Therapien sind das Ergebnis. Sie werden als typische Symptomtherapien bezeichnet. Sie vernachlässigen in der Behandlung möglicherweise zugrundeliegende kindliche Konflikte. Frankl – selbst Analytiker und zugleich einer ihrer ärgsten Feinde – schreibt dazu 1947:

»Bekanntlich kann man die Neurose in einem gewissen Sinne und mit einem gewissen Recht als bedingten Reflexmechanismus auffassen. Allen vornehmlich analytisch orientierten seelenärztlichen Behandlungsmethoden geht es dann vorwiegend darum, die primären Bedingungen des »bedingten Reflexes«, nämlich die äußere und innere Situation des erstmaligen Auftretens eines neurotischen Symptoms bewußtseinsmäßig zu erhellen. Wir aber sind der Ansicht, daß die eigentiche Neurose – die manifeste und bereits fixierte – nicht durch ihre primäre Bedingung verursacht ist, sondern durch ihre sekundäre Bahnung. Gebahnt wird jedoch der bedingte Reflex, als welchen wir das neurotische Symptom jetzt aufzufassen versuchen durch den circulus vitiosus der Erwartungsangst! Wollen wir demnach einen eingeschliffenen Reflex sozusagen entbahnen (Dereflexion), dann gilt es allemal die Erwartungsangst zu beseitigen, und zwar in jener angegebenen Art und Weise, als deren Prinzip wir die paradoxe Intention hingestellt haben.« (Zit. nach 1978.)

Wenn das Argument der Symptomorientiertheit auch empirisch wie theoretisch belanglos ist, so hat die Verhaltenstherapie doch einen anderen Aspekt der menschlichen Psyche bisher weitgehend außer acht gelassen, nämlich die Sinnfrage. Frankl weist darauf hin, daß der Beitrag von Rogers in einer Entideologisierung der Psychoanalyse bestand und der der Verhaltenstherapie mit einer Entmythologisierung der Neurose beschrieben werden kann. Nach diesen beiden Akten der Vernunft bleibt jedoch das Unbehagen einer banalen Interaktion in der Therapie zurück, das zum allgemeinen Sinnlosigkeitsgefühl als Bewußtseinslage des 20. Jahrhunderts paßt. Frankl sieht seine Logotherapie als einen Versuch, die Psychotherapie zu rehumanisieren. In der paradoxen Intention – ebenso wie in den ihr ähnlichen Verfahren der Reizüberflutung und Implosion – steigt der Mensch über das System der ihn bindenden Regeln mit eigener Kraft (oder unter Anleitung fast mit eigener Kraft) hinweg. Er transzendiert sich selbst, er distanziert sich von sich selbst und hebt damit den reflexartigen Zwang seiner Verhaltenssteuerung durch die Umwelt auf – er gewinnt schon dadurch Autonomie zurück.

Diese Souveränität in der Überwindung der eigenen Schwierigkeiten beschreibt Frankl durch folgende Metapher: Ein Schuljunge kommt verspätet zur Schule und lügt: »Auf der Straße ist ein solches Glatteis – immer, wenn ich einen Schritt vorwärts gemacht habe, bin ich zwei Schritte zurückgerutscht.« Dieses hier als Ausrede verwendete Gefangensein in der Situation überwindet der Schüler in der zweiten Ausrede, die er gibt, als der Lehrer ihn fragt, wie er dann überhaupt zur Schule gekommen sei: »Ganz einfach, ich habe mich umgedreht und bin nach Hause gegangen ...«

Durch Überwindung der eigenen Schwächen durch Erweiterung oder Unterlaufen des scheinbar bindenden Regelsystems versucht die Kommunikationstheorie bzw. Systemtheorie menschliche Konflikte aufzulösen (Band 4). Wie es scheint, konvergieren hier die philosophisch-existentialistischen Überlegungen Frankls mit den pragmatischen Überlegungen zu einer effektiven kurzen und experimentell fundierten Strategie in der Verhaltenstherapie, nur daß Verhaltenstherapeuten die Sinnfrage eher indirekt angehen, indem sie versuchen, die Funktionstüchtigkeit und Lebensfreude des Individuums zu steigern.
Die in die Zukunft gerichtete Sinnfrage hat ihr Gegenstück in der in die Vergangenheit gerichteten Attributionsfrage. Nur sehr zögernd wird in der Verhaltenstherapie hierauf Bezug genommen. In Fällen, in denen der Grund der Störung direkt in einem aktuellen Berufs-

oder Beziehungskonflikt liegt, ist die Attribution der Störung klar und wird normalerweise aufgegriffen. Liegt die Quelle der Störung in der Vergangenheit, dann im allgemeinen in der Verhaltenstherapie nicht. Aber der Klient sucht vielleicht doch nach einer individuellen Erklärung in der persönlichen Lebensgeschichte. Einen Ansatz zu einer solchen Analyse bildet die vertikale Verhaltensanalyse ebenso wie die kognitive Therapie. Beide thematisieren übergeordnete Handlungsmaximen des Individuums in Form von generellen Plänen oder irrationalen Annahmen. Diese Überlegungen ähneln dem, was die Transaktionsanalyse Lebensskript nennt. Nur daß die Verhaltenstherapie die Genese des Skripts kaum beachtet, die bei der Transaktionsanalyse (Band 1) durch elterliche Indoktrinationen gegeben ist. Dies aber ist nichts anderes als eine kindliche Lerngeschichte mit anderen Worten beschrieben –abgesehen von dem hypothetischen Moment, daß sich das Kind für sein »Skript« entscheidet.

Dieser Punkt ist vielleicht nicht so bedeutsam – bedeutsam ist vielmehr die Aktivierung kindlicher Szenen in den psychodynamischen Ansätzen wie Transaktionsanalyse (Band 1), Gestalttherapie (Band 3) oder Psychodrama (Band 4). Es werden dadurch häufig Affekte erzeugt und der Klient erlebt die Kur dadurch als bedeutsam. Die stark kathartische Konfrontation im Rollenspiel kindlicher Szenen kann auch als eine besonders effektive Löschungsprozedur interpretiert werden. Die Löschung der Angst vor Autorität mag in einer Übung mit dem gegenwärtigen Vorgesetzten sehr effektiv sein, in einer Übung mit dem imaginären Vater jedoch weit übertroffen werden. Affekt, Attribution und Sinn sind Fragen, mit denen sich eine Therapie auseinandersetzen muß, wenn sie ein befriedigendes Menschenbild liefern will, das die meisten Klienten suchen, wenn sie sich einem Therapeuten anvertraun.

Die Anzahl der Therapieformen mit einem eigenen Namen ist in den letzten zwanzig Jahren inflationär gestiegen. Es ist offensichtlich, daß nicht alle diese Therapieschulen etwas grundsätzlich Verschiedenes beinhalten – obwohl viele das in der Ausbildung und Werbung beanspruchen. Darüber hinaus sind über 1000 Kontrollstudien in Metaanalysen zusammengefaßt worden (Smith, Glass & Miller 1981, Grawe, Donati & Bernauer 1994), und dabei haben sich die meisten der bekannten Therapieformen als wirksam erwiesen (vgl. Revenstorf 1992, 1995). Ob sich die Ergebnisse nicht nur statistisch, sondern auch klinisch signifikant erweisen, ist eine Frage (Jacobson, Follette & Revenstorf 1984). Aber auch die Frage

der Überlegenheit bestimmter Therapieformen über andere ist bereits vielfach untersucht worden. In der *Temple-Studie* von Sloane, Staples, Cristol, Yorkston und Whipple (1975) fanden sich keine Unterschiede zwischen einer analytischen Kurzzeittherapie und einer Verhaltenstherapie. Ebenso fanden die Autoren der *Hamburger Therapiestudie* (Meyer 1981) nur geringfügige Unterschiede zwischen einer Gesprächspsychotherapie und einer analytischen Fokaltherapie. In der *Berner Therapiestudie*(Grawe, Caspar & Ambühl 1990) wurden ebenfalls keine bedeutsamen Unterschiede zwischen Gesprächstherapie, kognitiver Therapie und einer bestimmten Form der Verhaltenstherapie gefunden. Damit wären die Hauptexponenten der Psychotherapie, nämlich die analytische, humanistische und behaviorale Therapie im wesentlichen als gleichwertig zu betrachten.
Das führt zu einem zunehmenden Eklektizismus, dem die Verhaltenstherapie schon immer in gefolgt ist, indem sie mehr Komponenten integriert hat, sodaß man eher von einer »Allgemeine Psychotherapie« sprechen könnte (Margraf 1995), die sich auf empirisch abgesicherte Ergebnisse stützt. Zugleich ist dabei ein theroretisches Fundament mehr und mehr verloren gegangen. Die Ansätze des systematischen Eklektizismus (Goldfried und Norcross 1992) liefern hier theoretische und praktische Modelle. Aber es fehlt eine übergreifendes Veränderungsmodell (Revenstorf 1996).

Empfohlene Literatur

Bellack, A. S., Hersen, M. & Kazdin, A. E. (1982) International handbook of behavior modification and therapy. Kap. 1, 2 und 3. New York: Plenum Press

Franks, C. M. & Wilson, G. T. (seit 1978 jährlich) Jahresüberblick der Verhaltenstherapie. DGVT

Grawe, K., Donati, L. und Bernauer. B. (1994) Psychotherapie im Wandel. Göttingen: Hogrefe

Hersen, M., Eisler, R. M. & Miller, P. M. (seit 1972 jährlich) Progress in Behavior Modification. London: Academic Press

Lazarus, A. A. (1971) Verhaltenstherapie im Übergang. München: Reinhardt

Norcross, J. C. & Goldfried M. R. (Ed) (1992) Psychotherapy Integration. New York: Basic Books

Reinecker, H. (1987) Grundlagen der Verhaltenstherapie. München-Weinheim: Psychologie Verlags Union

Skinner, B. F. (1974) About Behaviorism. New York: Vintage Books

Literatur

Ashem, B. & Donner, L. (1968) Covert sensitization with alcoholics: A controlled replication. Behaviour Research and Therapy, 6, 7–12

Ayllon, T. (1963) Intensive Treatment of psychotic behavior by stimulus situation and food reinforcement. Behavior Research and therapy, 1, 53–62

Bain, J. A. (1928) Thought control in everday life. New York: Funk & Wagnalls

Bandler, R. & Grinder, J. (1975) The structure of magic I and II. Palo Alto, Cal.: Science and Behavior Books

Bandler, R. & Grinder, J. (1976) Patterns of hypothetic behavior I and II. Palo Alto/Cal.: Science and Behavior Books

Bandler, R. & Grinder, J. (1979) Frogs into Princes. Moab/Utah: Real People Press

Bandura, A. (1977) Principles of behavior modification. New York: Wiley

Bandura, A. (1977) Social learning theory. Englewood Cliffs, NJ.: Prentice Hall

Bandura, A. (1986) Social Foundations of Thought and Action. New Jersey: Prentice Hall

Bandura, A. (1976) Lernen am Modell. Stuttgart: Klett

Bandura, A. (1976) Effecting change trough participant modeling. In: J. D. Krumboltz & C. E. Thoresen

Bandura, A. (1977) Self-efficacy: Toward a unifying theory of behavioral change. Psychological Review. 2, 191–215

Bandura, A. (1978) The self system in reviprocal determinism. American Psychologist, 33, 344–358

Bandura, A., Blanchard, E. B. & Ritter, B. (1969) Relative efficacy of desensitization and modelling approaches for inducing behavioural, affective and attidunal changes. Journal of Personality and Social Psychology, 13, 173–199

Bandura, A., Grusec, J. E., Menlove, F. L. (1966) Observational learning as a function of symbolization and incentive set. Child Development, 37, 499–506

Bartling et al. (1992) Problemanalyse im therapeutischen Prozeß. 3. Aufl. Stuttgart: Kohlhammer

Bartling, G., Fiegenbaum, F. & Krause, R. (1980) Reizüberflutung. Stuttgart: Kohlhammer

Bauer, M. Verhaltensmodifikation durch Modellernen. Stuttgart: Kohlhammer, 1979

Beck, A. T. (1979) Kognitive Therapie der Depression. München: Urban & Schwarzenberg

Beck, A. T. Wahrnehmung der Wirklichkeit und Neurose. München; Pfeiffer, 1979

Beck, A. T., Rush, J. & Kovacs, M. (1979) Therapeuten-Manual für die kognitive Verhaltenstherapie bei Depressiven. Tübingen: DGVT-Materialien Nr. 5

Beck, A. T. (1991) Cognitive Therapy. a 30 Retrospective.American Psychologist. 46, 368–375

Bellack, A. S., Hersen. M. & Kazdin, A. E. (1982) International handbook of behavior modification and therapy. Kap. 1, 2 und 3. New York: Plenum Press

Bellack, A. S., Hersen, M. & Kazdin, A. E. (1982) International handbook of behavior modification and therapy. Kap. 14, 15, 17, 19 und 26. New York: Plenum press

Bellack, A. S., Hersen, M & Kazdin, A. E. (1982) Internatinal handbook of behavior modification and therapy. Kap. 13, 16 und 20. New York: Plenum Press

Bem, D. J. (1967) Self-perception: An alternative interpretation of cognitive dissonance phenomena. Psychological Review, 74, 183–200

Bem, S. (1971) The role of comprehension in children's problem solving. Developmental Psychology, 2, 351–359

Benline, T. A. & Simmel, E. C. (1967) Effects of blocking of the avoidance response on the elimination of the conditioned fear response. Psychosomatic Science, 8, 357–358

Bergin, A. E. & Garfield, S. L. (Eds.). (1991) Handbook of Psychotherapy and Behavior Change. New York: Wiley

Beutler, L. (1983) Eclectic Psychotherapy. New York: Pergamon

Birbaumer, N. (1975) Psychophysiologie. Heidelberg: Springer

Birbaumer, N., Schmidt, R. F. (1985) Physiologische Psychologie. Heidelberg: Springer

Bittermann, M. E. (1975) The comparative analysis of learning: Are the laws of learning the same in all animals? Science, 188, 699–709

Black, A. H. (1958) The extinction of avoidance responses under curare. Journal of Comparative and Physiological Psychology, 51, 519–524

Braun, P. & Tittelbach, E. (1978) Verhaltenstherapie. In: L. Pongratz (Ed.), Handbuch der Psychologie, Bd. 12, Klinische Psychologie. Göttingen: Hogrefe

Brengelmann, J. C. (1976) Experimente zur Behandlung des Rauchens. Schriftenreihe des Bundesministeriums für Jugend, Familie und Gesundheit, 53. Stuttgart: Kohlhammer

Brengelmann, J. C. (1978) Verhaltenstherapie des Übergewichts. Schriftenreihe des Bundesministers für Jugend, Familie und Gesundheit, 45. Stuttgart: Kohlhammer

Brengelmann, J. C., Revenstorf, D. (1978) Persönlichkeit und Rauchen, Nota bene Medici 6, 324–332

Brown, B. M. (1972) Multiple Techniken einer Breitspektrum-Psychothera-

pie. In: A. A. Lazarus (Ed.), Angewandte Verhaltenstherapie. Stuttgart: Klett-Cotta
Bucher, D. & Lovaas, O. I. (1967) Use of aversive stimulation in behavior modification. In: M. R. Junice (Ed.), Miamy Symposion on the Prediction of Behavior. University of Miami Press
Butollo, W. (1979) Chronische Angst. München: Urban & Schwarzenberg
Cannon, W. B. (1931) Again the James-Lange and the thalamic theories of emotions. Psychological Review, 31, 281–295
Cannon, W. B. »Voodoo« death. American Anthropologist, 1942, 44, 169–181
Cantrell, R. P., Cantrell, M. L., Huddlerston, C. L. & Woolridge, R. L. (1977) Kontingenzverträge zur Behandlung von Schulproblemen. In: U. Mees & H. Selg (Eds.), pp 214–222
Caudill, B. D. & Marlatt, G. A. (1978) Einflüsse des Modell-Lernens auf das soziale Trinken: eine experimentelle Analogie (1975). In: R. E. Vogler und D. Revenstorf (Hrsg.), Alkoholmißbrauch. München: Urban & Schwarzenberg
Cautela, J. R. (1973) Covert processes and behavior modification. Journal of Nervous and Mental Disease, 157, 27–35
Cautela, J. R. (1970) Covert reinforcement. Behavior Therapv, 1, 33–50
Cautela, J. R. (1971) Covert conditioning. In: A. Jacobs & L. B. Sachs (Eds.), The Psychology of Private Events: Perspectives on Covert Response Systems. New York: Academic Press, pp 129–130
Cautela, J. R. (1971) Covert extinction. Behavior Therapy, 2, 192–200
Ciompi, L. (1982) Affektlogik. Stuttgart: Klett-Cotta
Cohen, R., Davis-Osterkamp, S., Koppenhöfer, E., Müllner, E., Olbrich, R., Rist, S. & Watzel, H. (1978) Ein verhaltenstherapeutisches Behandlungsprogramm für alkoholkranke Frauen. In: R. E. Vogler & D. Revenstorf (Eds.), Alkoholmißbrauch. München: Urban & Schwarzenberg
Coue, E. (1922) The practice of autosuggestion. New York: Doubleday
Crowe, M. J., Marks, I. M., Agras, W. S. & Leitenberg, H. (1972) Time limited desensitization, implosion and shaping for phobic patients: A cross-over study. Behavior Research and Therapy, 10, 319–328
D'Zurilla, T. J. & Goldfried, M. R. (1971) Problem solving and behavior modification. Journal of Abnormal Psychology, 78, 107–126
Davidson, P. O. (1980) Angst, Depression und Schmerz – Methoden zur Prävention und Therapie. München: Pfeiffer, Leben lernen 42
Davison, G. C. (1968) Systematic desensitization as a counter condidioning process. Journal of Abnormal Psychology, 73, 91–99
Davison, G. C. & Valins, S. (1969) Maintenance of self-attributed and drugattributed behavior change. Journal of Personality and Social Psychology, 11, 25–33
De Jong, R. & Bühringer, G. (1978) Ein verhaltenstherapeutisches Stufenprogramm zur stationären Behandlung von Drogenabhängigen. IFT Texte 1 . München: Gerhard Röttger

Diloreto, A. (1971) Comparative psychotherapy: An experimental analysis. Chicago: Aldine-Atherton

Dulany, D. E. (1968) Awareness, rules, and propositional control: A confrontation with S-R behavior theory. In: T. R. Dixon & D. L. Horton (Eds.), Verbal Behavior and General Behavior Theory. Englewood Cliffs: Prentice-Hall, pp 340–257

Efron, R. (1967) The conditioned inhibition of uncinate fits. Brain, 80, 251–262

Efron, J. S. & Marsia, J. E. (1969) The treatment of fears by expectancy manipulation, zitiert nach Bandura

Elkin, I., Shea, M. T., Watkins, J. T., Imber, S. D., Sotsky, S. M., Collins, J. F., Glass, D. R., Pilkonis, P. A., Leber, W. R., Docherty, J. P., Fiester, S. J. & Parloff, M. B. (1989) Treatment of depression. A collaborative research program. Archives of General Psychiatry, 46, 971–982

Ellis, A. (1976) Techniques of handling anger in marriage. Journal of Marriage and Family Counseling, 305–315

Ellis, A. (1977) Die Rational-Emotive Therapie. München: Pfeiffer

Ellis, A. (1977) Rational emotive therapy: Research data that support the clinical and personality hypothesis of RET and other modes of cognitive therapy. The Counseling Psychologist, 7, 2–42

Eltis, A. & Harper, P. H. (1975) A new guide to rational living. Los Angeles: Wilshire Book Co

Ellis, A. & Grieger, R. (1979) Praxis der Rational-Emotiven Therapie. München: Urban & Schwarzenberg

Emmelkamp, P. N. G. & Wessels, H. Flooding in imagination versus flooding in vivo. A comparison with agoraphobics. Behavior Research and Therapy, 19, 13, 7–16

Engel, G. L. (1980) The clinical application of the biopsychosocial model. American Journal of Psychiatry, 137, 535–544

Englisch, H. B. (1929) Three cases of conditioned fear response. Journal of Abnormal and Social Psychology, 24, 221–225

Epstein, S. (1976) Natural healing processes of the mind. In: H. Lowenheim (Ed.), Meanings of Madness. New York: Behavioral Publications

Feldmann, M. P. & Mac Culloch, M. J. The application of Anticipatory avoidance learning to the treatment of homosexuality. Behavior and Therapy, 1965, 2, 165–183

Fidler, P. A. & Standop, R. Stottern (1978) München: Urban & Schwarzenberg

Fixsen, D. L., Phillips, E. L. & Wolf, M. M. (1973) Achievement place: Experiments in self-government with pre-delinquents. Journal of Applied Behavior Analysis, 6, 31–47

Fliegel, S. et al. (1981) Verhaltenstherapeutische Standardmethoden. München: Urban & Schwarzenberg

Florin, I. & Tunner, W. (1977) Therapie der Angst. München: U & S

Foerster, H. v. (1985) Sicht und Einsicht. Braunschweig: Vieweg

Fordoyce, W. E. (1980) Verhaltenstherapeutische Konzepte bei chronischen Schmerzen und Krankheiten. In: Davidson

Frank, J. (1974) Persuasion and healing: A comparative study of psychotherapy. Revised edition. New York: Schocken Books

Frankl, V. E. (1975) Theorie und Therapie der Neurosen. München: UTB, 457

Frankl, V. E. (1978) Der Wille zum Sinn. Bern: Huber

Frankl, V. (1939) Zur medikamentösen Unterstützung der Psychotherapie bei Neurosen. Schweizer Archiv für Neurologie und Psychiatrie, 39, 26–31

Franks, C. M. & Wilson, G. T. (seit 1978 jährlich) Jahresüberblick der Verhaltenstherapie. DGVT

Friedmann, M. & Rosenman, R. H. (1974) Typ A behavior and your heart. New York: Knopf

Fuller, P. R. (1949) Operant conditioning of a vegetative human organism. American Journal of Psychology, 62, 587–590

Gale, D. S., Sturmfels, G. & Gale, E. N. (1966) A comparison of reciprocal inhibition and experimental extinction in the psychotherapeutic process. Behavior Research and Therapy, 4, 149–155

Garfield, S. C. & Bergin, A. E. (1978) Handbook of Psychotherapy and Behavior Change. New York: Wiley

Garfield, S. L. & Bergin, A. E. (1986) Handbook of psychotherapy and behavior change. Kap. 9. New York: Wiley

Garfield, S. L. & Bergin, A. E. (1986) Handbook of psychotherapy and behavior change. Kap. 11, 12 und 13. New York: Wiley

Gardner, R. A. & Gardner, B. T. (1969) Teaching sign language to a chimpanzee. Science, 165, 664–672

Grawe K, Donati L. & Bernauer B. (1994) Psychotherapie im Wandel. Göttingen Hogrefe

Gelder, M. (1977) Behavioral treatment of agoraphobia. In: J. C. Boulougouris & A. D. Rabavilas (Eds.), The treatment of phobic and obsessive compulsive disorders. Oxford

Gelder, M., Bancroft, J. H., Jath, D. H., Johnston, D. L., Mathews, A. M & Shaw, P. M. (1973) Specific and non-specific factors in behavior therapy. British Journal of Psychiatry, 123, 445 ff

Gelder, M. G. & Marks, I. M. (1968) A crossover study of desensitization of phobias. BritishJournal of Psychiatry, 114, 323–328

Gendlin, E. (1969) Focusing psychotherapy. Theory, Research and Practice 6, 4–15

Goldfried, M. & Goldfried, A. (1975) Cognitive change methods. In: F. Kanfer & A. Goldstein (Eds.), Helping People Change. New York: Pergamon Press

Goldfried, M. & Sobocinski, D. (1975) Effect of irrational beliefs on emotional arousal. Journal of Consulting and Clinical Psychology, 43, 504

Goldiamond, I. (1965) Fluent and non-fluent speach: Analysis and operant Techniques of control. In: L. Krasner & L. P. Ullmann (Eds.), Research in Behavior Modification. New York: Rinehart & Winston

Gotestam, K. G. & Melin, L. (1974) Covert extinction of amphetamine addiction. Behavior Therapy, 5, 90–92

Graham, D., Kabler, J. & Graham, F. (1962) Physiological responses to the suggestion of attitudes specific for hives and hypertension. Psychosomatic Medicine, 24, 159–169

Grawe, K. (Hrsg.) (1980) Verhaltenstherapie in Gruppen. München: Urban & Schwarzenberg

Griffith, R., Bigelow, G. & Libson, I. (1978) Unterdrückung von Alkoholkonsum bei Alkoholikern durch kontingenten Ausschluß vom Sozialkontakt. In: R. E. Vogler & D. Revenstorf (Eds.), Alkoholmißbrauch. München: Urban & Schwarzenberg

Hain, J. D., Butcher, R. H. & Stevenson, I. (1966) Systematic desensitization therapy: An analysis of results of 27 patients. British Journal of Psychiatry, 12, 295–307

Hall, R. V. & Lund, D. (1968) Effects of teacher attention on study behavior. Journal of Applied Behavior Analysis, 1, 1–12

Hand, I. (1992) Verhaltenstherapie bei Zwangsstörungen. In: Hand, I., Goodman B. K. & Ewers U. (Hrsg.), Zwangsstörungen, neue Forschungsergebnisse. Heidelberg: Springer

Hand, I., Lamontagne, T. & Marks, I. M. (1974) Group exposure invivo for agoraphobics. British Journal of Psychiatry, 124, 581 ff

Hartig, M. (1975) Selbstkontrolle, Fortschritte der Klinischen Psychologie. München: Urban & Schwarzenberg

Hartig, M. & Kanfer, F. (1973) The role of verbal self-instructions in children's resistance to temptation. Journal of Personality and Sovial Psychology, 25, 259–267

Hautzinger, M., Stark, M. & Treiber R. (1992) Kognitive verhaltenstherapie bei Depressionen, Weinheim PVU

Hautzinger, M. (Hrsg.) (1995): Kognitive Verhaltenstherapie bei psychischen Erkrankungen. Berlin: Quintessenz

Hersen, M., Eisler, R. M. & Miller, P. M. (1972) Progress in behavior modification. London: Academic Press

Hersen, M., Eisler, R. M. & Miller, P. M. (seit 1972 jährlich) Progress in Behavior Modifieation. London: Aeademie Press

Hobhouse, L. T. (1926) Mind in evolution. London: Macmillan

Hönig, J. & Ried, G. F. (1966) The objective assessment of desensitization. British Journal of Psychiatry, 112, 1279–1283

Hoffmann, N. (1994) Kognitive Verhaltenstherapie bei Zwangsstörungen. In: Hautzinger, M. (Hrsg.), Kognitive Verhaltenstherapie bei psychischen Erkrankungen. Berlin: Quintessenz

Hohmann, G. W. (1966) Some effects of spinal lesion of experienced emotional feelings. Psychophysiology, 3, 143–156

Homme, L. (1965) Perspectives in psychology: Control of coverants, the operants of the mind. Psychological Record, 15, 501–511

Homme, L. E. (1966) Continguity theory and management. Psychological Record, 16, 233–241

Hull, C. L. (1943) Principles of behavior. New York: Appleton Century Crofts

Hull, C. L. (1952) A behavior system: Introduction to behavior theory concerning the individual organism. New Haven: Yale University Press

Hunt, G. M. & Athrin, N. H. (1978) Gemeindenahe Kontingenzen zur Alkoholismusbehandlung. In: R. E. Vogler & D. Revenstorf (Eds.), Alkoholmißbrauch. München: Urban & Schwarzenberg

Israel, A. & O'Leary, D. (1973) Developing correspondence between children's word's and deed's. Child development, 44, 575–581

Jacobson, N. S. (1978) Specific and non-specific factors in the effectiveness of a behavioral approach to the treatment of marital discord. Journal of Consulting and Clinical Psychology, 46, 442–452

Jacobson, N. S., Follette, W. C. & Revenstorf, D. (1986) Towards a standard definition of clinically significant change. Behavior Therapy, 17, 304–311

Jäger E. (1996) Kognitive Therapie bei Depressiven,. Dissertation Universität Tübingen

Jaeggi, E. (1979) Kognitive Verhaltenstherapie. Weinheim, Beltz

Jaspers, K. (1959) Einführung in die Philosophie Bd. I. München: Diogenes

Jefferey, R. W. (1976) The influence of symbolic and motor rehearsal in observational learning. Journal of Research in Personality, 10, 116–127

Jones, M. C. (1924) A laboratory study of fear: The case of Peter. Pädagogical Seminary, 31, 308–315

Kallinke, D., Lutz, R. & Ramsey, R. W. (1979) Die Behandlung von Zwängen. München: Urban & Schwarzenberg

Kamin, L. J. (1956) The effects of termination of the CS and avoidance of the US on avoidance learning. Journal of Comparative and Physiologisal Psychology, 49, 420–424

Kamin, L. J., Brimer, C. J. & Black, A. H. (1963) Conditioned suppression as a monitor of fear of the CS in the course of avoidance training. Journal of Comparative and Physiological Psychology, 56, 497–501

Kanfer, F. H. (1968) Verbal conditioning: A review of its current status. In: T. R. Dixon & D. L. Horton (Eds), Verbal Behavior and General Behavior Theory. Englewood Cliffs, N. J.: Prentice Hall

Kanfer, F. H. (1977) Selbstmanagement-Methoden. In: Kanfer, F. H. & Goldstein, A. P. (Eds.), Möglichkeiten der Verhaltensänderung. München: Urban & Schwarzenberg

Kanfer, F. H. (1979) Selfmanagement: Strategies and Tactics. In: F. H. Kanfer (Ed.), Maximizing Treatment Gains. New York: Academic Press

Kanfer, F. H. & Goldstein, A. P. (1977) Möglichkeiten der Verhaltensänderung. München: Urban & Schwarzenberg

Kanfer, F. H. & Phillips, J. S. (1975) Lerntheoretische Grundlagen der Verhaltenstherapie. München: Kindler

Kanfer, F H. & Schefft, B. K. (1988) Guiding the process of change. champagne: University of Illinois Press

Kazdin, A. E. (1974) The application of operant techniques in treatment, rehabilitation and education. In: S. L. Garfield & A. E. Bergin (Eds.), Handbook of Psychotherapy and Behavior Change. New York: Wiley

Kazdin, A. E. (1974) Comparative effects of some variations of covert modeling. Journal of Behavior Therapy and Experimental Psychiatry, 5, 225–231

Kelley, G. A. (1955) The psychology of personal constructs. New York: Norton

Kendall, Ph. C. & Hollon, St. D. (1979) Cognitive behavioral interventions: Theory, research and procedures. New York: Academic Press

Kenny, F. T., Solyom, L. & Solyom, C. (1973) Faradic disruption of obsessive Ideation in the treatment of obsessive neurosis. Behavior Therapy, 4, 448–457

Kiresuk, T. J. & Lund, S. H. (1975) Process and outcome measurement using goal attainment scaling. In: J. Zusman & C. R. Wursten (Eds.), Program Evaluation. Alcohol and Drug Abuse Mental Health Service. Lexington, Mass: Heath

Knight, R. P. (1941) Evaluation of results of psychoanalytic therapy. American Journal of Psychiatry, 98, 434–446

Köhler, W. (1921) Intelligenzprüfungen an Menschenaffen. Berlin: Springer

Kraepelin, E., (1971) 1920, zitiert nach Lazarus, A.

Krapfl, J. E. (1969) Differential ordering of stimulus praesentation in systematic desensitization of snake phobia, zitiert nach Bandura

Lacey, J. I. (1950) Individual differences in somatic response patterns. Journal of Comparative and Physiological Psychology, 43, 388–350

Lang, P. J., Lazowick, A. D. & Reinolds, D. J. (1965) Desensitization, suggestibility and pseudo-therapy. Journal of Abnormal Psychology, 70, 395–402

Lazarus, A. A. (1971) Verhaltenstherapie im Übergang. München: Reinhardt

Lazarus, A. A. (1972) Angewandte Verhaltenstherapie. Stuttgart: Klett-Cotta

Lazarus, A. A. (1978) Multimodale Verhaltenstherapie (1976). Frankfurt: Fachbuchhandlung für Psychologie

Lazarus, R. S. (1968) Emotions and adaptation: Conceptual and empirical relations. In: W. J. Arnold (Hrsg.), Nebraska Symposium on Motivation. University of Nebraska Press

Lazarus, A. (1979) Innenbilder. München: Pfeiffer

Leonhardt, (1974) zitiert nach Ullrich & Ullrich

Lewinsohn, A (1974) behavioral approach to depression. In: R. J. Friedmann & M. M. Katz (Eds.), The Psychology of Depression, Contemporary Theory and Research. Washington, D. C.: Wiston-Wiley

Liberman, R. (1974) Interventions with psychotic behaviors. In: K. S. Calhoun H. E. Adams & K. M. Mitchel (Eds.) Innovative Treatment Methods in Psychopathology. New York: Wiley

Linden, M. & Hautzinger, M. (1993) Verhaltenstherapie. Heidelberg: Springer

Lipsedge, M., Hajoll, J., Huggins, P., Napier, L., Pearee, J., Pike, D. J. & Rich, M. (1973) The management of severe agoraphobica: A comparison of iprunasid and desensitization, 32, 67 ff

Livesay, P. J. (1986) Learning and emotion: A biological synthesis (Vol. 1). Hillsdale, NJ: Erlbaum

Leuner, H. (1970) Katathymes Bilderleben. Stuttgart: Thieme

London, P. (1972) The end of ideology in behavior modification. American Psychologist, 27, 913–920

Lorenz, K. Z. (1981) The foundations of ethology. New York: Springer

Luewe, C. E., Riehelle, N., Blaekman, D. E. & Bradshaw, C. N. (Eds) (1985) Behavior Analysis and eontemporary Psychology. London: Lawrence Eribaum

Luria, A. R. (1961) The role of speech in the regulation of normal and abnormal behavior. New York: Liveright

Luria, A. (1981) Language and Cognition. New York: Wiley

Mace, D. R. (1976) Marital intimacy and the deadly love-anger cycle. Journal of Marriage and Family Counseling. 305–315

Mahoney, M. (1974) Cognition and behavior modification. Cambridge, Mass.: Ballinger Publishing Company. Deutsch: (1977) Kognitive Verhaltenstherapie. Neue Entwicklungen und Integrationsschritte. München: Pfeiffer

Mahoney, M. (1977) Reflections on the cognitive learning trend in psychotherapy. American Psychologist, 1, 5–13. Deutsch: (1978) Tendenzwende in der Verhaltenstherapie. Psychologie heute, 6, 67–74

Mahoney, M. & Arnkoff, D. B. (1978) Cognitive and self-control-therapies. In: Garfield & Bergin (Eds.), Handbook of Psychotherapy and Behavior Change. New York: Wiley

Mahoney, M. J. & Freeman, A. (1985) Cognition and Psyehotherapy. New York: Plenum Press

Maleson, N. (1959) Panic and Phobia. Lancet, 1, 225–227

Maltzmann, I. (1968) Theoretical conceptions of semantic conditioning and generalization. In: T. R. Dixon & D. L. Horton (Eds.), Verbal Behavior and General Behavior Theory. Englewood Cliffs: Printice-Hall, 291–339

Margraf, J. & Schneider, S. (1990) Panik. Heidelberg: Springer

Margraf, J. (1995) Verhaltenstherapie als Modell moderner Psychologischer Therapie. In: Gegenwart und Zukunft der Psychotherapie im Gesundheitswesen. (S. 40–62) Bonn: Deutscher Psychologen Verlag

Margraf, J. (1996) Lehrbuch der Verhaltenstherapie. Heidelberg: Springer

Marks, I. M. (1969 Fears and phobias. London: Heineman Medical and Academic Press

Marks, I. M. (1978) Behavioral psychotherapy of adult neuroses. In: S. L. Garfield & A. E. Bergin (Eds.), Handbook of Psychotherapy and Behavior Change. New York: Wiley

Marks, I. M., Hodgson, R. & Rachman, S. (1975) The treatment of chronic obsessive Neurosis by invivo exposure. British Journal of Psychiatry 127, 349 ff

Meichenbaum, D. (1975) Enhancing creativity by modifying what subjects say to themselves. American Educational Research Journal, 12, 129–145

Meichenbaum, D. A (1976) self-instructional approach to stress management: A proposal for stress inoculation training. In: C. Spielberger & I. Sarason (Eds.), Stress and Anxieta in Modern Life. New York: Winston & Sons

Meichenbaum, D. (1977) Kognitive Verhaltensmodifikation. München: Urban & Schwarzenberg

Meichenbaum, D. & Cameron, R. (1972) Stress inoculation: A skills training approach to anxieta management. University of Waterloo. Unpublished manuscript

Meichenbaum, D. & Cameron, R. (1973) Training schizophrenics to talk to themselves: A means of developing attentional controls. Behavior Therapy, 4, 515–534

Meichenbaum, D., Gilmore, J. & Fedorawicios, A. (1971) Group insight versus group desensitization and treating of speach anxiety. Journal of Consulting and Clinical Psychology, 36, 410–421

Meichenbaum, D. & Goodman, J. (1971) Training impulsive children to talk to themselves. Journal of Abnormal Psychology, 77, 115–126

Meichenbaum, D. & Turk, D. (1980) Kognitive Verhaltenstherapie bei Angst, Ärger und Schmerz. In: P. O. Davidson (Hrsg.)

Melamed, D. & Lang, P. J. (1969, 1967) Study of automatic desensitization of fear, zitiert nach Bandura

Melzack, R. (1978) Das Rätsel des Schmerzes. Stuttgart: Hippokrates

Meyer, A. E. (1981) The Hamburg short psychotherapy comparison experiment. Psychotherapy and Psychosomatics, 35, 2–3

Meyer, V., Levy, R. & Schuerer, A. (1974) The behavioral treatment of obsessive compulsive disorders. In: H. R. Beech (Ed.), Obsessional States. London: Menthün

Miller, G. A. (1956) The magical number seven, plus or minus two: Some limits on our capacity for processing information. Psychological Review, 63, 81–97

Miller, G. A., Galanter, E. & Pribram, K. H. (1960) (1973). Strategien des Handelns. Stuttgart: Klett

Miller, N. E. (1935) The influence of past experience upon the transfer of subsequent training. Unpublished doctoral dissertation. Yale University

Miller, P. M., Hersen, M., Eisler, R. M. & Hemphill, D. P. (1978) Elektrische Aversionstherapie bei Alkoholikern. In: R. E. Vogler & D. Revenstorf (Eds.), Alkoholmißbrauch. München: Urban & Schwarzenberg

Miltner, W., Birbaumer, N. & Gerber, W. D. (1986) Verhaltensmedizin. Berlin: Springer

Mischel, W. (1973) Toward a cognitive social learning reconceptualization of personality. Psychological Review, 80, 252–283

Morris, R. J. (1977) Methoden der Angstreduktion. In: F. H. Kanfer & A. P. Goldstein (Eds.), Möglichkeiten der Verhaltensänderung. München: Urban & Schwarzenberg

Mowrer, O. H. (1960) Learning theory and symbolic processes. New York: Wiley

Murray, E. J. & Jacobson, L. I. (1978) Cognition and learning inn traditional and behavioral therapy. In: A. E. Bergin & S. L. Garfield

Norcross J. C. & Goldfried M. R. (Ed.) (1970) Psychotherapy Integration. New York: Basic Books

Norcross J. C. & Goldfried M. R. (Eds) (1992) Handbook of Psychotherapy Integration. New York: Basic Books

Nottermann, J. M., Schönfeld, W. N. & Bersh, P. J. (1952) A comparison of three extinction procedures following heart rate conditioning. Journal of Abnormal and Social Psychology, 47, 674–677

Novaco, R. (1975) Anger control: The development and evaluation of an experimental treatment. Lexington, Mass.: Heath & Co

O'Leary, K. D. & Becker, W. (1967) Behavior modification of an adjustment class: A token reinforcement program. Exceptional Children, 33, 637–642

O'Leary, K. D. & Wilson, G. T. (1987) Behavior Therapy, Application and Outcome (2nd ed.). Englewood Cliffs, N. J.: Prentice Hall, Inc.

Orwin, A. (1972) Respiratory release: A new rapid method for the treatment of phobic states. British Journal of Psychiatry, 119, 635–637

Page, H. A. & Hall, J. F. (1953) Experimental extinction as a function of the prevention of a response. Journal of Comparative and physiological Psychology, 46, 33–34

Paivio, A. (1971) Imagery and Verbal Processes. New York: Holt, Rhinehart and Winston

Patterson, G. R. (1976) The aggressive child: Victim and architect of a coercive system. In: E. L. Mash, L. Hammerlynck & L. Handy (Eds.), Behavior Modification and Families. New York: Brunner & Mazel

Paul, G. L. (1969) Insight versus desensitization in psychotherapy. Stanford: Stanford University Press

Paul, G. L. (1968) Two year follow-up of systematic desensitization in therapy groups. Journal of Abnormal Psychology, 74, 119–130

Penfield, E. & Roberts, L. (1959) Speech and brain mechanisms. Princeton: Princeton University Press

Piaget, J. The language and trought of the child, New York: New American Library

Pirsig, R. (1974) Zen and the art of motorcycle maintenance. New York: William Morrow

Platon (1991) Sämtliche Werke Bd. 1. Hamburg: Rowohlt

Poppen, R. L. (1969) Counter conditioning of condition suppression, zitiert nach Bandura

Premack, D. (1965) Reinforcement theory. In: D. Levine (Ed.), Nebraska Symposion on Motivation. Lincoln: University of Nebraska Press
Premack, D. (1970) Mechanisms of self-control. In: W. Hung (Ed.), Learning and mechanisms of self-control in smoking. Chicago: Aldine
Premack, D. (1970) The education of Sarah: A chimp learns the language. Psychology Today, 4, 55–58
Pribram, K. H. (1977) Languages of the brain. Experimental paradoxes and principles in neuropsychology. Monterey: Brook/Cole
Queckelberghe, R. van, (1979) Modelle kognitiver Therapien. Fortschritte der Klinischen Psychologie 20. München: Urban & Schwarzenberg
Queckelberghe, R. van, (1979) Kognitive Verhaltenstherapie. München: Urban & Schwarzenberg
Rachman, S. & Bergold, J. B. (1976) Verhaltenstherapie bei Phobien. München: Urban & Schwarzenberg
Rachman, S. I. & Wilson, G. T. (1980) The effects of psychological therapy. New York: Pergamon Press
Rachmann, S. & Teasdale, J. (1975) Verhaltensstörungen und Aversionstherapie. Frankfurt: Fachbuchhandlung für Psychologie
Razran, G. (1971) Mind in evolution. Boston: Houghton Mifflin
Reckert, H. (1996) Die NLP-Phobiemodelle in der Behandlung spezifischer und sozialer Ängste. Eine Therapievergleichsstudie mit der Desensibilisierung in sensu. Dissertation. Psychologisches Institut, Universität Tübingen
Reinecker, H. (1987) Grundlagen der Verhaltenstherapie. München-Weinheim: Psychologie Verlags Union
Reiss, M., Fiedler, P., Krause, R. & Zimmer, D. (1986) Verhaltenstherapie in der Praxis. Stuttgart: Kohlhammer
Rescorla, R. H. & Solomon, R. L. (1967) Two-process learning theory. Relationships between Pawlowion conditioning and instrumental learning. Psychological Review, 74, 151–182
Revenstorf, D. (1966) Theorien und Experimente zum latenten Lernen. Psychologische Beiträge, 9,122–163
Revenstorf, D. (1982) Persönlichkeit. Eine kritische Einführung
Revenstorf, D. (1985) Nonverbale und verbale Informationsverarbeitung als Grundlage psychotherapeutischer Intervention. In: Hypnose und Kognition, 2, 3–35
Revenstorf, D. (1992) Richtungen der Psychotherapie. In: Bastine, R. (Hrg.): Klinische Psychologie, Bd. 2, Stuttgart. Kohlhammer
Revenstorf, D. (1996) Verhaltenstherapie und andere Therapieformen. In: Margraf, J. (Hrg.): Lehrbuch der Verhaltenstherapie, Heidelberg, Springer
Ringler, M. (1974) Verhaltenstherapie. In: Strotzka (Ed.): Psychotherapie, Grundlagen, Verfahren, Indikationen. München: Urban & Schwarzenberg
Rollins, M. (1979) Mental Imagery. New Haven: Yale University Press.
Rosenthal, T. L. & Bandura, A. (1978) Psychological modelling: Theory and practice. In: S. L. Garfield & A. E. Bergin

Rosenthal, T. L. & Reese, S. L. (1976) The effects of covert and overt modelling in assertive behavior. Behavior Research and Therapy, 14, 463–470

Rotter, J. B. (1954) Social learning and clinical psychology. Englewoodcliffs, N. Y.: Prentice Hall

Schachter, S. & Singer, J. E. (1962) Cognitive, social and physiological determinants of emotional state. Psychological Review, 69, 379–399

Schwitzgebel, R. K. & Kolb, D. A. (1974) Systematische Verhaltensänderung. Stuttgart: Klett

Selg, H. (1971) Zur Aggression verdammt? Stuttgart: Kohlhammer

Seligman, E. (1975) Gelernte Hilfslosigkeit. München: Urban & Schwarzenberg

Shaw, W. A. (1940) The relation of muscular action potentials to imaginal weight lifting. Archives of Psychology, 247, p 50

Shure, M., Spivack, G. & Jäger, M. (1971) Problem-solving thinking and adjustment among disadvantaged preschool children. Child Development, 42, 1791–1803

Sifneos, P. E. The prevalence of alexithymic characteristics. Psychosomatic Patients, Psychotherapie and Psychosomatics, 1973, 22, 255–262

Simonton, O., Matthews-Simonton, S. & Creighton, J. (1978) Getting well again. Los Angeles: J. P. Tarcer

Skinner, B. F. (1953) Wissenschaft und menschliches Verhalten. München: Kindler

Skinner, B. E. (1974) About Behaviorism. New York: Vintage Books

Sloane, R. B., Staples, F. R., Cristol, A. H., Yorston, N. J. & Whipple, K. (1975) Psychotherapy versus behavior therapy. Cambridge, MA: Harvard University Press

Smith, M. L. & Glass, G. V. (1977) Meta analysis of therapy outcome. American Psychologist, 32, 752–760

Smith, M. L., Glass, G. V. & Miller, T. I. (1980) The benefits of psychotherapy. Baltimore: John Hopkins University Press

Solomon, R. L. & Wynne, L. C. (1954) Traumatic avoidance learning. The principal of anxiety conversation and irreversibility. Psychological Review, 61, 353–385

Soloym, L., Jamanzadeh, D., Ledwidge, B. & Kenny, F. (1971) Aversion relief treatment of obsessive neurosis. In: R. D. Rubin (Ed.), Advances in Behavior Therapy. London: Academic Press

Solyom, L. & Kingstone, W. (1973) An obsessive neurosis following morning glory seed ingestion treated by aversion relief. Journal of Behavior Therapy and Experimental Psychiatry, 4, 293–295

Spates, C. R. & Kanfer, F. H. (1977) Selfmonitoring, selfevaluation and selfreinforcement in children's learning: A test of a multistage selfregulation behavior. Behavior Therapy, 8, 1–8

Stampfl, T. G. & Levis, D. J. (1967) Essentials of implosion therapy. A learning theory based on psychodynamic behavioral therapy. Journal of Abnormal Psychology, 72, 496–503

Stern, R. S. & Marks, I. M. (1973) A comparison of brief and prolonged flooding in agoraphobiss. Archives of General Psychiatry, 28, 270–276

Stuart, R. B. (1967) Behavioral Control of overeating. Behavior Research and Therapy, 5, 357–365

Terrace, H. S., Petitto, L. A., Sanders, R. J. & Bever, T. G. (1979) Can an ape create a sentence? Science, 206, 891–892

Tharp, R. G. & Wetzel, R. J. (1969, 1975) Verhaltensänderungen im gegebenen Sozialfeld. München: Urban & Schwarzenberg. Originalausgabe: Behavior modification in the natural environment, London

Thorndike, E. L. (1898) Animal intelligence: An experimental study of the associative processes in animals. Psychological Review Monograph Supplement, 2

Thorpe, W. H. (1952) Learning and instinct in animals. London: Menthuen

Tolman, E. C. (1932) Purposive behavior in animals and men. New York: Appleton-Century-Crofts

Tolman, E. C. (1932) Purposive behavior in animals and men. New York: Appleton-Century

Tunner, W. (1975) Systematische Desensibilisierung und das Lernen von Strategien zur Bewältigung von Angst. In: I. Florin & W. Tunner: Therapie der Angst München: Urban & Schwarzenberg

Tunner, W. (1978) Angst, Angstabwehr und ihre therapeutische Veränderung. In: L. J. Pongratz (Eds.), Handbuch der Psychologie, Bd. 12, Klinische Psychologie. Göttingen: Hogrefe

Tunner, W. (1981) Kritik am Kognitivismus in der Verhaltenstherapie. In: J. C. Brengelmann (Ed.), Entwicklungen der Verhaltenstherapie in der Praxis. IFT Texte 6 München: Röttger

Tunner, W., Ölkers, C., Ferstl, R. & Birbaumer, N. (1975) Systematic desensitization and self-control techniques in the treatment of speech anxiety. In: J. C. Brengelmann (Hrsg.), Progress in Behavior Modification. Heidelberg: Springer

Tyler, V. O. & Brown, G. D. (1967) The use of swift, brief isolation as a group control device for institutionalized delinquence. Behavior Research and Therapy, 5, 1–9

Ullrich, R. & Ullrich de Muynck, R. (1974) Implosion, Reizüberflutung, Habitation. In: Ch. Kraiker (Ed.), Handbuch der Verhaltenstherapie. München: Kindler

Ullrich, R. & Ullrich de Muynck, R. (1976) Das Assertiveness-Trainingsprogramm: Einübung von Selbstvertrauen und sozialer Kompetenz. München: Pfeiffer

Ullrich, R. & R. (Hrsg.) (1978) Soziale Kompetenz 1. München: Pfeiffer

Ullrich, R., Ullrich de Muynck, R., Grawe, K. & Zimmer, D. (1980) Soziale Kompetenz, 2. Experimentelle Ergebnisse zum ATP. München: Pfeiffer

Valins, S. & Ray, A. A. (1967) Effects of cognitive desensitization on avoidance behavior. Journal of Personality and Social Psychology, 7, 345–350

Velten, E. (1968) A laboratory task for induction on mood states. Behavior Research and Therapy, 6, 473–482
Verres, R. & Sobez, I. (1980) Kognitive Aspekte von Ärger und Wut. Medizinische Psychologie, 6, 33–53
Vogler, R. E. & Revenstorf, D. (1976) Alkoholmißbrauch. München: Urban & Schwarzenberg
Vollmer, H. et al. (1980) Outpatient behavior therapy for juveniles and young adults with alcohol problems. IFT Forschungsberichte München, Bd. 34
Vygotsky, L. S. (1962) Thought and Language. Cambridge, Mass. MIT-Press
Watson, D. & Tharp, R. (1978) Einübung in Selbstkontrolle – Grundlagen und Methoden der Verhaltensänderung. München: Pfeiffer, leben lernen
Watson, J. B. & Rainor, R. (1920) Conditioned emotional reactions. Journal of Experimental Psychology, 3, 1–14
Wengle E. (1974) Die systematische Desensibilisierung. In: Ch. Kraiker (Ed.), Handbuch der Verhaltenstherapie. München: Kindler
White, G. M. (1975) Contextual determinants of opinion judgments. Journal of Personality and Social Psychology, 32, 1047–1054
Wilson, G. T. (1973) Innovations in the modification of phobic behaviors in two clinical cases. Behavior Therapy, 4, 426–430
Wolf, M. M., Philipps, E. L. & Fixen, D. L. (1971) Achievement plase: Behavior modification with pre-delinquents. Research Report
Wolpe, J. (1958) Psychotherapy by reciprosal inhibition. Standford: Stanford University Press
Wolpe, J. (1972) Verhaltenstherapie. Bern: Huber
Wynne, L. C. & Solomon, R. L. (1955) Traumatic avoidance learning: Aquisition and extinction in dogs deprived of normal peripheral autonomic function. Genetic Psychology Monographs, 52 241–282
Zimmer, D. (1980) Empirische Studien zur Effektivität les Selbstsicherheitstrainings. Eine Übersicht. In: K. Grawe, D. Zimmer & R. u. R. Ullrich. Soziale Kompetenz 2. München: Pfeiffer
Zimmerman, B. J. & Rosenthal, T. L. (1974) Observational learning of rule-governed behavior by children. Psychological Bulletin, 8l, 29–42

NACHBEMERKUNG

Für die sorgfältige Überprüfung des Textes und kritische Anregungen bedanke ich mich bei Dominique Norz, Ulrich Rehbinder und Adelheid Manbach.
Dirk Revenstorf